教育部人文社会科学重点研究基地重大项目"'一带一路'不同类型国家教育制度与政策研究"（课题编号：17JJD880006）

教育部人文社会科学重点研究基地北京师范大学国际与比较教育研究院资助出版

"一带一路"不同类型国家教育制度与政策研究 主编◎顾明远

俄罗斯教育制度与政策研究

肖 甦 朋 腾◎著

人民出版社

总　序

　　2013 年 9 月和 10 月，习近平主席分别提出建设"新丝绸之路经济带"和"21 世纪海上丝绸之路"的合作倡议（简称"一带一路"倡议），强调加强沿线国家间的政策沟通、道路联通、贸易畅通、货币流通和民心相通。这一倡议是习近平"人类命运共同体"思想的具体体现。与沿线国家共创、共建、共赢，推动沿线各国经济繁荣、人民友好、和谐共处，维护世界和平；同时提升我国在世界经济体系中的地位，提高我国在国际社会、政治舞台上的话语权。要达成这些目标，单方面的物质投入是不够的，需要进一步加强人文交流，做到民心相通。而教育对于促进沿线地区和国家间的文化交流，加强彼此间的理解与认识，缓解因文化、民族等差异而引发的矛盾和冲突有着不可替代的作用。

　　2016 年 7 月，我国教育部牵头制订了《推进共建"一带一路"教育行动》，将开展教育互联互通合作作为首要合作重点，提出要开展"一带一路"教育法律、政策协同研究，构建沿线各国教育政策信息交流通报机制，为沿线各国政府推进教育政策互通提供决策建议，为沿线各国学校和社会力量开展教育合作交流提供政策咨询。中共中央、国务院 2019 年印发的《中国教育现代化 2035》再次提出要扎实推进"一带一路"教育行动。"一带一路"沿线国家国情不一，文化多元，要实现互联互通，首先要加强对这些国家教育制度与政策的了解。

　　改革开放以后，为了尽快恢复教育秩序，赶上发达国家的教育现代化步伐，我国比较教育研究的对象主要是西方发达国家。虽然 21 世纪以来我们开始关注非洲、拉丁美洲诸国的教育，但对许多"一带一路"沿线国家的教育研究得甚少，而这些基础性的研究恰恰是有效推进"一带一路"行动的必要依据。在这一背景下，我主持了教育部人文社会科学重点研究基地2017—2020年重大项目"'一带一路'不同类型国家教育制度与政策研究"。本套丛书便是这一课题的主要研究成果。

由于各种现实条件的限制，我们难以对所有"一带一路"沿线国家开展研究。在综合考虑文明类型、地缘政治地位以及和我国的交流合作基础等因素后，我们遴选了俄罗斯、新加坡、泰国、印度、哈萨克斯坦和伊朗这六个有一定典型性和代表性的沿线国家开展国别研究，形成了本丛书。丛书着重论述了六个国家的教育文化传统、教育基本制度、最新教育政策以及对外开放形势。另外，丛书还重点分析了这六个国家与我国教育交流合作的进展、经验，以及当前面临的问题和挑战，以期为我国下一步的战略选择提供参考。

丛书由我担任主编，是多校科研团队通力合作的成果。各分册作者如下：《俄罗斯教育制度与政策研究》由北京师范大学国际与比较教育研究院肖甦、朋腾负责；《新加坡教育制度与政策研究》由北京师范大学国际与比较教育研究院丁瑞常、康云菲负责；《泰国教育制度与政策研究》由浙江大学阚阅、徐冰娜负责；《印度教育制度与政策研究》由贵州财经大学杨洪、车金恒负责；《哈斯克斯坦教育制度与政策研究》由新疆师范大学阿依提拉·阿布都热依木、北京师范大学国际与比较教育研究院朋腾负责；《伊朗教育制度与政策研究》由宁夏大学王锋、王丽莹负责。

本丛书覆盖的国别还非常有限，而且主要偏于对各国教育基本情况的介绍，研究广度和深度还有待进一步拓展。由于时间紧、任务重，丛书难免存在疏漏、错误等情况，我在此恳请读者批评指正，也诚邀学界同仁加入"一带一路"教育研究队伍中来。

是为序。

2020 年 9 月 22 日

目　录

第一章　俄罗斯教育的历史与传统

俄罗斯，不论作为一个地理名词，还是一个政治符号，都具有十分丰富的历史、自然及人文内涵。俄罗斯教育，不论作为该国家的社会文化现象，还是整个世界教育体系中的一个区域单元，都与其他国家的教育有着众多的不同。俄罗斯教育的历史发展融于国家历史的发展之中，与俄罗斯社会的整体发展息息相关；俄罗斯教育的传统源于俄罗斯民族文化传统之根，与俄罗斯不同制度形态的历史、文化积淀紧密相连。

一、俄罗斯教育发展的社会背景

教育作为一种社会现象，离不开国家、社会历史发展的大背景，离不开民族文化传统的积淀。教育发展和教育传统不但是社会发展、社会文化传统的一个组成部分，而且受国家的社会制度、历史文化传统的影响尤为突出。俄罗斯的教育也正是在这样的社会历史背景之下产生、发展、变革，并同时承担提升民族整体素质、推动社会进步的重要使命。

（一）教育生成的地理与人口环境——横跨欧亚的多民族富饶大国

俄罗斯是世界上版图最大的国家。1991 年苏联解体，其 15 个加盟共和国相继独立，俄罗斯全方位继承了苏联的主权和主要财产，其国土总面积 1709.8 万平方公里，占苏联总面积（2240.2 万平方公里）的 76.3%，占地球陆地总面积的 11.4%，仍然居世界第一位。俄罗斯东西长近 10000 公里，横跨 11 个时区；南北宽约 4500 公里；地势东高西低，70% 的土地是平原，国家疆界长达 5 万多公里。

俄罗斯自然资源充足，物产丰富。境内分布着原苏联绝大部分的矿产、森林、水利资源。20 世纪 90 年代初期，其境内的多种矿产的储量和产量均居世界前列：森林占国土面积的 1/3，近 8.1 亿公顷，比欧洲联盟国家土地面积总和还大一倍；木材总储量占全世界的 1/4；石油总储量仅次于沙特占世界第二、产量则占第一；能源总储量占世界总储量的 1/3，其中煤炭、石油和天然气储量分别占世界的 1/2、1/4 和 1/3；水资源丰富，年径流量居世界第二；海洋生物资源为世界上储量最高国家之一。[①]

作为世界上民族最多的国家，俄罗斯的民族数量众多、构成复杂、规模悬殊，不但独立列入国家统计年鉴的已经超过 130 多个民族，而且其中有些小民族中还可细分为数个更小的民族。不同的民族在人口数量、语言文化、传统习俗等方面都存在较大差异。俄罗斯族人数最多，占总人口的 82.95%，第二、三位的是鞑靼族、乌克兰族，北方民族鄂罗克人堪称最小民族仅 200 余人。较常使用的语言超过 30 种。平均人口密度约为 8 人 / 平方公里，且分布极不均匀：欧洲地区人口占全国总人口的 73.6%，密度为 24.8 人 / 平方公里，最高为 412 人 / 平方公里；东部西伯利亚人口稀少地区人口平均密度为 2.9 人 / 平方公里；最少不足 1 人 / 平方公里。[②]

俄罗斯还是世界上最大的跨洲国家。它以乌拉尔山脉和乌拉尔河为界，横跨欧亚大陆。自然与经济地理的数据表明，俄罗斯亚洲部分的面积占总面积的 3/4，且西伯利亚和远东集中了不仅是全俄罗斯、甚至是苏联所有资源的 3/4；但是人口分布却是全国总人口的 3/4 集中在其欧洲的 1/4 土地上，欧洲部分是俄罗斯作为民族国家的历史、文化、政治的发祥地，

---

① 　金挥：《东欧中亚列国志》，当代世界出版社 1994 年版，第 139 页。
② 　金挥：《东欧中亚列国志》，当代世界出版社 1994 年版，第 139—142 页。

集中了首都和多数主要城市，其经济发展水平远远高于亚洲部分。因此，虽然俄罗斯大部分领土在亚洲，但传统上仍被视为欧洲国家。

可见，地大，物博，人稀，多民族，横跨欧亚大陆，资源布局不均，是俄罗斯鲜明的地理与人口特色，而这些特点亦成为其文化教育方面独具特色的重要原因。

（二）教育演进的历史环境——命运多舛的民族国家

从历史的角度考察，自 9 世纪末基辅罗斯公国建立算起到现在，俄罗斯拥有十余个世纪的国家发展历史，它经过了基辅罗斯公国、莫斯科公国、俄罗斯帝国、俄罗斯共和国、苏联等主要国家政体形式。俄罗斯的历史虽然不长，但是，自从始现独立国家的雏形起，就屡遭遇外敌入侵，艰难聚合、数度分解，命运多舛。

公元 6 世纪，作为俄罗斯人祖先的东斯拉夫人从生活在东欧平原上的古斯拉夫人①独立分支出来。经过近 3 个世纪的氏族社会演进，逐渐发展为规模不等的公国。9 世纪末，来自斯堪的纳维亚的异邦入侵者留里克帅军征服了这些公国，开启留里克王朝②时代（862—1598），之后继任者奥列格将都城迁至基辅，建立古罗斯国（882），即俄罗斯的前身基辅罗斯公国。12 世纪后期，基辅罗斯逐渐分裂为由王室子孙各自统治、互不隶属的小公国。13 世纪初，成吉思汗率数十万铁骑打进中亚，越过高加索；之后其孙拔都率军杀进欧洲，1240 年攻陷基辅，继而建立金帐汗国，开始了对古罗斯土地上诸多公国长达 240 年的统治（1240—1480）。直到 14 世纪中后期，莫斯科公国在与罗斯其他小公国征战中逐渐强盛，终于在伊凡三世时期（1462—1505）形成了以莫斯科为中心的中央集权型国家

---

① 西斯拉夫一支成为捷克、斯洛伐克、波兰人的祖先；南斯拉夫一支成为保加利亚、克罗地亚、塞尔维亚、斯洛文尼亚等地域人的祖先；东斯拉夫一支 13 世纪前后逐渐分化成俄罗斯、乌克兰和白俄罗斯三个民族。

② 留里克王朝（862—1598）后来在血统上与斯拉夫人融合，接受了后者的语言、文化，成为斯拉夫化的王朝，一共延续了 700 余年，在俄罗斯及东欧历史中占有重要位置。

格局，此间大俄罗斯民族也开始形成，俄语亦开始作为通用语言。Россия（俄罗斯）一词自 15 世纪末出现，到 16 世纪被广泛使用，标志着古罗斯土地上一个独立的民族国家真正形成。

但被异国入侵者统治的这段时期，不仅成为俄罗斯发展进程中的一段屈辱历史，而且，东方式封建专制集权统治对后来作为独立的民族国家的俄罗斯来说，无论在国家政体制度形式方面，还是在抵御外敌及军事扩张方面，抑或是在民族性格及文化传统的形成方面，都产生了极为重要的影响，其对罗斯经济、政治、文化发展所形成的阻碍，成为罗斯落后于西欧诸国的重要原因。

人们习惯上将 15 世纪末确立了沙皇专制制度的俄罗斯国家称为沙皇俄国。但俄国进入沙俄时代的准确年代应从 1547 年伊凡四世（雷帝）改大公称号为沙皇算起。而在整个沙皇俄国的历史发展中，罗曼诺夫王朝的作用举足轻重。作为俄罗斯历史上第二个、也是最后一个王朝，罗曼诺夫王朝是俄国历史上最强盛的王朝。自公元 1613 年米哈伊尔·罗曼诺夫成为其首位沙皇起，罗曼诺夫王朝历经 18 位沙皇 300 余年的统治。这期间，俄国由地处东部欧洲的一个闭塞小国扩展为世界强国之一。尤其是 1721 年，被称为彼得大帝的第四代沙皇彼得一世（1682—1725）改国号为俄罗斯帝国，引领沙皇俄国进入面向欧洲文明的时代。但比起欧洲老牌资本主义国家，沙皇俄国无论在政治上、经济上、还是文化上都十分落后，直到 1861 年才被迫废除了封建腐朽的农奴制，并缓慢进入资本主义发展阶段。20 世纪初，统治了 300 余年的罗曼诺夫王朝被俄国资产阶级革命所撼动，随着 1917 年 2 月末代沙皇尼古拉二世的被赶下台，俄国历史方进入新的纪元。

1917 年十月革命胜利后，俄罗斯苏维埃联邦社会主义共和国首先成立，随后在原沙皇俄国的大部分领土上，一些苏维埃共和国也相继建立起来。1922 年 12 月 30 日在列宁领导下，这些共和国联合成为苏维埃社会主义共和国联盟，苏联从此诞生。第二次世界大战结束后，苏联成为由 15 个加盟共和国构成的、版图居世界之首的联盟国家，而俄罗斯苏维埃联邦社会主义共和国始终是其最大的加盟共和国。1990 年 6 月俄罗斯联邦最高苏维埃发表《主权宣言》宣布俄联邦拥有"绝对主权"。1991 年 12 月 21 日，俄罗斯等 11 个加盟共和国签署《阿拉木图宣言》宣告独立国家联合体成立，苏联随之解体。1991 年 12 月 25 日，俄罗斯最高苏维埃决定改国名为俄罗斯联邦（Российская Федерация），简称俄罗斯（Россия）。

（三）教育丰腴的文化环境——双头鹰下的精神聚合

民族文化传统的形成既是一种相对稳定的特质状态，更是一个不断传承、嬗变的动态过程。概括说来，俄罗斯经过长期的历史发展和社会演进所形成的民族文化传统主要有这样一些特点。

1. 不断的兼容性

俄罗斯横跨欧亚大陆，置身于东西方交界处。其国土面积虽大，但文明起步较晚：6 世纪才从斯拉夫部落分离出来，9 世纪末成立大公国，10 世纪产生文字，14 世纪出现货币，17 世纪还没有自己的自然科学体系，19 世纪 60 年代才废除农奴制，其文明程度一直落后于周边发达的邻国。这就使其很自然地面向东、西方两种文化汲取营养，同时或先后受双方的影响，并介乎于东西方之间。这种双重性文化或兼容性文化既是俄罗斯文化的基本形态，也是其与生俱来并始终保持的特点。

2. 尖锐的冲突性

俄罗斯文化是在东、西方文化不断影响之下发展起来的，但它始终是独立的，在冲突与斗争中保留了自己固有的东西。它既没有被东方同化，也没有全盘倒向西方，而是在不同时期吸收着来自不同方面的、有意义的东西。许多思想、行为和事物经过一番冲突后，变成一些新成分被赋予某种俄罗斯固有的内容而接受下来。这种冲突实际上是西方舶来的文化与俄国传统文化的交织与矛盾，它具体表现为西方开明的、科学的文化内涵与俄国专制的、封建的文化传统之间的冲突与斗争，而俄罗斯新文化、新文化传统的形成正是这种冲突的结果。

3.浓厚的宗教性

俄罗斯的文化保留着深刻的宗教印记。俄罗斯民族自9世纪形成以来，宗教一直在俄罗斯人的精神社会中处于中心地位。俄国哲学家别尔加耶夫曾断言：俄罗斯人民的灵魂是东正教会培育成的，具有纯粹的宗教形式，这种形式一直保留到现在，保留到俄罗斯的虚无主义者和共产主义者身上。不但俄国的艺术、建筑、教育的繁荣和发展一直是宗教生活的组成部分，而且俄罗斯人的精神意识同样具有浓重的宗教色彩，他们往往以一种宗教意识去对待灵魂、生命、价值及伦理道德，对前途和命运格外关注，有一种特殊的使命感。而这种特性对于理解俄罗斯传统文化形态的变异和发展十分重要。

4.权威的统摄性

群体意识和集体精神在俄罗斯社会自古以来一直被推崇和强化。从阶级社会开始到19世纪中叶，占俄国人口绝大多数的农民一直生活在村社制度之中。长期形成的宗法制观念，把集体意识和对个性的否定变成一种恒定的效忠皇权、牺牲个人利益的行为准则，社会成员的个性自由和个人价值则完全被压抑和抹杀。因为无论是抵御外敌的奴役和侵略，还是反过来向外侵略扩张，都需要强有力的权威统治、整体力量的凝聚以及牺牲个人利益的精神。这种普遍被俄罗斯人接受的、根深蒂固的崇尚权威、服从集权的观念性意识，具有相当的统摄性，对俄罗斯的政治和文化的发展起着决定性的作用。

纳入我们研究视野的俄罗斯，是指历史和版图包容量最大的俄罗斯民族国家，而不仅仅限于目前的俄罗斯联邦本土、本民族。从这个意义上讲，沙俄的历史、苏联的历史与今天的俄罗斯一脉相承。尽管，俄罗斯人走过的一千余年的历程，比起中国上下五千年的悠久历史来，实在不算太长，但俄罗斯民族留给世人的，同样是具有丰富内涵的文化传统遗产。究其根源，国家、社会制度的数度变迁、多民族文化的交替渗透、东西方文化的交叉影响，在俄罗斯的社会历史和文化演进过程中作用重大，对俄罗斯人文底蕴的丰富和发展具有十分关键的意义。

教育作为一种社会现象，生成于国家、社会历史发展的大背景之中，离不开民族文化传统的积淀。教育发展和教育传统不但是社会发展、社会文化传统的一个组成部分，而且受国家的社会制度、历史义化传统的影响尤为突出。俄罗斯的教育也正是在这样的社会历史背景之下产生、发展、变革，并同时承担提升民族整体素质、推动社会进步的重要使命。

二、俄罗斯教育的历史沿革

俄罗斯的教育伴随俄罗斯民族与国家历史而产生与发展。由于俄罗斯的历史并不算久远，所以俄罗斯的教育发展史亦不算太长，当然，教育发展的水平以及教育成就的取得并不与时间长短完全成正比。我们将俄罗斯教育的基本演变过程分三个阶段概要勾勒。

（一）沙俄时代的教育

俄罗斯文化的形成、俄罗斯教育的起源最早可以追溯到公元 10 世纪末。自公元 988 年基督教被定为国教起，基辅罗斯的文化不仅开始成为欧洲文化的一部分，而且为后来整体的俄罗斯文化打上了恒久的宗教印记，其中教育活动的兴起甚至可以是最好的佐证。

俄国最初的教育活动和最初的教育机构都源于教堂的传教活动。公元 10 世纪后，经保加利亚人改良的斯拉夫字母① 随基督教的传入而传入基辅罗斯，由此产生了古斯拉夫文字；最初的教学部门是 10—13 世纪设于教堂和修道院里专门培养神职人员的学堂；最初的教师是 13—14 世纪教堂里的"蒙师"，这是一些教堂里以教孩子教义为业的非神职人员；同样，最初的教材也是用于传教的"赞美诗"的识字课本；而俄罗斯最早的高等学校是 1632 年仿照西欧教会大学模式建立的基辅莫吉廖夫兄弟会高级专科学校，1701 年彼得一世将其正式命名为基辅莫吉廖夫学院。在宗

---

① 即基里尔字母。

教教义影响和主宰之下的俄罗斯早期教育的发展一直是缓慢的，直到 18 世纪前后彼得大帝时期，世俗教育才得以产生。

在近代俄国的历史上，有两位帝王对国家政体、社会经济、文化教育的发展具有尤为重要的贡献，一位是罗曼诺夫王朝第四代沙皇、被尊称为彼得大帝的彼得一世（1672—1725），另一位是彼得大帝改革事业的主要继承人、被冠以"铁腕女皇"之称的叶卡捷琳娜二世（1729—1796）。曾经有人做过形象的比喻：在俄罗斯历史的发展进程中，彼得大帝创造了俄罗斯人的躯体，而叶卡捷琳娜二世则为他们注入了灵魂。

具体到教育发展上，彼得一世强调，富国强民必须通过教育的普及来实现，必须引进西方文明、普及世俗文化，传播科学知识。为此，他下令开办普通学校，如俄语学校、计算学校等，所规定的教育内容绝大部分是由欧洲学校引进的科学知识，几乎没有宗教和神学内容；他还严格规定除农奴子弟外的平民都必须入学、获得证书，并以此作为结婚、升迁的凭证；鼓励贵族聘请外教在家庭实施初等教育。此外，为了培养各方面的应用型技术人才，彼得一世还创办了各种专门学校，注重基础知识和实用技术的传授，强调培养扎实的基本功和动手能力。他于 1701 年创办的莫斯科数学和航海学校不仅是俄国第一所职业技术学校，而且比德国第一所实科中学——1708 年的数学、力学、经济学实科中学还早了 7 年。正是彼得一世的改革使俄罗斯人真正起步走出野蛮状态和宗教教义的全面禁锢，开始接触科学技术和丰富的世俗文化。

叶卡捷琳娜二世是彼得一世改革的忠实继承者，其在位 34 年的统治使俄国进入空前鼎盛时期。她对西方的学习远不止于技术和物质生产领域，而是进入到精神层面。如邀请奥地利人扬科维奇起草第一个国民学校章程，建立初步统一的学校教育体系，并由国家承担教育责任；邀请伏尔泰、狄德罗等参与制定俄国大学计划；设立专门的师范教育机构培养教师；要求贵族教育与平民教育并进；还开办了贵族与贫民两所女子学院；组织专门委员会选派贵族和非贵族的学生到欧洲留学；等等。叶卡捷琳娜二世对教育的改革使得彼得大帝身后被一度中断的教育举措得以重新继续，使当时的教育体系进一步完善，整体上向前推动了俄罗斯教育的发展。

整个 19 世纪是俄国近代教育体系形成和发展的关键时期，国家对教育发展的集权掌控进入规范化时期。1802 年俄国在政府最高职能机构中首次设立国民教育部，对全国教育实行专门化的中央集权管理。1803 年和 1804 年沙俄政府先后颁布《国民教育暂行章程》和《大学附属学校章程》，规定由教区学校、县立学校、文科中学和大学构成上下衔接的统一的单轨制国民学校教育制度，学校面向除农奴外的所有阶层，升学只以前一级的毕业证书为凭证，不需考试，各级学校一律免费。但是，这一形式上具有资本主义民主特征的教育制度与俄国封建农奴制度的国家实质根本无法协调，终于被 1828 年颁布的《大学所属各级学校规程》彻底推翻，取而代之的是等级鲜明、贵族与贫民完全隔离封闭、无法衔接的双轨制教育形式。1861 年俄国沙皇政府被迫宣布废除封建农奴制后，虽在社会政治、经济、文化、教育等方面进行了一定的资本主义性质的改良，但极为有限。19 世纪末及 20 世纪初，随着俄国政治进入极端反动时期，沙皇政府的教育政策亦再次走向反动，等级鲜明的双轨制教育导致国民教育水平极为低下。1897 年的俄国人口普查数据表明，在 4—49 岁居民中的文盲率占 72%（男 60，女 83%）；在 1914—1915 学年俄国学龄儿童入学率仅达 20%，其中一半以上就读于 3 年制的区堂学校，在校学生所接受的文化知识也极为有限；工农子女很难进入中学和大学读书。[①]

总之，沙俄时代的教育是以封建专制的集权领导、双轨制、普及水平极为低下为特征的。而且从总体上看，沙俄的国民教育远远落后于同期欧洲其他主要国家的教育发展水平。

（二）苏联时期的教育

俄国真正意义上的教育现代化始于 20 世纪初列宁领导的十月革命。

---

① 吴式颖：《外国现代教育史》，人民教育出版社 2005 年版，第 153 页。

列宁领导的十月社会主义革命不但开辟了人类历史的新纪元，而且开始了俄国全新意义上的现代化进程。苏维埃政权彻底改变了沙皇俄国具有宗教性、等级性、性别不公、民族歧视等腐朽特征的旧教育性质，为实行社会主义的现代化教育、培养全面发展的社会主义现代公民奠定了基础。梳理苏联 70 余年的教育发展，我们大体将其分成四个阶段：规范化整顿中的苏联教育（1917—1929）；革命化改造中的苏联教育（1930—1955）；应变式改革中的苏联教育（1956—1985）；解体前夕的苏联教育（1985—1991）。

1. 规范化整顿中的苏联教育（1917—1929）

第一阶段主要是确立苏维埃政权对教育的领导权、建立新学校、普及义务教育。新生的红色政权从确立之初就对国民教育发展予以了高度的重视。俄共中央在革命胜利后的第三天，即 1917 年 11 月 9 日就成立了以卢纳察尔斯基为人民委员的国家教育委员会，并在第一时间根据列宁和联共中央的指示发表《告人民书》，阐明国民教育的基本原则与任务：免费义务教育；民众普及识字；学校与教会彻底脱离；建立世俗的、消除等级差别的统一学校；对教育内容实行革命性变革；等等。随后，苏维埃政府开始采取一系列措施对沙俄腐朽的教育制度进行全面改造：颁布学校与教会分离的法令，废止一切有关宗教信仰规定，禁止在学校内举行仪式和讲授宗教科目；取缔官僚的学校管理机构学区和督学、学监等职务；规定所有学校均由国家开办、管理，学校经费由国家预算支出，学校教育方针、教学计划和课程内容都由国家确定，从而实现了对国民教育体系的全面接管、统领与改造。

1918 年 10 月苏维埃政府颁布了《统一劳动学校规程》和《统一劳动学校基本原则》两个具有重要历史意义的文件。《统一劳动学校规程》是十月革命后苏维埃政权颁布的第一个普通教育条例，为新时代的新学校设计了第一份发展蓝图。它从理论角度阐明了苏维埃教育的基本性质，明确了苏维埃学校的非宗教性和民主平等性，确立了苏维埃新型学校教学与生产劳动相结合、实施综合技术教育的原则，并要求全国范围内废除旧时代各种等级分明的复杂的学校类型，普通教育学校应统称"统一劳动教育学校"。后者《统一劳动学校基本原则》带有具体实施细则性质，也是对前者基本教育原则的进一步说明，后来被苏联教育界称为《统一劳动学校宣言》。

这两份文件对 20 年代苏维埃普通教育的发展产生了重大影响，使苏维埃国民教育学校体系初具雏形。普通教育学校的任务、制度和组织形式得以确定：规定统一劳动学校实施免费义务教育，男女同校，人人可进；学校教育分为两级，8—13 岁儿童完成第一级共 5 年的学程，13—17 岁完成第二级共 4 年的学程，学校教育之前设有 6—8 岁入读的幼儿园，各级教育机构相互衔接。两年后的 1920 年岁末，苏维埃政府召开第一次国民教育会议，对这一学制做了调整，将 9 年一贯制的两级学校教育每一级分别减少一年，变为 7 年制普通教育学制，外加 3—4 年的职业技术学校教育，以便更好、更快地为新政权培养实用人才。

伴随上述两项重要苏维埃政权教育文件的颁行，全国范围的扫盲工作也全面铺开，各个行业有觉悟有知识的公民都积极投入扫盲运动，仅 1920 年一年，全国识字人数就比十月革命前增加了近 1/10。普及义务教育作为发展国民教育的重点工作从 20 年代延续到 30 年代。在努力改造旧学校、改变原有生源的社会成分结构、扩大工农子女比例的同时，新政权也在不断加紧建设新学校。在最初的 20 年间，苏维埃政权全国开办的普通学校就已超过沙皇 200 年间开办的总和，在校生人数是十月革命前的 3 倍。如此多方面的努力，为苏联在 20 世纪中期彻底消灭文盲奠定了充实的基础。

但是需要提及的是，上述两份文件对苏维埃学校的定位存在过于强调生产劳动是学校生活的基础之偏颇，影响了传授基础知识的系统性，以及传授者——教师在学校教学中主导作用的发挥，使得 20 年代乃至苏联随后的学校教育改革一直在如何协调知识教育与劳动教育相互关系中博弈前行。也正是在 20 年代期间，当时国家教育委员会主要领导人、列宁的夫人克鲁普斯卡娅领导了一场借鉴吸收美国进步主义教育思潮、改革普通学校教学内容和教学方式的运动，由于急于摒弃沙皇政权的旧教育模式，导致破旧立新过程中出现许多偏激的做法："单元教学大纲"全面取代了传统的课堂教学，"儿童学"和"学校消亡论"大面积流行，严重影响了普通学校教育的质量。

2. 革命化改造中的苏联教育（1930—1955）

20 世纪 20 年代普通教育领域教学改革的偏激导致了这一阶段苏联的国民教育暴露出许多问题，从学校教育形态、教育秩序到教学过程、教学质量等学校教育的各个方面都出现了混乱局面。因此政府从 30 年代开始了对普通学校的全面整顿，全面批判儿童学。在教育教学管理上，重新编订教学大纲，建立新的教学制度，恢复班级授课制，重新强调教师的主导乃至权威地位；在教育内容上，特别注重知识教学，强调难度和固定模式，甚至到了对儿童个性特点和兴趣忽略不计的程度。而由此带来的结果是，普通学校的教育教学改革又纠偏过度，忽视了基本的教育规律，甚至违背儿童心理发展特性，导致这个阶段普通教育改革矫枉过正，走向另一个极端，成为苏联教育史上"看不见儿童的教育学"盛行时期。

不过，此阶段苏联的高等教育不论在规模上还是在质量上都有了明显发展。各类高校数量由 1920 年的 190 所增加到二战前的 817 所，大学生源的社会成分也形成了主要以工农子女为主、女生比重达到 50% 的格局。20 世纪 30 年代初，在加速工农业技术改造、推进国民经济各部门技术革新、急需大量精通技术人才的社会发展背景下，斯大林提出了"技术决定一切"和"干部决定一切"两个口号，将加强和扩充高级人才的培养力度和数量确定为此间高教发展的主要任务。苏联高教领域为此进行了一系列制度建设工作：恢复高考制度，确立学位、学衔制度，颁布高等学校标准规程，等等。经过 20 余年的努力，苏联国民教育不但整体上进入了正轨，而且也为国家建设培养了可观的人才。1941 年统计数据表明，全国在职人口中具有高等教育人口总数达到了 90.9 万人，与 1913 年时的

13.6 万人相比，增加了 5.7 倍。[①]

1941—1945 年，苏联经历了历史上最为艰巨、残酷的伟大的卫国战争，战争夺走了 2700 万人的生命，使全国 1/3 的财富化为乌有，无数学校和文化设施毁于战争炮火。但苏联在卫国战争中取得的最终胜利不仅充分展示了苏维埃的国家气节和民族精神，而且也不容置疑地彰显出苏联国民教育的成就和威力。正是这个领域卓有成效的运行为国家输送了数以百万计的各类人员，为军工和战时的民用产品生产提供了坚实的技术保证，并且，战前乃至战时苏联学校培养出来的大批中、高级技术人才，随即又成为战后恢复建设的主力军。

二战胜利后，苏联的国民教育领域与其他各个领域一样，亦进入迅速恢复时期。苏共中央尤其注重国民教育中初等和中等教育的普及与发展工作，连续用两个 5 年计划的时间实现了全国普及 7 年制义务教育，并从城市开始转向普及十年制义务教育的努力。在高等教育方面，20 世纪 50 年代前期进行了苏联高校的调整合并，1955 年共有高校 765 所，虽然比战前还减少 52 所，但学生数增加了 105.6 万人，达 186.7 万人。据 1955 年统计，苏联每年培养工科大学生达 6 万人，而美国 2.2 万名，英国 3000 名。对此，著名比较教育学家埃得蒙·金不无感叹："苏联教育的成就不仅是非凡的，而且已经超过了自由世界和西方的成就——而这，不过花了 30 年左右的时间。"[②]

3. 应变式改革中的苏联教育（1956—1985）

这是苏联国民教育积极改革并大幅度发展时期。可以说，战后苏联教育现代化的进程就是一个在一次次教育变革之中不断总结经验汲取教训、逐渐完善的过程。这一阶段中的 1958 年、1964 年、1984 年均进行了大规模的教育改革，这些改革无论是涉及教育体制还是教育内容、抑或教学过程的其他方面，仍都始终围绕如何处理升学与就业、协调知识教育与

[①]　付娟明：《比较高等教育》，北京师范大学出版社 1987 年版，第 9 页。

[②]　[英] 埃德蒙·金：《别国的学校和我们的学校——今日比较教育》，人民教育出版社 2001 年版，第 376 页。

劳动教育、普通教育与职业教育关系的主线进行，对苏联国民教育都产生了非常重要的影响。

（1）1958 年加强学校与生活联系的改革

1958 年教育改革堪称苏联历史上规模最大的一次教改运动。这次改革最主要的诱因源于两方面的矛盾：一方面，因 30 年代教育整顿过分注重强调基础知识培养而忽略对学生的劳动能力和综合技术方面的训练，加之此时农村已完全普及 7 年制、多数城市已基本普及了 10 年制教育，所以导致不具备基本劳动技能、又没能考入大学的初、高中毕业生数量不断增多；而另一方面，战争使苏联人口总数减员巨大，虽经十余年的恢复仍未缓解生产领域劳动力不足的状况，尤其是各个行业对具有一定职业训练素养的适龄青年更为稀缺。因此，理顺学校与社会生产、生活的关系，妥善处理青年升学和就业的矛盾，成为 50 年代末亟待解决的问题。1958 年12 月，最高苏维埃批准《关于加强学校同生活的联系和进一步发展苏联国民教育制度的法律》，历史上第一次将教育改革设计冠之以法律的名义颁布，轰轰烈烈的教育改革由此开启。

普通教育特别是完全中学是改革的重点。普教学制改革由 1—8 年级的不完全中等教育和 9—11 年级的完全中等教育两个阶段构成，第一阶段属普及义务教育阶段；第二级是兼施生产和教学的劳动综合技术普通高中，毕业生必须要掌握一种职业的知识技能。

在职业技术教育方面，设立城市和农村职业技术学校，招收 8 年制学校毕业生，授以 3 年的脱产或不脱产的青工职业技术教育；在 8 年制学校基础（个别专业建在完全中等教育基础）上设立中等专业学校，学生毕业时被授予某一工种的职业资格证书，毕业后可直接就业；如获优等毕业证书，可在工作满 3 年后报考高等学校。

高等教育方面的改革措施包括：废除荣获金质、银质奖章的中学毕业生者优先升学的规定，同时将应届中学毕业生录取率调至低于 20% 的比例；扩大、侧重招收具有两年以上工龄的工农青年入学的份额；为满足大批青年要求升入高等学校的需求，加大发展函授教育的力度，不仅要求所有全日制大学和高等学校都开办夜大和函大，还直接在大型工农企业中组建夜校和函授高校。

这场规模巨大的教育改革一直持续了 6 年，直到 1964 年赫鲁晓夫下台才被终止。改革虽然取得了一些积极的结果，实现了让学校与社会生产生活加强联系的初衷，但总体看来，弊大于利。在兼顾升学与就业矛盾的问题上，矫枉过正：不论是在普通教育、职业教育，还是高等教育学校，均因过分强调教学对生产劳动的兼顾，使得学科知识的系统性和理论性被削弱甚至割裂，严重损害了教学质量。尤其是高校直接面向拥有两年以上工龄的青工的份额应占招生总数 80% 的规定，大幅度、大面积、大范围降低了高校生源的素质水平。由此产生了一系列新的问题，尤其是与彼时美国发起、随后迅速影响世界的提升教育现代化改革形成了相当大的反差。

（2）1964 年教育内容现代化改革

20 世纪 60 年代是世界各国教育大发展和大变革时期。随着战后科学技术的迅猛发展，中小学教育内容陈旧、教材不能及时反映最新科技成就、教学方式方法缺乏现代技术含量等一系列问题逐渐暴露出来。特别是 1957 年苏联率先成功发射了世界上第一颗人造地球卫星，不仅震动了整个世界，美国朝野更是在震惊之中如梦初醒，开始意识到苏联尖端的军事与科技水平对美国科技发展的威胁，在追因溯源中将重点落到本国基础教育在实施中的不利与薄弱环节上，并对此迅速作出反应。1958 年 12 月美国国会通过《国防教育法》，突出强调高质量的教育与领先的科学技术是保证国家安全、保证国际竞争胜算的先决条件，必须充分发展全国男女青年的智力潜能和技术技能，由此引发了以布鲁纳为代表的美国教育现代化改革，而这一改革运动又反过来成为勃列日涅夫上台后推进苏联教育发展及改革的压力与动力。于是，两大霸权国家在教育领域的较量揭开了从 20 世纪 60 年代开始的全球性教育现代化改革的序幕。

但苏联教育内容现代化的改革显然在开始时间上比美国晚了 5 年左右。恰恰是因为赫鲁晓夫时代的苏联一直忙于让学校更加接近生活，增加劳动生产教学比重、减少知识教学课时。但连续几届毕业生下来，当局突然发现，这些人无论动手能力还是对基础知识的掌握都无法满足时代的需要，而且教育质量和现代化技术水平已与世界总体趋势距离拉大。如果再不把教育改革方向转到教育教学内容和手段的现代化方向上来，苏联普通教育势必落在西方后面，于是 1964 年开始的改革集中指向学科内容和教学性质的改变上。但在强调知识教育和知识质量的同时，学校大量减少生产劳动教育的时间，学校又重新变成知识的学校，以至于出现了教材内容过深，分量过大，学生学习负担过重的局面。这次改革持续到 20 世纪 70 年代中期，客观上保证了普通教育的质量，为高等学校输送了大批基础知识扎实的人才，但知识教育和劳动教育的矛盾依然悬而未决。

(3) 1984 年普通教育与职业教育的改革

1984 年 4 月，由苏共中央全会和苏联最高苏维埃正式通过的《苏联普通学校和职业学校改革的基本方针》揭开了苏联时期最后一次重大教育改革的序幕。这次改革动员了全国人民进行讨论，颁布了一系列条例和决议，其规模之大，涉猎之广，都是历次改革所不及的。这是一次指向使教育适应新的科学技术革命和国民经济发展时代需求的改革，而解决教育教学与社会生产、生活的关系问题仍然是改革的实质，即解决长期存在于苏联学校的几对突出矛盾：知识教育与劳动教育的矛盾；升学与为就业做准备的矛盾；普通教育与职业教育的矛盾。

为了明晰改革方针、落实改革内容，苏联官方出台的改革法令政策相当具体。但是，或许由于这一时期苏联党政首脑更替频繁，经济形势日益复杂化，这次的普通学校和职业学校改革给人的感觉是雷声大，雨点小，效果平平，甚至由于后来 1987 年的中等和高等教育改革的开始而被淡化了。最明显的变化是，普通中等教育学制由 10 年制改回 11 年制，学前班划入小学阶段，允许儿童 6 岁入学，从而形成了 6 岁入学儿童读 4 年小学、7 岁入学儿童读 3 年小学后，一并进入 5—9 年级的初中阶段和随后的 10—11 年级高中阶段的新学制。

4. 解体前夕的苏联教育（1985—1991）

这个阶段具有一种过渡性质，虽然时间上止于 1991 年岁末苏联的解体，但从教育发展史的角度上看，它不具备整个苏联教育的终结性特征。

1985 年 3 月戈尔巴乔夫上台后，开始其全面推行改革新思维的进程。在教育领域，除继续 1984 年开始的普教改革外，又在"连续教育"的理念之下将教改的侧重点指向中等专业教育和高等教育环节。1987 年 3 月颁布《苏联高等和中等专业教育改革的基本方针》，强调高等和中等教育应超前于国民经济技术改造而优先得到改进，以便保证苏联居于世界科技和社会进步的前列，为此要保证专门人才的培养质量，加强高教领域的教学、生产、科研一体化进程。1988 年 2 月苏共全会又以党中央决议的形式通过《关于中等和高等教育改革进程和党的在实现改革方面的任务的决定》，进一步强化这两级教育在促进国民经济建设、提高国家科技竞争力、保证国民素质整体提高过程中的重要作用。

与此同时，"连续教育"的理念得以进一步明晰：作为日后培训技术熟练工人和专业人员骨干以及个人的全面发展的基础，优质的普通中等教育必须在实施职业训练前实现，也就是把青年所接受的"连续教育体系"变为由普通教育和职业教育两部分组成，前者包括学前和普通中等教育，后者是中等教育之后为获得职业所接受的教育，包括初等、中等职业教育和高等教育三部分。为此，1988 年，国家主管国民教育的三个最高管理机构教育部、高教部、国家职业技术教育委员会被合并为苏联国家教育委员会。

尽管苏联 80 年代末期改革新思维之下对国民教育领域的改革理念和操作设想不乏合理性和先进性，但由于国家政治局势、社会民主化进程、经济改革局势乃至国际关系局势的起落不稳，苏联教育改革进程多数处于"车轮打滑"的状态。直至苏联的解体，改革没有取得实质性结果。

从整体上看，苏联国民教育体系 70 余年不断修正、调整、完善、更新的过程，是其根据国家政治、经济、文化和科技发展的需要，培养符合时代要求的现代公民、努力实现教育现代化的具体过程。尽管这个过程发展曲折、生成和积存了许多问题，但它为发展国民经济、建设社会主义强国培养了大批有觉悟、有知识、有技能的高素质公民，从而保证了缺少资本主义发展阶段的俄国在半个多世纪的时间内，成为从综合国力和民族气节上可以和老牌资本主义国家充分抗衡的社会主义强国。从教育本身的发展进程来说，苏联的解体和社会制度的转型对于国民教育领域都是意外的、突变的，不可能不产生负面影响，但比起其他领域，教育领域则相对封闭、保守，长周期运行特点明显。所以，苏联刚解体时的教育不意味着之前的通盘结束，但可以是新阶段的前奏或开始。事实上，俄罗斯在进入社会急剧转型期后，教育领域的变化不但不是一刀切，而且相对而言是平缓展开、艰难推进、逐步深入的。

（三）俄罗斯社会转型期以来的教育

20 世纪 90 年代初，作为世界头号社会主义国家的苏联在运转 70 余年之后彻底解体，不仅改写了整个世界政治格局，也使这个头号地理大国的内部发生了极为巨大和复杂的变化。原有的 15 个加盟共和国短时间内分别宣布独立，并放弃社会主义国家制度、选择资本主义市场经济的发展模式。俄罗斯联邦作为其中最大的加盟共和国顺理成章地继承了苏联的绝大部分主权，成为在政治、经济、军事上都与过去截然不同的一个主权国家，并旋即进入全方位的社会转型时期。

社会的转轨必然引起教育领域的适应性变革，而社会的政治经济发展状况又直接左右着教育的发展以及改革的力度和效度。俄罗斯最初十年的社会转轨过程复杂而艰难。国际上，伴随苏联大国强权地位的丧失，新主权国俄罗斯不仅立足未稳，而且在西方口惠而实不至的经济援助中步履艰难。在国内，社会政治制度转型过程的政党林立、民族纷争、寡头政治导致冲突不断；从计划经济体制向自由市场经济体制的激进转变，导致通货膨胀日益加剧，国民经济发展水平持续下降，人民生活陷入普遍贫困状态。国民教育领域所遭受的冲击可想而知。

20 世纪 90 年代以来，俄罗斯由于在政治和经济方面的发展不平稳，致使其很多法律和法令难以全面贯彻、实施，但是，各类教育法律文件仍不断出台，这在一定程度上体现了国家和政府对教育的重视。在苏联解体前期的1991年7月，叶利钦最初就任俄罗斯苏维埃社会主义联邦共和国总统伊始所颁布的第一号总统令就是《关于俄罗斯苏维埃社会主义联邦共和国教育发展的紧急措施》。该总统令明确提出，教育对发展俄罗斯智力、文化和经济方面的潜力具有特殊意义，必须确保教育领域发展的优先地位；必须制定"国家教育发展纲要"；支持非国立教育和私立学校的发展；免于向教育系统的机关、企业和团体征收各种赋税；教授、教员的职务工资应高于俄罗斯工业系统平均工资的1倍；教育系统各部门所占用的土地可以无偿、无限期使用；等等。

1992年颁布的《俄联邦教育法》是俄罗斯联邦独立后第一部教育基本法，它在总体思想上继承了苏联所奉行的国家教育政策，明确提出教育领域是国家优先发展领域。其内容主要包括重新划分国民教育体系、确立多元化办学模式、扩大教育机构的管理及经营自主权，将义务教育的年限从原来的11年改为9年。俄罗斯90年代以来的改革基本都以该法律文件为依据，只是后续对该法有过多次修订。1996年修订版《联邦教育法》在反思之前几年教育改革利弊基础上，确立了随后教育发展的基本方向和国家义务，包括承诺国家每年划出不低于国民收入百分之十的资金用于教育的需要；高等教育的国拨份额不得低于联邦预算支出部分的百分之三，国拨高教经费应足以确保每1万名俄罗斯居民中有170名大学生能免费接受国立高等教育；高校教师的工资比工业部门职工的平均工资高1倍；中小学教师的工资不得低于工业部门职工的平均工资；等等。

1994年和1997年俄联邦两次颁布《联邦教育发展纲要》，除重申《联邦教育法》的有关条款之外，还进一步申明：该《纲要》的主要目标在于坚持把俄罗斯联邦宣布的"教育优先"地位作为国家政策的基本原则，保持并发展教育系统在开发个人创造性上所具有的潜力，并将其作为整个社会进步之重要的社会保障。其基本方针在于确保俄罗斯教育、文化、科学的统一空间；建立和完善教育发展的法律、政策基础；通过教育系统保护并发展多民族国家的民族文化及区域文化传统特色；在教育系统中保持和发展民主的、国家—社会的管理机制；建立教育系统得以运转与发展的经济机制；等等。1997 年颁布的《联邦教育发展纲要》是俄罗斯独立后各种法律、法规、法令的集大成者，它对俄罗斯教育体制发展的现状及存在的问题、教育改革的目标、方针、任务及效果等都做了明确的阐述。其中特别强调的是"坚持教育发展的国家优先地位"和"保证俄罗斯的教育、文化和科学的统一空间"这两个方面。

1999 年俄联邦颁布了《俄罗斯联邦国家教育方针（草案）》，对过去几年教育过程中的极端做法（如教育过度私有化和分权的现象）提出批评，并规划了到 2025 年前教育的发展战略及方向。该方针提出了四个未来教育发展的战略目标：（1）奠定俄罗斯社会、经济与精神发展的基础，提高人民生活质量和民族国家安全；（2）巩固国家的民主与法制；（3）为建立具有高度竞争力和投资吸引力的国际市场提供人才保证；（4）恢复和保证俄罗斯在国际社会中的地位。叶利钦对"教育优先发展"的承诺，曾给当时的俄教育界以极大鼓舞，从教改舆论到总统指令，再到法律文件，都不忘率先强调国家对发展国民教育的重视和责任。这种"优先发展"意识即便在苏联教育史上也是少有的。

整个 90 年代，俄罗斯政府相继颁布的教育改革法案和法令超过 200 项。在俄罗斯社会转型的总方针之下，叶利钦亦试图实施建立新教育范式的教育改革，提出了去意识形态化、去国家化、自治化、民主化、多样化、人文化、个性化等教育改革须因循的一系列宗旨，并围绕这些指导思想实施各方面的改革举措。但由于当时政治、经济、社会等领域的各种矛盾与困境，政府无暇真正顾及教育变革政策的落实，加上教育改革中的民主化放权与自治，使得法令政策失衡失范成为俄罗斯教育最初十年发展的突出特征。相比其他社会领域，虽然在整个社会转型中教育受到的断裂性冲击相对较小，学校秩序相比受扰较小，但管理层面的失控、人才的流失、质量的明显下滑、运行运转的不畅不利，都无可争辩地表明，20 世纪 90 年代的俄罗斯教育整体上是退步的，是"国家对教育整体管理的事实性失职"。

新世纪之交，普京从俄罗斯总理位置首次出任总统后，俄罗斯国内形势开始好转，政治趋于稳定，国际地位和影响力再度增强。普京在治国策略和改革方针方面采取了一系列措施，如加强中央领导权力、强化民族统一空间、注重经济发展和针对性扶持，使得国民经济不断复苏并日渐增长，通货膨胀速度趋缓。2000—2006年，俄罗斯GDP平均增长率接近7%，到2005年底，俄罗斯的国民经济总量重新恢复到20世纪90年代初期的水平。2007年甚至成为同时期世界上经济发展速度最快的国家之一。在教育方面也逐步加强联邦空间内教育的统一性，制定统一的国家教育标准，以纠正过去几年中出现的教育过度分权化、区域自治化及非国有化等乱象，整治官僚主义和教育腐败，开启保障教育公平和教育质量的中等教育领域系列改革，以及为加入欧洲统一高等教育空间所必需的高等教育体制的改革。到2008年5月普京两届总统任期结束时，他交给俄罗斯第5任总统梅德韦杰夫的，是一个国民经济8年增长了70%、重回世界十强行列的俄罗斯，一个教育现代化进程发生显著变化并在持续发展的俄罗斯国民教育体系。

总体上看，俄罗斯国民教育领域的改革是在社会转型的大背景下进行的。苏联解体后的俄罗斯国民教育虽然没有发生断裂性的革命，但变化亦十分显著，而且在很大程度上是国家和社会宏观领域变革的缩影。俄罗斯的教育改革绝大部分是在国家的统领下自上而下地展开，少部分是自下而上进行。当然，不论是在继承苏联时期的模式方面，还是在适应当时国家整体经济环境方面，抑或是在满足受教育者个体需求方面，俄罗斯教育在实施变革、不断完善的同时，也都始终存在着棘手的矛盾和重重困难。

第二章　俄罗斯的基本教育制度

俄罗斯联邦教育结构由 1992 年《俄罗斯联邦教育法》（简称《联邦教育法》）确立。该结构将苏联时期由普通教育、中等职业教育、中等专业教育和高等教育四部分组成的国民教育体系化简为普通教育和职业教育两大部分，另增加一个补充教育系统。1996 年 7 月，俄罗斯颁布《俄罗斯联邦高等和大学后职业教育法》（简称《高教法》），专门对高等教育及其之上的研究生教育作出规范。俄罗斯对这两个法令多次进行过重大修订补充。2013 年 9 月 1 日新版《联邦教育法》生效，一并取代了之前的《联邦教育法》《高教法》等多个教育法规，与《俄罗斯联邦宪法》一起成为构成俄罗斯现行国民教育制度的基本依据。

一、基本学制

依最新版《联邦教育法》，俄罗斯国民教育结构包括普通教育、职业教育、补充教育和以职业性继续教育为内容的职业学习共四大板块。鉴于职业学习板块完全针对在职人员而言，所以，俄罗斯学校教育现行体制主要由普通教育、职业教育和补充教育三部分构成。

（一）普通教育

普通教育系统包括学前教育、初等普通教育，基础普通教育、中等普通教育 4 个部分。新版《联邦教育法》第七章第 67 条规定，满两个月的婴幼儿可以开始在教育组织接受学前教育。年满 6 岁半且身体健康无禁忌症的儿童可以开始在初等普通教育组织接受教育，但不应晚于年满 8 岁。根据儿童父母（法定代理人）的申请，教育组织创办人有权允许接收儿童更早或更晚进入按照初等普通教育计划教学的教育组织。①

学前教育机构以托儿所（3 岁以内）、幼儿园（3—6 岁）、小学预备班（6—7 岁）三种类型为主。初等普通教育即小学阶段（1—4 年级），基础普通教育即初中阶段（5—9 年级），中等普通教育即高中阶段（10—11 年级）。修业期满需参加同时具有高中毕业考核与高校入学竞试功能的国家统一考试（Единый государственный экзамен 简称 ЕГЭ），考试合格者可获中等普通教育毕业证书，成绩优秀者可获金质或银质奖章。毕业生通过竞试升入高等学校，或进入各种中等职业技术学校相应年级，亦可直接就业。

1. 学前教育

学前教育包括三个阶段：托儿所（3 岁以内）、幼儿园（3—6 岁）、小学预备班（6—7 岁）。学前教育机构的主要职能是保护和增强受教育者的身心健康，开发儿童智力，促进个性发展。儿童在托儿所、幼儿园的主要活动是游戏、学习和劳动。俄罗斯联邦 1992 年版《联邦教育法》将学前教育列入正规的国民教育体系，成为其普通教育大纲中的有机组成部分，但直到 2004 年版的《联邦教育法》才明确学前教育是普及的免费教育。

俄罗斯学前教育机构的类型在逐步多样化。除传统幼儿园外，出现了特长幼儿园、家庭幼儿园、双语教育幼儿园、特殊教育幼儿园等幼教机构，其中也不乏各种私立幼儿园。此外，还有一类是学龄前与学龄早期儿童一体（3—10 岁）的教育机构，具体可分为初等小学—幼儿园、补偿型小学兼幼儿园、幼儿—文实学校等类型，这些教育机构的任务是，保证学

---

① 　Президент России：*Федеральный закон от 29.12.2012 г. № 273-ФЗ "Об образовании в Российской Федерации"*，2013 年 5 月 7 日，见 http://www.kremlin.ru/acts/bank/36698.

前与初等教育之间的衔接性，为维护和增强受教育者的健康及身心发展创造最佳条件。[①]

2. 初等普通教育

即小学阶段（1—3、4 年级）。从 1984 年苏联进行的最后一次普教改革开始，6 足岁在俄罗斯成为一个特殊的年龄，孩子 6 岁到 7 岁这一年可以上单独的小学预备班，也可以进入小学 1 年级，由学生与家长自愿选择。虽然现在绝大部分学校都有 6 岁、7 岁入学两种班供选择（6 岁入学读 4 年，7 岁入学读 3 年），但大多数家长为减少孩子压力都选择 7 岁入学，从 6 岁开始接受 11 年教育的孩子大约在 20% 左右。

3. 基础普通教育

即初中阶段（5—9 年级）。学生一般 14 岁念完 9 年级获得普通中等教育的第一阶段教育。1992 年《联邦教育法》就已明文规定，基础普通教育阶段是义务教育，应在 15 岁之内完成，在普通教育机构接受基础普通教育的学生，年龄不能超过 18 岁。

4. 中等（完全）普通教育

即高中阶段（10—11 年级）。修业期满考试合格者发给中等（完全）普通教育毕业证书，成绩优秀者可获金质或银质奖章。毕业生通过竞试升入高等学校、进入各种中等职业技术学校相应年级，亦可直接就业。1996 年 4 月俄罗斯政府颁布《关于 1992 年〈俄罗斯联邦教育法〉的补充修改条例》，将普及义务教育的年限重新规定为 11 年。

上述 2、3、4 阶段的教育构成俄罗斯的普通教育的主体，由不同类型学校实施。目前大致有：

（1）普通中等教育学校（9 年制学校和 11 年制学校）；

（2）被称为 ГИМНАЗИЯ 的新型优质普通教育学校，起用的是沙俄时代文科中学的称谓；

---

① 肖甦、王义高编译：《俄罗斯转型时期重要教育法规文献汇编》，人民教育出版社 2009 版，第 303 页。

（3）被称为 ЛИЦЕЙ 的新型优质中学，也是借用沙俄时代实科中学的称谓；

（4）特科学校（加深某一门学科，如数学、外语、美术的专门学校）；

（5）寄宿学校；

（6）长日制学校；

（7）为生理、心理发展障碍学生所设专门学校（如盲校、聋校、林间疗养学校等）；

（8）业余普通中学（附设于各类学校的函授部及夜校，招收不完全中等教育程度的在职人员，完成为期 3 年的完全中等普通教育）。

苏联解体之后，俄罗斯出现了私立普通学校和多种类型的有偿教育学校，如星期学校、钟点学校、早期外语、音乐、美术类贵族学校、英才教育学校、独创性学校等。根据统计数据分析，私立学校的平均人数不足百人，如果按 11 个年级计算，每班人数少于 10 人。1992 年版《联邦教育法》曾规定，非国立教育机构自获得国家资格认证之日起，便与国立教育机构享有同样的获得国家或地方财政拨款的权利，但在 2004 年版的《联邦教育法》中取消了相关条款。

截至 2018 年 1 月 1 日，全国共有学前机构 3.73 万所，学生 750 万人，学前教师总数为 53.38 万人，师生比约为 0.07。2018—2019 学年，俄罗斯普通教育学校总数为 4.13 万所，其中国立普通教育机构为 4.05 万所，私立普通教育机构为 851 所；普通教育学校在校生总数为 1613.73 万人，其中国立教育机构学生人数为 1601.36 万，私立教育机构学生人数为 12.37 万；普通教育学校教师总数为 108.28 万人，师生比约为 0.067。[1]

---

① Боровская Н.В., Гохберг Л.М. & Кузнецова О.К., *Образование в цифрах*：*2019*：*краткий статистический сборник*，М.：НИУ ВШЭ，2019：12-29.

（二）职业教育

因循终身教育的理念，自20世纪90年代起，俄罗斯将普通中等教育之后的各种正规教育均释义为公民为获得职业所接受的教育，一并归入职业教育版块。根据2013版《教育法》，职业教育板块包括中等职业教育和三个层级的高等教育共4部分。

1. 中等职业教育

中等职业教育以普通教育为基础，培养各类中级技术人才，它在俄罗斯职业教育体系中占有重要位置。该系统又包括基础和提高两个层次：从时间上看，提高层次比基础层次多修业一年；从施教机构上看，基础层次的中等职业教育主要在中等职业技术学校和中等专业学校实施（统称为中等技术学校（техникум）），提高层次的中等职业教育主要在技术专科学校（或称技术中学）和高等专科学校实施。中等技术学校招收初中和高中毕业生，对初中毕业生除实施专业教育外，兼施高中教育，学制3—4，高中毕业生学制1—2年。

有必要专门提及一下高等专科学校（Колледж），它是20世纪90年代后俄罗斯新发展起来的一种学校，由中等专业学校转型以及部分中等职业学校升级而成，其教育层次既属于拔高水平的中等职业教育，也相当于初级层次的高等职业教育水平，总学制为4年10个月（相当于9个学期）。其整个培养过程划分为三个层级，第一级培养2—4级的熟练工人，学习3个学期，招收基础教育或完全中等教育学校毕业生；第二级培养5—6级高级熟练工人和技术员，学习期限为第4—6个学期，招收上一级水平毕业生及中等职业学校、技术学校毕业生；第三级（第7—9学期）培养工程师，招收上一级优秀毕业生，以及日课、夜课、函授等中等专业学校毕业生，学习相当于大学一、二年级的课程，以及本专业的知识和技能。高等专科学校相当于我国的高职教育层次，在俄罗斯中等职业教育机构中所占比重较高。

2. 高等（职业）教育

在中等（完全）普通教育、中等职业教育的基础上，培养和再培养具有相应水平专门人才的教育。1996 年 8 月《俄罗斯联邦高等和大学后职业教育法》颁布，将高等职业教育层级划分为三个层次。第一层级是高中毕业生通过竞试进入高等教育机构学习 4 年获得的学士学位；第二层级分两类：某些专业延续苏联模式连续学习 5 年的文凭专家，或学士基础上学习 2 年的硕士学位；第三层级是第二层级基础上的两类：按副博士大纲学习 4 年并通过学位答辩的副博士学位，或按其他专业性培养大纲学习 2 年获得的高水平技能人才毕业证书。

2013 年颁布的《联邦教育法》新版一并取代了先前的《教育法》和《高教法》。在现行的新版《联邦教育法》中，俄罗斯高等教育是职业教育板块的第二层级教育。作为职业教育板块的最高层级部分，这一级教育的目的旨在根据社会和国家需要，按照所有有益于社会活动的主要方向保障高水平人才培养，满足个人对于智力、文化和道德发展、深化和扩大教育和科教技能的需求。

从水平层级上看，具体分为学士、文凭专家与硕士、高级人才培养三个层次；从人才培养大纲的类型看，俄罗斯高等教育计划分为六个类别：学士学制大纲、专家大纲、硕士学制大纲、研究生（高等军事院校研究生）科教人才培养大纲、临床医学研究生大纲以及助教进修生大纲；从人才培养机构类型看，俄罗斯实施高等教育的专门机构总体分为三大类：综合大学（университет）、专业性大学（академиия）、专业学院（институт）。

2018—2019 学年，全国共有中等职业教育机构 4711 所，在校学生总数 246.43 万人，教师总数 13.9 万人，师生比约为 0.056。根据 2018—2019 学年的统计数据，俄罗斯共有高等教育机构 741 所，在校学生（包含本科及硕士）共计 416.17 万人。其中，国立高等学校 496 所，学生 378.25 万人，非国立高等学校 245 所，学生 37.91 万人。俄罗斯高等教育机构专职教师 23.61 万人，其中教授 2.46 万人，副教授 8.8 万人，拥有博士学位学者 3.66 万人，拥有副博士学位学者 13.56 万人。截至 2018 年末，俄罗斯培养副博士研究生的机构共 1223 个（其中科研机构 618 个，高等学校 585 个），在读副博士研究生总计 9.08 万人。高校师生比约为 0.5。[①]

（三）补充教育

补充教育系统是俄罗斯根据 1992 年《联邦教育法》新添加的教育系统，是结合终身教育理念，将各级各类的校外教育规范化、系统化所构成的一个与普通教育大纲和职业教育大纲并行的大纲系统。作为正规教育大纲之外的补充部分，补充教育大纲亦分为各种专业方向的大纲，它既在普通教育和职业教育机构中实施，也在各种专门的补充教育机构实施。

根据《联邦教育法》，实施补充教育大纲和补充教育服务的宗旨和任务在于：全面满足公民个人、社会和国家对教育方面的各种需求；在职业教育阶段配合各级教育标准的提高而逐步提高各类专业人员的业务水平。补充教育大纲亦分成各种专业方向的大纲，作为正规教育大纲之外的补充内容，它既在普通教育和职业教育机构中实施，也在各种专门的补充教育机构，如进修学院、职业定向中心、各类音体美学校、各种儿童课外活动站等场所实施。与苏联时期的各种校外活动机构相比，补充教育大纲一般都是有偿教育服务。[②]

截至 2018 年 1 月，俄罗斯共有儿童补充教育机构 1.34 万所，有 1082.54 万儿童在其中学习，有 28.07 万教育工作者在此类机构工作，师生比约为 0.026。[③]

根据 2013 版俄罗斯《联邦教育法》绘制的国民教育体系学制图如下：

[①]　Боровская Н.В., Гохберг Л.М. & Кузнецова О.К., *Образование в цифрах：2019：краткий статистический сборник*，М.：НИУ ВШЭ，2019：12-29.

[②]　肖甦、王义高：《俄罗斯转型时期重要教育法规文献汇编》人民教育出版社 2009 年版，第 686 页。

[③]　Боровская Н.В., Гохберг Л.М. & Кузнецова О.К., *Образование в цифрах：2019：краткий статистический сборник*，М.：НИУ ВШЭ，2019：12-29.

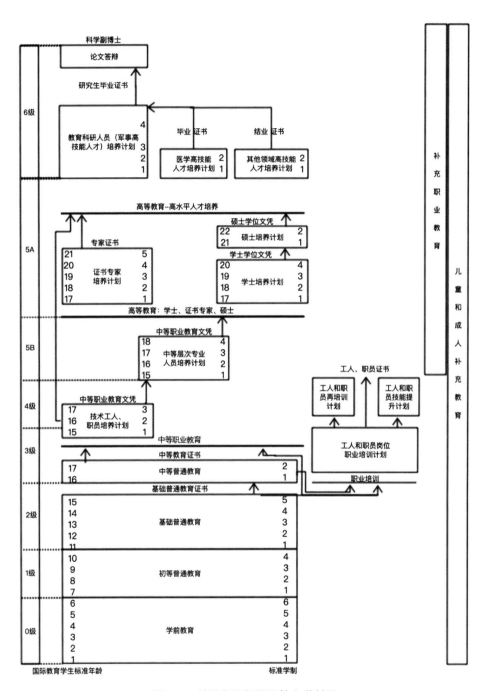

图 2–1　俄罗斯现行国民教育学制图

资料来源：Федеральный закон от 29.12.2012 г. № 273-ФЗ "Об образовании в Российской Федерации" [EB/OL]，http：//www.kremlin.ru/acts/bank/36698，2020-6-8/2020-7-3.

二、现行教育管理体制

俄罗斯教育行政管理体制从属于国家行政管体体制，是俄罗斯高度统一的中央集权管理模式之下的中央集权制教育管理模式。从苏联解体后到 2018 年改组前，俄罗斯联邦的行政体制格局以及教育行政体制格局都发生过一定变化。

作为联邦制国家，俄罗斯建立的基础是联邦政府与联邦主体之间签订的条约，1993 年的俄罗斯《联邦宪法》确定共有 89 个联邦主体，含共和国、边疆区、州、直辖市、自治区、自治州 6 种类型，主体间系平等关系。21 世纪初，为强化对数量众多的联邦主体的集权管理和垂直领导，普京政府将全国划分为 7 大联邦区：中央区、西北区、南方区、伏尔加沿岸区、乌拉尔区、西伯利亚区和远东区（2011 年又增加北高加索区），并为每个联邦区派驻了总统事务全权代表，以便于对各个联邦主体的上位进行监督与控制。总统事务代表虽然没有行政领导权，但拥有针对所辖区域内各联邦主体对总统签发的重要指令以及联邦政府的法律法规的执行落实情况的全方位监督权力。

到 2013 年，俄罗斯联邦主体总数调整为 83 个（原来的 10 个自治区主体被陆续合并至 4 个），2014 年末克里米亚事件后，增加了两个联邦主体（克里米亚共和国，塞瓦斯托波尔直辖市），也增加了一个联邦区（克里米亚联邦区），后来改联邦区并入南部联邦区。经过十余年的合并、增加、调整，到 2016 年 7 月，俄罗斯共有地位相等的 85 个联邦主体，在八大联邦区分别统辖下，集中由俄罗斯联邦最高权力机关集权管理，而俄联邦的最高权力集中在总统手中，并通过联邦政府各级行政机构执行管理职能。俄罗斯国民教育领域的管理权也同样遵循这样的层级逻辑。

苏联解体后，俄罗斯在教育管理上的最大变化就是从高度集权的一元化领导向多级化转变，改过去中央集权的统一管理，而是开始实施联邦、共和国、地区三级分管体系，层层放权，即中央与地方分权，中央

权限相对缩小，共和国及其以下级别的权限相对扩大。俄罗斯 1992 年版
《联邦教育法》将教育管理的原则表述为"教育管理的民主性质和国家—
社会性质，教育机构自治。"① 与此相适应，不论是教育行政管理体制，还
是教育财政体制、教育督导制度都发生了很大变化。

（一）教育行政体制

与苏联时期相比，俄罗斯《联邦教育法》规定了不同层次的权力机
关对教育管理的职权范围，在保留联邦中央制定和实施全国性教育政策的
职能的基础上，加强了地区和地方管理部门的权力，同时缩减其在日常事
务管理方面的权限。

联邦（中央）国家政权机关的教育权限在于宏观管理，如：制定并
推行联邦教育政策；制定和实施联邦教育发展纲要；确定国家教育标准的
联邦成分；规定教育机构的创办、改组、撤销程序及其办理许可证、鉴定
书、认证书的程序；组建独立于教育管理机关的国家鉴定—诊断中心体系
（国家鉴定服务结构）；制定教育机构标准条例；规定教育机构的劳动定额
和工资标准；编制联邦教育经费预算；筹措联邦教育发展基金；制定示范
性的教学大纲和教学计划；建立联邦统一的教育信息体系；等等。

联邦各主体政权机关的教育权限则在于：制定并推行不违背联邦中央
精神的教育政策、教育法规；制定并实施本共和国、本地区的教育发展纲
要；确定并实施国家教育标准中的民族—地区成分；编制本主体在教育支
出及教育发展基金部分的预算；落实本共和国、本地区的教育拨款指标。
实际上这一级是国民教育体系的中坚力量，承上执行、居中管理、启下领
导的职责和内容繁多，比如，对区域内各级各类的统筹，对绝大多数初
等、中等职业学校以及补充教育机构的管理都包括在这一级权限之内，一
些由联邦主体创建的高等教育机构也在被直接管理之列。

---

① 　肖甦、王义高编译：《俄罗斯转型时期重要教育法规文献汇编》，人民教育出版社 2009
　　年版，第 230 页。

　　地方自治政权机关的教育权限是：贯彻国家教育政策和法规；落实公民接受义务性的基础普通教育的权利，保证公民能就地上学，能自由选择教育机构；在自身权限内调节本地教育系统的财产关系，及负责开办、改组、撤销当地教育机构。这一级机构是管理全部的普通教育学校的主体，少部分中、初等职业学校以及少数地方开办的高校也由这一级负责管理。

　　国家各级政权机关通过其相应的教育管理专门机构实现对教育系统的管理。所设教育行政管理职能机构分以下几个级别：（1）联邦教育管理机构，即俄罗斯联邦教育部和其他与教育体制相关的联邦管理部门；（2）联邦主体教育管理机构，即共和国教育部，州、边疆区、市教育厅（局）等；（3）地方教育管理机构，即市、区教育局（处、科）等。以高等学校的创办、改建、撤销为例，凡属联邦一级的高等学校，均由联邦部长会议和政府实施；凡属共和国、边疆区、州、自治体、莫斯科市、圣彼得堡市的高等学校，均由相应的各级国家权力机关与教育管理机关会同联邦中央高等教育管理机关协商后实施；凡属地方一级的高等学校，由相应的地方自治机关会同联邦中央高等教育管理机关协商后实施。

　　1992年《联邦教育法》首先确定教育的分权性和国家—社会的管理原则，并建立联邦中央、联邦主体、地方自治机构和教育机构的三级管理体制。此后，在保持各级管理职能基本不变的同时，联邦级教育管理机构其实是经历了数次改组、调整和组合。

　　1992年3月俄罗斯教育部和俄罗斯联邦科学、高等学校和技术政策部两部门正式成立，实施面向全国的教育管理。1996年8月俄罗斯新政府改组职能机构，成立俄罗斯联邦普通和职业教育部取代上述两部，对全国普通中等教育和职业教育实行垂直管理。2004年3月，普京连任俄罗斯总统后，在对联邦政府职能部门再次重组中，成立俄罗斯联邦教育科学部取代之前的俄罗斯联邦普通和职业教育部，作为联邦政权在教育领域的最高执行机构。联邦教育科学部由四个署组成："联邦科学与创新署""联邦教育署""联邦知识产权、专利及商标署""联邦教育与科学监督署"。联邦教育署对各级各类教育实行联邦中央、联邦主体、地方三级管理。

俄罗斯联邦教育行政管理机构职能划分体现了教育行政决策、执行、监督领域权力的相互监督与制衡。督察署的独立运行使教育督察工作更公正、有效，有助于吸引更多的社会力量参与对教育活动的监督，促使教育决策部门和执行部门更加有效地工作。①

2018 年 5 月 7 日，普京宣誓就任俄罗斯新一届总统，开启其"铁腕总统"的第四任期，随即于 5 月 15 日签发"关于俄联邦执行机构的结构调整"（"О структуре федеральных органов исполнительной власти"）的第 215 号总统令，颁布了新一届联邦政府执行机构的调整方案。在新方案中，已运行 14 年的俄罗斯联邦教育科学部被一分为二，重新组建为俄罗斯联邦教育部（Министерство просвещения Российской Федерации）和俄罗斯联邦科学与高等教育部（Министерство науки и высшего образования Российской Федерации）。

也就是说，2004 年的联邦教育与科学部在经历了 14 年的合并之后，又被一分为二，变成了俄罗斯联邦教育部和俄罗斯联邦科学和高等教育部。根据机构调整的总统令，俄联邦教育部负责管理普通教育、中等职业教育及相应的补充职业教育、职业培训、成人和儿童补充教育、未成年公民的监管及教育，学生的社会支持及社会保障领域，为这些领域制定相应的政策并实施以行使国家服务职能；俄联邦科学和高等教育部则负责高等教育领域内国家政策和法律法规的制定与实施，组织实施相应的补充职业教育，并大力推动俄罗斯科学和高科技中心、国家科学中心以及科学城市的创新发展。需要注意的是，此前的机构是教育与科学部，教育在前、科学在后，而此次分割之后，高等教育的国家最高管理机构的名称是科学在前、教育在后，科学重于教育，国家在高等教育发展中更为强调科技含量的意图不言而喻。

---

① 时月芹：《俄罗斯教育行政管理体制的变革》，《大学研究与评价》2008 年第 9 期，第 49 页。

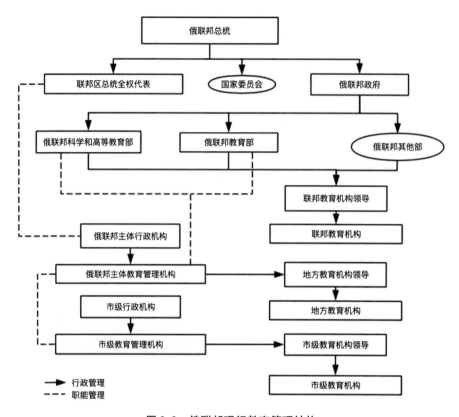

图 2-2　俄联邦现行教育管理结构

资料来源：1. 朱小蔓、[俄] H.E. 鲍列夫斯卡娅、[俄] B.Π. 鲍利辛柯夫：《20—21 世纪之交中俄教育改革比较》，教育科学出版社 2006 年版，第 66 页。

2. Указ «О структуре федеральных органов исполнительной власти» [EB/OL]，http://www.kremlin.ru/acts/news/57475，2018-5-15/2020-6-29.

（二）教育财政体制

苏联时期形成了国民教育由国家集权统一管理的模式，公民享受全程免费教育，各级各类学校的经费主要来自国家财政的拨款，一直实行的是单一的国家教育财政体制。俄罗斯独立后延续了对国民教育实施国家统一管理、以国家教育财政投入为主的苏联式总体格局。不过，在仍以公立教育为主体的同时，也允许非国立教育机构办学，此外，教育管理的层级化与"简政放权"趋势，就使得教育财政模式不再单一。政府也通过一系列联邦级法令明确了国民教育各级各类机构多渠道获得教育经费的可能性。

由于俄罗斯在社会转型时期遭遇的多方面的严峻形势和诸多的复杂矛盾，在国民教育的国家投入方面亦经历了多次起落波折。1993 年颁布的俄罗斯《联邦宪法》规定了政府在提供教育经费方面的义务，它必须保证俄罗斯所有公民在国立或市立教育机构、在企业中接受普及的、免费的学前教育、基础教育（但不包括 10—11 年的完全中等教育）和中等职业教育，并享有在竞试的基础上获得在国立、市立或企业中免费接受首次高等教育的权利。从另一个角度，这也就意味着联邦政府通过这种国家教育财政体制保证各级各类学校施教的最起码的物质条件。不过，在国家对于教育投入的法律规定上，则是经历了一个复杂多变的过程。

1996 年俄罗斯对 1992 年首次颁布《联邦教育法》进行过修改，但它在公民教育权限上与《联邦宪法》有一定出入："国家保证公民接受普及性的、免费的初等普通教育、中等（完全）普通教育和初等职业教育，以及通过竞试在国立和市立学校免费接受国家教育标准范围内的中等职业、高等职业和大学后职业教育，均以公民首次接受各该水平教育为限。"[1] 也就是说，《联邦教育法》取消了联邦宪法规定的免费学前教育，而将免费教育延长至 10—11 年的完全中等教育阶段。直到 2004 年修改版的《联邦教育法》才明确国家为本国公民免费提供的教育包括从学前到完全中等教育以及竞试基础上的中等、高等及大学后职业教育。

1996 年版的《联邦教育法》第四十条"教育优先地位的国家保证"中的核心内容包括：（1）国家依据国家和地方教育财政拨款，保证俄罗斯联邦公民接受国家教育标准范围内的教育；（2）国家保证每年拨出不低于国民收入 10% 的资金用于教育需求，并保证联邦预算、联邦各主体预算和地方预算中相应项目的支出，而经费的金额和标准根据通货膨胀率予以调整；（3）高等职业教育经费的拨款不得低于联邦预算支出部分的 3%；

---

[1]　肖甦、王义高编译：《俄罗斯转型时期重要教育法规文献汇编》人民教育出版社 2009 年版，第 231 页。

（4）保证居住在俄罗斯联邦的每万人中应有 170 名以上的大学生在国立高等职业教育机构的学习费用由联邦预算提供资金；（5）无论何种组织——法律形式的教育机构，对其章程中规定的非企业性活动版块全部免税、包括土地使用税；（6）为吸引教育投资，国家对为教育系统的发展作出资金投入、包括实物投资的企业、机关、组织及个人（包括外国公民），提供专门的税款优惠，具体优惠的性质、幅度和程序均依据俄罗斯联邦法律规定。

但是在 2004 年版的《联邦教育法》中，整个第四十条被取消，经过修订的第四十一条"教育财政拨款"只保留了先前提出的保证俄罗斯联邦每 1 万居民中有不少于 170 名大学生依靠国家财政接受高等教育的内容，而国家每年对教育的总投入在国民收入的比例数、对高等教育拨款占联邦预算的比例均被删除，取而代之的是"教育机构的活动按照法律获得财政拨款"；联邦级、联邦主体以及市立的各级国立教育机构的拨款，按照相应行政级别财政拨款标准执行（一般以每个类型、类别和级别的教育机构用于 1 名学生的费用计算）。此外还规定，教育机构有权依据国家法律规定程序吸收补充财政资金，亦可通过有偿的补充教育服务和教育机构章程规定的其他服务以及自然人和法人、包括外国公民和外国法人的自愿捐款和专项资本来获得补充资金。

几乎同步，作为当时俄罗斯高等教育国家最高法律的《俄罗斯联邦高等和大学后职业教育法》自 1996 年 8 月颁布后，也进行了多次修改。在 2004 年的新版中，同样取消了 1996 年版第二条中关于"国家对高等教育的财政投入应不少于联邦预算的 3%"的表述，但是增加了对学生个人尤其是贫困学生的提供财政支持的具体条框，如，由国家预算提供给每个正式学生（非在职或函授的公费名额）的月助学金是 400 卢布；对符合各种特殊家境的困难学生还可再提高 50%；国家财政预算向高校提供用于支持贫困学生的补充资金，其数额相当于助学金总额的 25%；等等。

2012 年底颁布、2013 年 9 月正式生效的俄罗斯新版《联邦教育法》取代了旧版《联邦教育法》和《俄罗斯联邦高等和大学后职业教育法》，成为俄罗斯国民教育的唯一基本法。新版《联邦教育法》中仍没有明确教育拨款的具体数额，只明确了拨款的原则，即联邦教育拨款由联邦、主体和地方财政预算承担，并按照其在教育领域的权限分工来确定。

从教育基本法对规定国家教育财政责任的不断修订上起码可以看到两点，一是俄罗斯政府始终没有回避、并一直坚持教育财政的国家责任理念；二是对于国家财政责任的重视逐渐在务虚的规范中扩充务实的空间，尽可能变"空头支票"为"有效证券"，用现实性的拨款原则替代理想化的数字符号。

就国家财政的具体成分而言，教育预算一般包括联邦、联邦主体和地方教育预算，联邦教育预算主要用于高等教育和初、中等职业教育，联邦主体和地方教育预算主要用于基础教育。

表 2–1　1995—2018 年俄罗斯联邦教育预算拨款状况

（单位：10 亿卢布，1998 年前为万亿卢布）

	1995	1998	2000	2005	2008	2010	2013	2015	2018
教育总预算	57.3	99.7	214.7	801.8	1664.2	1893.9	2888.8	3034.6	3668.6
联邦预算	9.0	14.6	38.1	162.1	355.0	442.8	672.3	610.6	722.6
联邦主体和地方（市）的预算	48.3	85.1	176.6	628.6	1292.2	1450.9	2333.8	2472.5	3015.6
教育预算占预算总支出比例 %	11.8	11.8	11.0	11.8	11.8	10.8	11.4	10.2	10.7
教育支出占国内生产总值比例 %	4.0	3.8	2.9	3.7	4.0	4.1	3.9	3.7	3.5

资料来源：根据 Образование в Российской Федерации：2005. Статистический сборник. Мин-во науки и образования РФ, Федеральная служба государственной статистики, ГУВШЭ. М., 2005. (2000 年之前的数据) 和 Образование в Российской Федерации：2010. Статистический сборник. Мин-во науки и образования РФ, Федеральная служба государственной статистики, ГУВШЭ. М., 2010.67-68. (2003 年之后的数据) 整理。Образование в Российской Федерации：2014. Статистический сборник. Мин-во науки и образования РФ, Федеральная служба государственной статистики, ГУВШЭ. М., 2014.39-41 (2000 年之后的数据) 整理。Индикаторы образования：2020. Статистический сборник. Мин-во науки и образования РФ, Федеральная служба государственной статистики, ГУВШЭ.М., 2020.100-105 (2013 年后的数据) 整理。

表 2–2　2000—2018 年俄罗斯各级教育国家拨款状况

（单位：10 亿卢布）

	2000	2005	2008	2010	2015	2018
学前教育	32.0	113.0	254.5	321.3	692.1	841.4
联邦预算	0.5	1.9	3.6	4.3		
联邦主体预算	31.5	111.1	250.9	317.0		
普通教育	107.9	356.0	737.1	827.4	1405.9	1471.7
联邦预算	0.7	1.8	4.1	5.8		
联邦主体预算	107.2	354.2	733	821.6		
初等职业教育	13.4	39.4	65.5	61.7	/	/
联邦预算	8.1	5.0	11.5	3.1		
联邦主体预算	5.3	34.4	54.1	58.6		
中等职业教育	10.2	43.3	93.9	102.1	197.8	251.6
联邦预算	5.4	18.7	34.0	32.1		
联邦主体预算	4.8	24.6	59.9	70.0		
高等职业教育	24.4	125.9	294.6	377.8	517.1	554.2
联邦预算	22.5	119.2	280，0	364.5		
联邦主体预算	1.9	6.7	14.6	13.3		

资料来源：根据 Образование в Российской Федерации：2014. Статистический сборник. Мин-во
науки и образования РФ, Федеральная служба государственной статистики,
ГУВШЭ.М., 2014.40-41（2000、2005 年和 2010 年的数据）、Образование в Российской
Федерации：2012. Статистический сборник. Мин-во науки и образования РФ,
Федеральная служба государственной статистики, ГУВШЭ.М., 2012.26-27（2008 年
的数据）和 Индикаторы образования：2020. Статистический сборник. Мин-во науки
и образования РФ, Федеральная служба государственной статистики, ГУВШЭ.М.,
2020.104（2015 年和 2018 年的数据）整理。

　　从上面两份统计数据集合资料中，我们不难看出，俄罗斯在经济滑
坡严重的 90 年代，在社会转型艰难前行的新世纪之初，在国家整体形势
相对向好的新世纪第二个 10 年，联邦政府对教育的财政支持力度始终是
持续加大的，教育预算在国家财政总预算中的占比虽有起伏，但基本在
3%—4% 之间，无论是联邦预算还是地方预算、无论是用于基础教育还是
职业教育，教育经费的数额亦呈持续增长态势。

根据《联邦教育法》修订内容和现有规定及部分数据，可以总结出以下几点：首先，俄罗斯在教育经费制度上进行了改革，虽然仍以国家财政、包括地方财政为主体，但国家对教育的财政投入具体比例不再被固化确定。其次，教育经费投入的分级承担原则明确，比重各异。国家对各层次预算资金的分配存在很大差异，学前和普通中等教育的经费基本上全部由地方预算承担，初等和中等职业教育的经费主要由联邦和联邦主体承担，高等职业教育（即高等教育）经费则主要由联邦预算承担。第三，现行的教育经费体制已经从单元走向多元，教育机构可以通过不同渠道、包括合法的经营活动吸引、获得资金。最后，进入 21 世纪以后，国家、地方对各级各类教育的投入均呈不断增加的态势。从统计数据的角度亦不难看出，俄罗斯政府一贯重视教育，并将之定位于国家优先发展领域的总体方针一直不变。

（三）教育督导与评估体制

教育督导制度是教育行政管理中不可或缺的一个组成部分，由于受教育行政管理体制的影响，不同国家、不同历史时期的教育督导制度呈现出不同的特点，在具体职能上也体现出各自的特色。苏联普教督导的总体特点是：集权化放射、立体层级、自上而下、以导为主、以监为辅；俄罗斯独立后，为适应国际国内形势发展的需要，督导的中央管理层和地方指导层级、学校单元层及校内评价方式等方面都有所变化。

1.教育督导评估发展脉络

（1）苏联时期的教育督导与评估

从俄国历史上看，中央和地方各级教育机关对教育系统的监督、检查早有传统。1869 年沙俄就已经设置了国民学校检查机构，而作为沙皇专制御用工具的国民学校检查机构实际上就是执行督导职能的部门。十月革命后，旧的督导制度被废除，取而代之的是新的苏维埃教育督导制度。

苏联对普通教育实行的是中央集中统一的管理体制。这个管理体制从中央到地方分设四级管理机构，包括中央教育部，各加盟共和国教育部，边疆区、州，市、区的教育行政部门，中央主要负责在宏观上对普通教育的规划、调节和控制，地方主要负责各类教学、教育机构的直接管理。一般来说，中央和加盟共和国一级主要是对下属国民教育机构和学校进行督导，而州和市一级主要是对各类教学和教育机构的工作进行督导，其中州一级偏重于对中学督导，市区一级偏重对 8 年制学校和小学进行督导。

（2）俄罗斯时期的教育督导与评估

从苏联解体到新世纪头 10 年，俄罗斯联邦教育督导机构设置发生了两次变化。[①]

第一次是在刚解体后，把苏联期间直属于教育部的国民教育视导总局改为俄联邦教育部下设的国家教育评定督导署（Государственная инспекция по аттестации）、评定委员会（Аттестационная коллегия）、高等评定委员会（Высшая аттестационная комиссия）、鉴定委员会（Аккредитационная коллегия）等部门。认证、鉴定和评定管理局（Департамент лицензирования, аккредитации и аттестации）直属于俄联邦教育部副部长。对普通教育的督导功能主要由国家教育评定督导署、评定委员会、鉴定委员会以及认证、评定和鉴定部门来完成。

第二次是近年随着俄联邦行政改革而发生了相应的变化，俄联邦政府各领域权力机构由三个层次构成：第一层次——联邦部（федеральное министерство），负责研制国家发展战略；第二层次——联邦署（федеральное агентство），负责实施这些战略；第三层次——联邦局（федеральная служба），对各种战略实施活动进行监督和督导。他们之间是相互合作的关系，署和局同处一个等级，教育与科学部部长是署和局的直接领导，提升了督导的地位，在这种机构改革精神导引下，俄联邦对教育督导部门做了重新调整，形成了现行的教育督导制度。

---

① 肖甦、王健红：《试析俄联邦教育督导制度新变化》，《比较教育研究》2007 年第 7 期，第 7 页。

2004 年年初，俄罗斯总统普京对联邦政府机构进行改组，取消了俄罗斯联邦教育部，将原联邦教育部的职能按决策、执行、监督三部分分别划设为三个部门，其中决策部分与科技部一部分合并设立为教育与科学部，执行部分设立为教育署，监督部分设立为督察署，三者互不隶属，各自独立运行，且部长和署长均为俄联邦政府内阁成员，俄联邦教育督察署署长由联邦政府任命。俄地方也将依照俄联邦的做法设立地方教育督察署。

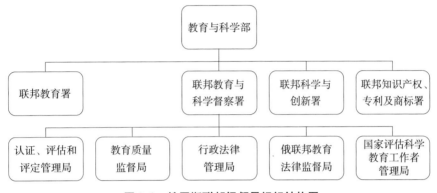

图 2-3　俄罗斯联邦级督导组织结构图

资料来源：肖甦、王健红：《试析俄联邦教育督导制度新变化》，《比较教育研究》2007 年第 7 期。

2018 年 5 月普京就任第 4 任总统后，即刻颁布联邦政府执行机构调整方案，再次重组内阁，其中政府最高教育职能管理部门变动较大：撤销已运行 14 年的俄罗斯联邦教育科学部，但以其为基础重新组建俄罗斯联邦教育部和俄罗斯联邦科学与高等教育部，将基础教育和高等教育分成两个板块实施独立管理。显然，俄罗斯的教育督导与评估体系也会随之发生变化，基础教育与高等教育督导评估的实施会分别在各自教育部的领导下完成。不过督导与评估的职能部门与督导内容变化不明显，有待进一步跟踪。而且，从教育结构和内容上看，普通教育与高等教育的督导与评估也一直是相对独立的。

2. 教育质量督导与评估主要依据

为保证统一教育空间、提高普通教育质量，1992 年《联邦教育法》

提出制定和实施俄罗斯国家教育标准，作为对各级各类教育质量督导与评估的权威依据，并对"教育标准"和"教育大纲"进行了界定。

该法第一章第 7 条规定，俄罗斯国家教育标准包括联邦部分、民族区域部分和地区部分，国家教育标准的联邦部分通过中央国家权力和管理机关按其职权范围制定，必须对各基础教育大纲中必修内容的最低限度、学生学习负担量的最高限度以及对毕业生培养水平的起码要求作出规定。第二章第 9 条指出，教育大纲主要规定一定教育层次的教育及其培养方向的内容，包括普通教育大纲和职业教育大纲两种。普通教育大纲里包括学前教育、初等普通教育（即小学）、基础普通教育（即初中）和完全中等普通教育（即高中）大纲；职业教育大纲则包括初等职业教育、中等职业教育、高等职业教育（即高等教育）和高校后职业教育大纲。每一种基础普通教育大纲和基础职业教育大纲所包括的最低限度必修内容依据相应的国家教育标准确定。①

国家教育标准是新俄罗斯时期的新生事物，在功能上它一方面可以取代以往高度划一的教学计划和教学大纲，为普通中等教育各个学段、各个学科限定课程内容和教学要求，另一方面在多样化普通教育机构实施个性化、特色化教学的同时成为其不可逾越的、全国一致的普通教育最低修业标准。通俗地说，就是对教什么、什么时段教、教成什么样等做了下线规定，而对怎么教、用什么（教材）教等方面没有统一规定，这实际上在教学创新、多样化教学手段、多样化教材编写和选用等方面给学校提供了更大的自主空间。

按照《联邦教育法》的规定，国家教育标准的制定通过招标进行，并且至少每 10 年在招标基础上修订。②2004 年俄罗斯颁布了第二代联邦《普通教育国家标准》，该标准中规定了教育内容的最低限度，最高教学

---

① 　肖甦、王义高编译：《俄罗斯转型时期重要教育法规文献汇编》，人民教育出版社 2009 年版，第 145 页。

② 　肖甦、王义高编译：《俄罗斯转型时期重要教育法规文献汇编》，人民教育出版社 2009 年版，第 145 页。

负担以及学生培养水平等。在几年的实践中，该套标准也暴露出了许多问题，所以尽管还不到 10 年，俄罗斯联邦就开始着手制定新的、也就是第三代标准，并于 2009 年颁布了《联邦国家普通教育标准（初等教育部分）》，该标准自 2011 年 9 月 1 日起在小学（1—4 年级）阶段实施。按照计划，2012 年在初中（5—9 年级）推行新教育标准，2013 年在高中（9—11 年级）推行新教育标准，并预计在 2020 年在俄罗斯所有普通中等教育机构普及新教育标准。①

俄罗斯高等教育的国家教育标准是国家为了形成统一高等教育空间而实行的重要教育政策，是从国家层面规范高等教育质量的重要依据。1992 年《联邦教育法》、1996 年《联邦高等和大学后职业教育法》都相继规定，国家教育标准是确定相应阶段教育大纲必修内容的最低限度、学生学习负担量的最高限度，以及对毕业生培养水平的起码要求的依据，是保证高等和大学后职业教育质量、保证俄罗斯联邦统一教育空间、保证对高等教育机构实行统一评估的参照。

俄罗斯国家高等教育标准确定了高等教育的结构、高等教育的文凭、对高等教育计划和高等教育计划实施条件的一般要求、学生学习负担的标准，大学的学术自由，高等教育标准对高等教育培养方向名录提出要求，并制定国家管理的规则。自 1994 年俄罗斯教育部批准第一代高等教育国家教育标准以来，至今俄罗斯已经先后两次更新高等教育标准，第二代高等教育标准于 2000 年实行；② 俄罗斯于 2003 年加入博洛尼亚进程，由于加入统一的欧洲与教育空间的需要，呼唤新的适应性标准，于是 2007 年研制第三代高等教育标准陆续面世，并于 2011 年 9 月正式实施，有效期到 2020 年。第三代高教国家教育标准与第二代有很大区别。而第三代标准运行期间不仅颁布了新的《联邦教育法》，而且正值俄罗斯于新世纪的第二个 10 年进入全面提升高等教育国际竞争力的时期，为了适应新时

---

① 　陆南泉等：《苏东剧变之后：对 119 个问题的思考》，新华出版社 2012 年版，第 366 页。
② 　陆南泉等：《苏东剧变之后：对 119 个问题的思考》，新华出版社 2012 年版，第 382 页。

期发展的需要，更为了有针对性地适应 2020 年以后国家发展的需要，其实，从第三代教育标准生效起，俄罗斯就一直在不断修订，生成了第三代标准＋和第三代标准＋＋的版本，其实是已经着手第四代标准的修订工作了。①

3. 教育机构督导与评估主要程序

（1）普通教育学校的督导与评估形式

俄罗斯当前对普通教育学校进行评估的主要程序是发放许可证、教学评估和国家认证三种形式。

① 办学许可（лицензирование）——硬件的审核

学校的办学许可证由国家教育管理机关或联邦主体立法机构赋予相应的地方自治机关发放。由许可证发证机关组建的鉴定委员会根据申请者的申请，在一个月内对学校进行鉴定。学校从获得办学许可证之日起，就有权从事教育活动并享有联邦法律规定的优惠待遇。

办学许可证相当于学校的营业执照，它多是从学校的硬件条件方面审核学校的办学资格，是对学校物质装备最基本的要求，通过它来衡量学校在校舍、师资、教学设施设备及其卫生医疗等方面是否符合国家和地方标准。

② 质量评估（аттестация）——软件的审核

根据俄联邦教育部 1998 年颁发的法令，全俄所有普通学校每五年进行一次评估，所有地方的学校评估体系都要以地方教育系统发展规划、联邦和地方教育法为依据。在地方法律文件中，学校评估被看作是新的管理地区学校教育发展过程的软方法。

评估是对学校教育质量进行国家—社会检查的主要方式，主要检查学校毕业生培养的内容、水平和质量是否符合国家教育标准。学校评估过程中要确定教学组织中相应水平和方向的教育大纲，包括基础义务教育大

---

① Гребнев Л.С.，"Болонский процесс и четвертое поколение образовательных стандартов"，*Высшее образование в России*，2011.

纲的最低内容；学生学习负担最大可承受能力；全部基础教育大纲的完成情况等。

③ 国家认证（аккредитация）——综合审核

普通学校在进行国家认证时需向教育管理机关提供相应的一系列文件，如申请书、委员会评估结果复印件、学校通过评估的法令的复印件、许可证复印件等。

认证委员会对普通学校进行审查的指标包括：根据评估委员会的结论审查教育大纲实施的水平；根据对教学计划和课程大纲部分内容的分析确定教育大纲实施的方向；班级类型结构（如是否设有加深课程的实科班）；根据评估委员会的结论认证毕业生培养质量；师资保障；教育过程中的信息技术设施，以及学生所在地的社会医疗条件等。

俄罗斯学校的内部管理因学校的性质不同而各异，学校享有较大的自主权，如可以自主选择本机构工作的具体目标；根据本校现有状况制定与联邦和地方教育法律法规不相悖的学校章程；在国家教育标准和示范教育计划、教材、课程基础上，制定并实施本校的教育大纲、教学计划、确定教育内容等。普通学校委员会、督学委员会、全体大会、教师委员会都属于普通学校自治的基本形式。普通学校内部管理实行一长制，由通过相应考核鉴定的校长对学校进行全权管理。

总之，俄罗斯普通学校的鉴定主要依据国家教育标准或地区根据国家教育标准制定的教育标准对学校整体办学水平进行评价。在许可证有效的前提下，被鉴定学校只要连续三年有不少于半数的毕业生的终结性鉴定成绩良好即可通过鉴定。

（2）高等教育机构督导与评估体系

苏联解体后，俄罗斯高等教育体系发生了巨大的变化。尤其在20世纪90年代，经历了层次结构的多样化、非国立教育机构的崛起、高校（特别是非国立高校）及其分校数量的急剧增长、教育公用设施供给的加强、新专业的开设、学校自发改名等重大变革。俄罗斯出现了各种不同类型的教育机构后，教育的物质供给及高校职业培训的范围也都有所扩大，由此，高等教育机构的资质、教育质量的保障等问题备受关注。为此，俄罗斯在保留苏联高等教育质量管理体系框架的同时，对高等教育也实施了一种全新的、综合性的评估和认证体系，并不断加强对这些教育机构的管理和控制。认证制度是由认可（лицензирование）、评估（аттестация）和国家认证（государственная аккредитация）这三个评估程序构成。

1992 年版俄罗斯《联邦教育法》对教育机构的建立程序及活动章程做了具体的规定，包括鉴定委员会的组建、鉴定的对象和内容、评定的目的与内容等。1996 年经修订的《联邦教育法》也提及了教育机构的认可、评定和国家鉴定问题，指出要创建独立的国家评定服务机构，确立教育机构的认可、评定和国家鉴定的程序，其中包括：1994 年，俄罗斯联邦教育部颁布的《关于教育机构认可程序的条例》的命令；同年，俄罗斯联邦国家高校委员会确立了《关于俄罗斯中等和高等职业教育机构国家鉴定的临时条例》的决议；1996 年，俄罗斯联邦教育部又颁布了《关于教育机构评定和国家鉴定程序的条例》。

1996 年 8 月 22 日俄罗斯联邦颁布的《高等和大学后职业教育法》也明确规定：高等学校地位的确定取决于其类型、法律组织形式和是否通过国家的认可等因素。高等学校的地位体现在其名称中。高等学校的名称在建立时确定，只有当其地位发生变化时才能更名，并且，各类高等学校地位划定，都要经过认可、评定和鉴定这一程序，并获得通过。一般而言，没有得到认可，无权办学；未通过评定，不能进入国家鉴定程序；未经鉴定，不能获得相应的国家地位，无权向学生发放国家承认的并带有俄罗斯国徽印章的毕业证书，并且不能被编入中央财政拨款名册以及享受其他优惠。对高等和大学后职业教育质量的国家监督，是由国家考核评价局、其他相应的国家级高教管理机构根据《联邦教育法》《高教法》及该领域其他联邦法的规定予以实施。联邦高等职业教育管理机关保证监督高等学校遵守其许可证所规定的教育活动的条件，违反条件则许可证予以没收。拥有国家认证书的高等学校不论其组织—法律形式和隶属关系如何，均由国家考核评价局至少每五年对其进行一次考核。①

取代之前的《联邦教育法》和《高教法》，2013 年版《联邦教育法》对教育领域各级各类教育一并作出法律规范。新法的第十二章以"教育体系管理，国家对教育质量的规约"为独立单元，从 89 条到 98 条用 10 条共 121 款的篇幅，对国民教育管理、督导与评估事宜作出规约。这 10 条包括了"教育活动的国家规约""教育活动的许可证审核""教育活动的国家认证""教育领域的国家监督""教育学鉴定""对教育质量实施独立评估""对教育活动实施机构及教育大纲专业性的社会认证""教育系统的信息公开及内部监测"等重要法条。第十二章第 90 条"教育活动的国家规约"中明确规定：教育活动国家规约的目的是制定开展教育活动的统一要求，并制定对教育活动的实施机构是否遵守这些要求进行检查的相关程序。教育活动国家规约包括教育活动的许可证制度、教育活动的国家认证和教育领域的国家监察共三部分内容。② 相比之前的各种相关法律法规，现行教育法对教育督导与评估方面的规约更为丰富、细化，在表述上也有不同之处，如旧版《教育法》中对督导评估三项程序的最后一项是"认证"，在新版中相关表述改成了对教育活动的"监督（监察）"。此外，还增加有不少新条款内容，如教育学鉴定、对教育信息公开的监察等，在此不予详述。

---

① 肖甦、王义高编译：《俄罗斯转型时期重要教育法规文献汇编》，人民教育出版社 2009 年版，第 288 页。

② Президент России：*Федеральный закон от 29.12.2012 г. № 273-ФЗ "Об образовании в Российской Федерации"*，2013 年 5 月 7 日，见 http://www.kremlin.ru/acts/bank/36698.

第三章　俄罗斯教育决策体系及新世纪重要教育法令政策

　　教育立法和教育政策是国民教育正常运行的保障，是教育系统制度化、科学化的表现。俄罗斯国民教育的构建和发展通过法律、法规以及政策先行，操作落实在后的一贯程序来体现国家对教育发展的掌控和引领。随着俄罗斯社会转型时期全面展开的政治和经济的变革，教育领域的改革亦不断展开，教育政策不断调整。苏联解体后，俄罗斯联邦亦十分重视国家教育政策的制定与实施，竭力追随、配合及适应社会政治和经济的改革进程，教育决策主体始终注意发挥核心职能。虽然国内政局动荡，经济滑坡，贯彻政策的难度很大，但是各种教育政策文件仍不断出台。尽管有些政策文本无法执行或没有按期兑现，但至少能表现出国家对教育的重视和期望。

一、俄罗斯教育决策主体

　　俄罗斯教育政策行为主体主要包括官方政策行为主体和非官方行为主体。官方主体包括立法机关和行政机关。非官方主体由教师团体、社会团体和公民等与教育相关的利益主体组成，体现了教育民主管理的特性。

（一）官方政策行为主体

　　俄罗斯联邦教育政策主要通过国家立法机关和政府行政机关制定，

联邦主体及地方教育政策由相关主体和地方行政机构制定。其中联邦教育法律法规以及重要的国家纲要都必须经联邦杜马、联邦委员会审读、表决，再经总统签署才能正式生效。

1. 立法机关

（1）联邦杜马

国家杜马主要进行提案的初步审议和正式审议通过工作。在初步审议阶段，提案由杜马委员会送交国家杜马负责该草案的一个常设委员会进行初步审议。如高等教育法案须提交杜马委员会下设的教育、科学和文化委员会进行初步审议。初审后将草案提交国家杜马全院会议进行三读审议。一读时，听取提案主体和责任委员会的报告，然后听取各议员团、杜马代表、总统全权代表、联邦政府和联邦主体的代表以及其他人的意见和建议。一读通过后，提出的草案修正意见由杜马专门委员会负责概括和研究来自各方的修正意见，将赞成和反对的修正案提交杜马二读审议。二读审议中杜马委员会逐章逐条审议，然后听取各方意见，表决通过后，对草案进行再次修改补充。最后提交国家杜马进行三读表决，杜马全体代表一半以上赞成，被视为国家杜马通过。杜马通过的法律在 5 日内提交联邦委员会审议。①

（2）联邦委员会

联邦委员会负责审议表决工作。杜马提交的法案，如果联邦委员会成员总数的半数以上成员投票赞成，或者联邦委员会在 14 日内未作审议，则被视为获联邦委员会赞成。当联邦委员会否决提案时，两院建立调解委员会消除分歧，随后国家杜马对提案进行复审。在国家杜马不同意联邦委员会决定的情况下，如果杜马再次表决时有不少于国家杜马代表总数三分之二的代表投票赞成，则提案被视为通过。②

---

① *Законодательный процесс*，2011 年 9 月 8 日，见 https：//www.grandars.ru/college/pravo vedenie/zakonodatelnyy-process.html.

② *Закон о дательная власть*，2011 年 9 月 8 日，见 http：//be5.biz/pravo/k001/15.htm.

2. 行政机关

（1）联邦政府及总统

苏联解体后，俄罗斯构建起联邦政府、联邦会议和法院三权分立的国家，联邦政府有权力同联邦会议及法院合议国家重要的政策决定。因此，联邦政府对教育政策的形成施加直接或间接的影响。

国家杜马通过，并经联邦委员会赞成的联邦提案应在 5 日内送交俄罗斯联邦总统签署和颁布。联邦总统在收到联邦法案之时起的 14 日内签署提案。如果总统在 14 日内驳回，国家杜马和联邦委员会可根据俄罗斯联邦宪法所规定的程序重新审议该提案。如在重新审议时，联邦法律未加修改地获联邦委员会成员总数和国家杜马代表总数各不少于三分之二的多数票的赞成，在正式公布之日起的第 10 日，联邦提案在俄罗斯全境同时生效。①

（2）联邦教育部、联邦科学与高等教育部

《联邦教育法》将联邦权力机构和教育行政管理机构的管理权限主要限定于宏观层面，联邦教育与科学部是联邦层面教育行政管理的中心环节，承担着教育行政管理领域大部分的管理职能。教育科学部在教育、科学、科技、创新活动领域制定有关政策，并给予规范化的、法律上的协调。该部执行联邦宪法以及联邦总统和俄罗斯联邦政府法令，并独立进行法律调节，草拟各级各类教育、科学、科技、创新活动等领域的草案提交给联邦政府。教育科学部参与教育政策法规的实施，并参与各级各类国家级标准、程序、指标等框架性内容的研究与构建，致力于维护俄罗斯联邦文化、教育空间的统一性。

（3）联邦主体行政管理机构及教育行政管理机构

联邦主体行政管理机构贯彻、执行联邦教育政策，制定并实施与联邦教育政策一致的政策及相关法令。联邦主体教育行政管理机构的组织结

---

① *Полномочия Президента Российской Федерации*，2009 年 5 月 6 日，见 http：//state.rin.ru/cgi-bin/main.pl？ id=283&r=224.

构和具体职能划分由联邦主体法规确定。因此，这些机构的名称和组织结构有着很大的不同，如州、边疆区、共和国下属的教育局、教育委员会、国民教育管委会、共和国教育部等。就其职权划分与机构设立而言，不同地区之间的差异性也很大。有些地区的科学与职业教育管理局和普通教育管理局各自独立，而有些地区的初等教育管理机构是独立设置的。这些教育管理机构参与本地区教育政策的制定及具体实施工作。

（4）市行政管理机关及教育行政管理机关

市行政管理机关管理、监督地方（市）教育行政管理机构和学校的工作，贯彻国家、联邦主体的教育政策。市级教育行政管理机构主要任务包括实施联邦中央、联邦主体的教育政策，参与制定及实施市教育政策。

（二）非官方政策行为主体

《教育法》第一章总则中规定，俄罗斯国家教育政策制定的原则为教育管理的民主性质和国家—社会性质。因此，国家赋予教育团体、社会组织以及公民有权利参与教育政策的制定及教育的管理。

1. 教师协会等教师组织

全俄教师协会、教师互助会等。这些是教师自愿组成的独立的非商业性质的教育组织——创建的目的是服务于教育领域。该组织致力于维护教师的权益，同时为教师的专业发展提供机会。教师们一起关注国家教育发展，交流教育教学经验，并为国家教育政策的制定提供意见和建议。

2. 相关教育团体

在俄罗斯教育政策形成的过程中，相关的教育团体会通过进言、讨论、发表文章、评论等方式表达其团体对教育政策的利益要求，发出代表本团体利益的声音。例如爱富利卡教育政策研究所，运输通讯职业教育中心、"生命之源"基金会、商务培训中心等非商业性质的教育团体会协助教育权力机关、地方自治机关制定教育政策。

3. 公民

依据俄罗斯联邦宪法及联邦教育法的规定，俄罗斯公民有权参与教育政策的制定。例如，2011 年 1 月 1 日，俄罗斯政府将新一版的《教育法》草案公布在专门网站上，开始进行社会讨论，广泛征集公众的意见和建议。俄罗斯联邦总统梅德韦杰夫亲自委托俄罗斯联邦教育部组织新法案的社会讨论。每个公民都可以提出自己的建议，通过书信、网络或者作为代表直接参与该草案的讨论。网上讨论持续一年多时间，最终，反复修订的成稿经由联邦政府批准、总统签署颁布命令后，2013 年 9 月 1 日新版《联邦教育法》开始正式生效。

　　俄罗斯教育决策各主体的分类及功能可综合为如下列表。

表 3-1　俄罗斯教育决策主体分类

官方决策主体	立法机关	国家杜马	法律政策提案的初步审议和正式审议。国家杜马通过的草案在 5 日内提交联邦委员会审议
		联邦委员会	审议表决政策法案，5 日内送交俄联邦总统签署和颁布
	行政机关	联邦政府及总统	收到法律政策提案后 14 日内签署颁布。若在 14 日内驳回，国家杜马和联邦委员会可根据俄罗斯联邦宪法所规定的程序重新审议该提案
		联邦教育部联邦科学与高等教育部	在教育、科学、科技、创新活动领域制定有关政策，并给予规范化的、法律上的协调
		联邦主体行政管理机构及教育行政管理机构	贯彻、执行联邦教育政策，制定并实施与联邦教育政策一致的政策及相关法令；根据本地区的实际情况，制定并实施共和国、地区（包括民族间的）教育发展纲要
		市行政管理机关及教育行政管理机关	管理、监督地方（市）教育行政管理机构和学校的工作，贯彻国家、主体的教育政策；在与联邦教育政策和主体教育政策及法律不相悖的情况下，根据地方特点和发展需要，制定及实施地方、市级的教育政策
非官方决策主体	教师协会等教师组织		全俄教师协会、教师互助会等，为国家教育政策的制定提供意见及建议
	相关教育团体		通过进言、讨论、发表文章、评论等方式表达其团体对教育政策的利益要求。如爱富利卡教育政策研究所、运输通讯职业教育中心、"生命之源"基金会等

续表

公民	宪法及教育法规定俄罗斯公民有权参与教育政策的制定。如正在讨论中的新教育法草案在教育部官方网站公布，每个公民都可以提出自己的建议，通过书信网络或者作为代表直接参与该草案的讨论

二、新世纪以来俄罗斯的重要教育法令政策

俄罗斯的教育发展历来有教育改革，法律先行的传统。即便是在社会转型初期艰难时世中的 20 世纪 90 年代，俄罗斯政府关于教育发展的法令政策也不断出台，各级各类的教育政策法规总数多达 250 多个，但是由于经济危机和诸多不利因素，很多法令政策在贯彻执行和有效落实上大打折扣。这一方面表明俄罗斯重视国民教育发展的一贯态度，另一方面也以揭示出在教育政策执行上的 90 年代的失衡失范特点。进入 21 世纪后，普京政府将国民教育的所有改革都纳入推进俄罗斯教育现代化的范畴，继续坚持教育优先发展的方针，在教改过程中坚持教育的普及性、基础性、公平性和连续性，在注重保持传统优势的同时，竭力满足社会进步与时代发展的需求、跟上世界趋势的节奏。

（一）2015 年之前俄联邦的重要教育政策概览

俄罗斯重要教育政策的制定与实施基本以 5 年为一个单元，从新世纪开始以来的很多重要的教育政策法令基本上完成了第三轮，处在第四轮的收尾之中，因此，这里以 2015 年为时间节点，概要梳理这期间的重要政策内容。

1. 2000 年 4 月颁布《俄罗斯联邦教育发展纲要》

这是奠定新世纪俄罗斯教育政策组织基础的政策文件，2000 年 4 月 10 日由联邦政府颁布。规定 2000—2005 年教育领域应完成的任务有：为公民实现接受各级各类教育的平等权利创造条件；推行和落实国家教育标

准及与之对应的各级各类人才培养示范教育大纲，制定符合俄罗斯和世界现代技术、科学、文化水准的教育内容，开发、实施信息化教育技术及其教学方法，实现教育系统中科学与教育一体化，完善教育机构许可、评估、认证体制；发展教育教学及科研人员的培养与再培训体系，完善教学、科研人员鉴定体系，完善连续教育体系；保障各级教育预算资金到位；发展与外国教育系统平等的伙伴关系，参与形成独联体各国的统一教育空间。

2.2001 年 12 月俄罗斯联邦政府批准通过《2010 年前俄罗斯教育现代化构想》（以下简称《构想》）

此《构想》是俄罗斯 21 世纪初教育领域的重要文件，对俄罗斯制订现在和未来的国家教育政策具有十分重要的意义。《构想》充分论证并阐述了教育在俄罗斯社会经济发展中的重要地位和作用，再次强调教育应该成为国家和社会的优先发展战略，并确定教育现代化为俄罗斯今后教育的发展总体目标。最后《构想》指出，实现教育现代化的构想包括以下 5 个关键部分：普及基础教育、保证公民接受教育的权利、全面提高各级各类学校的教育质量、提高国家教育管理的效益以及增加教育财政预算并完善发展教育的经济组织。《构想》整个文件分为三大部分：教育在俄罗斯社会发展中的作用；教育政策的优先方面；教育政策实施的基本方向、阶段和措施。

3.2005 年俄罗斯总统普京签署颁布《国民教育优先发展方案》

该纲要旨在提高教育质量，其内容主要包括以下几个方面：促进教育领域创新；为中小学安装互联网络；支持天才青年；为军事组织进行初等职业教育培训；组建国家大学和商务学校网；为课堂教学提供额外的补助；奖励优秀教师；为农村地区配备校车；为被资助地区的学校配备教学设备；支持发展国民教育中的优胜学校；实施现代教育技术；创办世界级水平的国民大学和经济类院校；提高中小学德育工作水平；发展军队职业教育体系。

4.2008 年 11 月俄罗斯联邦政府批准《教育与创新经济的发展：2009—2012 年推进现代教育模式国家纲要》

该纲要的目的在于推行现代教育模式，提高优质教育的普及性，适应创新经济的发展，满足每个公民和社会的现代需求。纲要明确最近四年俄罗斯教育发展的模式构想，并对教育系统的未来变化进行规划。其中包括：教育系统将实行新的组织—经济机制；加大公众参与管理和监督教育质量的力度；加强与世界互动，定期参加国际比较研究，扩大教育服务的进出口；保证各级教育系统和公民自我教育过程中获得教育资源；确保在教育过程中有效利用信息和通信技术软件；实质性地提高劳动力市场上技能教师、生产教学能手和教师的竞争。该纲要的颁布为俄罗斯教育的进一步发展指明了方向，不但为今后几年推进教育现代化改革的进程确定具体的时间表，而且对具体时间框架下各级各类教育拟达到的各项目标、详细责任人、经费来源保障等都作出比较详细的描述，对该计划推行的管理机制和效果评估也有相应的规定。

5. 2013 年 9 月俄罗斯联邦新版《联邦教育法》正式生效

俄罗斯新版《联邦教育法》2012 年 12 月 26 日经俄罗斯联邦会议通过、12 月 29 日普京总统批准正式颁布，并以此一并取代 1992 年颁布的《联邦教育法》和 1996 年颁布的《俄罗斯高等职业教育和高校后职业教育法》，作为俄罗斯联邦国民教育唯一的基本法。俄罗斯《联邦教育法》自 1992 年颁行，经历了 1996 年、2004 年两次重大修订后，又从 2010 年开始用三年时间在全国范围内反复讨论、征求意见、补充、修订、完善，2012 年底形成新版颁布并于 2013 年 9 月 1 日正式生效。在 2013 年版《联邦教育法》中增添了基本概念的阐述，重新明确职业教育层次，取消初级职业教育，加强教育质量监管力度，保障特殊人群的受教育权利。法令全文共 15 章：总则、教育体系、实施教育活动的主体、学生和学生家长、教育机构中的教师、领导及工作人员、教育关系的产生、变更和终止、普通教育、职业教育、职业培训、补充性教育、实施某种教育大纲和个别学生获得教育的特殊性、教育系统的管理、国家调节教育活动、经济活动和教育领域的财政保障、教育领域的国际合作、最后条款。新版教育法分别在教育权、教育性质、教育管理和财政拨款等方面更加明确与细化，整体体现出民主性和开放性、教育权责立体明晰、教育监督周密强势等特点，其自身的技术性、科学性有明显的提高。

6. 2014 年 4 月《俄罗斯联邦教育发展 2013—2020 年国家纲要》正式颁布

《俄罗斯联邦教育发展 2013—2020 年国家纲要》草案曾于 2012 年末由政府总理签署批准并试行。根据 2014 年 4 月 15 日俄联邦政府第 295 号决议，经过修订的纲要正式文本批准生效。该纲要实施期限分为 2013 年 1 月—2015 年 12 月、2016 年 1 月—2018 年 12 月、2019 年 1 月—2020 年 12 月三个阶段。纲要的目的在于确保俄罗斯教育质量能够适应居民不断变化的教育需求，适应俄罗斯社会和经济未来的发展趋势，提高青年政策的实施效率，促进国家创新发展。其主要任务包括：形成灵活的、对社会负责的、利于发展个性潜能的并保障当下及未来社会经济发展需求的连续教育体系；发展基础设施和经济组织机制，保障学前教育、普通教育和儿童补充教育服务的普及性和公平性；保障学前教育、普通教育和儿童补充教育大纲的现代化，用以促进儿童全面发展、达成高质量的现代教育和社会化成果；激励教育工作者富有成效地工作，实施现代普通教育标准，改革教育内容、教育的物质和信息环境；在公开、客观、透明、社会参与的基础上建立现代教育评价体系；创建青年社会化和自我实现的高效保障体系，发展青年潜能。纲要分为五个子纲要和两个联邦专项计划：2011—2015 年"俄语"联邦专项计划；2011—2015 教育发展联邦专项计划；职业教育发展子纲要；学前教育、普通教育和儿童补充教育发展子纲要；教育质量评价体系及教育体系信息透明度的发展子纲要；吸引青年参与社会实践子纲要；2013—2020 年国家教育发展纲要的实施保障及其他教育领域的措施子纲要。①

7. 联邦政府 2015 年 5 月颁布《联邦教育发展 2016—2020 年目标纲要》（以下简称《2016—2020 年目标纲要》）

该项政策文本是执行《俄罗斯联邦教育发展 2013—2020 年国家纲要》

---

① Правительство Российской Федерации：*Государственная программа Российской Федерации "Развитие образования" на 2013-2020 годы*，2014 年 4 月 15 日，见 http：// static.government.ru/media/files/0kPx2UXxuWQ.pdf.

的下位专项细化纲要。根据 2004 年版《俄罗斯联邦教育法》，为保证教育发展联邦纲要的全面实施、落实总纲要的具体目标，俄罗斯联邦政府应每五年颁布一份目标纲要。《2016—2020 年目标纲要》是继之前 2006—2010、2011—2015 两个目标纲要后的第三份、也是现在正在进行中的目标纲要。制定《2016—2020 年专项纲要》的目标在于：为俄罗斯教育的有效发展创造条件，保证高质量教育的普及，回应俄罗斯联邦现代的、创新的、社会定向的发展需求。为达成这一目标，《2016—2020 年目标纲要》设定了五个具体任务，分别是：在中等职业教育和高等教育领域建立和推广结构与技术上的创新；在普通教育领域推进现代化机制与技术；在教育机构施行有关措施，以发展科学—教育环境和创造环境，有效发展儿童补充教育体系；建立完善基础设施以保障为现代经济培养人才的条件；建立顺应需求的教育质量和教育成果评价体系。该纲要将在 2016—2020 年期间内分两个阶段实施，第一阶段为 2016—2017 年，第二阶段为 2018—2020 年。纲要第二阶段的实施侧重在于：对高等教育和中等职业类教育机构的结构进行根本性改变；以俄罗斯联邦中长期社会经济发展未来结果的预测为依据，在实践中推行新的运行机制；广泛普及新的研究生教育项目及其实施路径；努力普及并在实践中推进普通和补充教育的新内容、新技术；落实促进大中小学生参与社会实践的有效机制；依据职业—社会参与原则建立独立的全俄教育质量和教育结果评价体系；启动一系列用于展开社会服务、教学—实验、体育运动、经济与公共服务等方面的基础设施建设项目；随时为纲要实施过程中出现的新质量参数提供教育管理体系内的保障支持等。[1] 俄罗斯联邦政府希望通过《2016—2020 年目标纲要》系列任务的落实与完成，使俄罗斯教育发展总体目标的实现落到实处。

---

[1]　Правительство Российской Федерации: *О Федеральной целевой программе развития образования на 2016-2020 годы*，2014 年 12 月 29 日，见 http://static.government.ru/media/files/mlorxfXbbCk.pdf.

8. 2015 年 12 月俄罗斯政府颁布《俄罗斯联邦公民爱国主义教育 2016—2020 国家纲要》(以下简称《爱国主义教育 2016—2020 纲要》)

弘扬爱国主义精神、实施爱国主义教育在俄罗斯一直是一项有明确目标、有实施计划、有国家导向和社会基础的政府行为。进入 21 世纪以来，俄罗斯联邦政府已经连续颁布四份联邦层级的公民爱国主义纲要，分别是《俄罗斯联邦公民爱国主义教育 2001—2005 国家纲要》《俄罗斯联邦公民爱国主义教育 2006—2010 国家纲要》《俄罗斯联邦公民爱国主义教育 2011—2015 国家纲要》以及《爱国主义教育 2016—2020 纲要》。《2016—2020 纲要》的颁布，标志着继 2001 年 2 月俄罗斯颁布第一份《俄罗斯联邦公民爱国主义教育 2001—2005 国家纲要》之后，21 世纪以来俄罗斯第四个国家层面的公民爱国主义教育"五年规划"正式开启。《爱国主义教育 2016—2020 纲要》于 2016 年 1 月正式实施，一如既往面向各年龄段俄罗斯公民，但仍然以儿童和青年为主体。与此前的纲要相比，新纲要中关于公民爱国主义教育的内涵、形式和开展途径更加丰富：提倡吸收更多的国家社会组织、青少年团体、非营利性组织等参与爱国主义教育工作，增加志愿者组织和中小学生参与爱国主义教育活动的比例。进一步完善了纲要的实施和监测机制，确定了 11 项爱国主义教育活动的评价指标。[①] 作为实施爱国主义教育的一项系统性工程，参与《爱国主义教育 2016—2020 纲要》的落实有 17 个部门，分为爱国主义教育协调机构、主要执行机构以及合作执行机构三大类。

(二) 2017 年《俄罗斯联邦教育发展 2018—2025 年国家纲要》主要内容

2017 年 12 月 20 日俄罗斯联邦颁布《俄罗斯联邦教育发展国家纲要

---

① Правительство Российской Федерации: *О государственной программе Патриотическое воспитание граждан Российской Федерации на 2016-2020 год*，2015 年 12 月 30 日，见 https://minobrnauki.gov.ru/common/upload/library/2019/09/GP_ Patrioticheskoe_vospitanie_grazhdan_RF_na_2016-2020_gody_ot_30.12.2015_....pdf.

2018—2025》（以下简称《教育国家纲要 2018—2025》）。该纲要是继先前一系列教育国家纲要之后，俄罗斯面向 21 世纪第二个与第三个 10 年顺应国家与社会经济所有领域的中长期发展进程，而推进国民教育发展的重要政策文本。其功能在于为俄罗斯教育的有序有效发展提供明确的制度保证与目标支持，通过建立现代性教育计划流动制度、创新职业技术教育、发展普通教育和补充教育中的现代化机制、选拔和培养有才华有天赋的年轻人、为教育提供现代化基础设施、建立要求明确的质量评估体制与系统、提高联邦教育的统计评估能力等途径，实现有竞争力和发展潜能的人才培养大业，切实、高效地为国家中长期社会经济发展服务。《教育国家纲要 2018—2025》于 2018 年 1 月正式生效的同时，联邦政府先前几年陆续对《俄罗斯联邦教育发展 2013—2020 年国家纲要》的各项补充修订条款一并失效。鉴于该纲要既涉及教育发展不同方面的任务目标，又包括各层面内的目标完成的具体指标；既有中长期教育规划的设计，又是现阶段国家教育发展正在落实的政策文本，纲要所列各项发展目标既富含政策推进上的引领性，又具有政策实施上的操作性，因此这里予以重点介绍。

1.《教育国家纲要 2018—2025》的宗旨与总体任务

该纲要的宗旨与任务主要是规定和明确俄罗斯联邦近年来国民教育的发展目标、发展方向和优先领域。

《国家教育纲要 2018—2025》将俄罗斯联邦近期教育发展方向明确为：发展职业教育，促进学前和普通教育的协同发展，发展补充教育并实施青年政策，完善教育管理体系，作为俄罗斯公民自我认同和族际交流语的基础——俄语的发展与传播。

发展方向明确了国民教育推进需要一系列具体方案落实，在《国家教育纲要 2018—2025》的总则部分率先确定了不同项目领域的优先实施方案，包括《作为创新中心的高校》《俄罗斯教育的现代化数字环境》《发展俄罗斯教育的出口潜力》《中小学现代化教育环境》《儿童补充教育的普及性》等。这些项目包含了俄罗斯 2025 年前教育领域中前瞻性发展的综合信息。

作为《教育国家纲要 2018—2025》最首要、最切实的任务就是"制定俄联邦教育发展目标"。与"明确俄联邦教育发展方向"和"确立俄联邦教育优先实施方案"的领域上综合概括和方案上的简明确认不同，俄联邦教育发展目标的制定需要翔实而具体。在这项总目标任务中涉及了三个子项目的任务目标，分别是提高教育质量、提高教育普及率、扩大与推进在线教育发展。在每个子项目内分别规定了如下的具体落实指标：

在制定提升教育教学质量目标方面：普通教育领域要提升俄罗斯学生在 PIRLS（国际阅读理解能力测评）、TIMSS（国际数学与自然科学能力测评）、PISA（国际基础教育能力测评）等一系列国际评估项目中的成绩，包括 2025 年前俄罗斯学生在 PISA（国际基础教育能力测评）测评中的成绩排名应不低于前 20 名，2021 年前俄罗斯学生在 TIMSS（国际数学与自然科学能力测评）测评中数学成绩排名应不低于前 22 名、自然科学能力的成绩排名不低于前 30 名，2021 年前俄罗斯学生在 PIRLS（国际阅读理解能力测评）测评中的成绩排名应不低于 25 名。职业教育领域要增加中等职业技术学校毕业生数量、提高中等职业技术学校毕业生的就业率，具体规定包括 2018 年的中等职业技术学校毕业生就业率需达到 51%，2019 年就业率需达到 53%，2020 年达 54%，2021 年 55%，2022 年 56%，2023 年 57%，2024 年 58%，2025 年 59%。高等教育领域要扩大一流大学的数量，提高高等教育的国际竞争力，2018—2019 年期间，应有不少于 5 所大学进入世界大学排行榜中的前 100 名，2020 年不少于 6 所，2021 年不少于 7 所，2022—2023 年不少于 8 所，2024 年不少于 9 所，2025 年不少于 10 所。

在制定提高教育普及率目标方面：首先保障俄罗斯学前教育（2 个月—3 岁儿童）的入园普及率，按照新纲要的规定，2018 年学前教育普及率需达到 84.77%，2019 年普及率需达到 94.02%，在 2020—2025 年间，学前教育的普及率需达到 100%，进而消除上幼儿园的入园排队现象；其次，制定方案保障在全国所有普通教育机构具备按现代化教育标准施教的条件；第三，保障 25—65 岁的居民接受专业的职业技能提升培训，在

2018—2025 年间，应保证不低于 37% 的 25—65 岁公民每年享有接受专业的职业技能提升的机会；第四，保障 5—18 岁的儿童和青少年接受补充教育，2018 年预计有 71% 的 5—18 岁的儿童青少年接受补充教育，2019年 73% 的儿童青少年接受补充教育，2020—2025 年间接受补充教育的5—18 岁的儿童青少年所占比率应达 75%。

　　在制定提高在线教育目标方面：2018 年使用在线教育的学生数量应不少于 152.55 万人，其中普通教育机构的学生数量应不少于 60 万人，职业教育机构和高等教育机构的学生数量应不少于 92 万人，在线学习俄语的学生数量应不少于 0.55 万人；2019 年使用在线教育的学生数量应不少于 305.72 万人，其中普通教育机构的学生数量应不少于 150 万人，职业教育机构和高等机构的学生数量应不少于 155 万人，在线学习俄语的学生数量应当不少于 0.72 万人；至 2025 年，使用在线教育的学生数量应不少于 1100 万人，其中普通教育机构的学生数量应不少于 600 万人，职业教育机构和高等教育机构的学生数量应不少于 500 万人。[①]

　　2.《教育国家纲要 2018—2025》实施框架的主要构成

　　在明确了教育发展的核心宗旨与总体任务后，实现《教育国家纲要2018—2025》任务目标的依托与途径自然成为纲要需要呈现的主要内容。围绕在总则中明确的近期俄罗斯教育发展的五个主要方向为主题框架，纲要通过在各个发展方向中设立发展子项目的形式，详细规定与呈现了具体项目、包括前面提到的优先发展项目。

　　（1）职业教育领域发展的 8 个项目包括：优先项目"俄罗斯联邦现代数字化教学环境"；改进和发展"高水平国防工业技术人才的综合培养体系"；优先项目"掌握现代前沿技术的高水平人才"的培养；实施高等教育领域"教育计划"；优先项目"作为创新中心的高校"；实施中等职业教育领域的"教育教学计划"；优先项目"发展俄罗斯教育的出口潜力"；

① 　该纲要数据均出自 Государственная программа Российской Федерации "Развитие образования"，2018-2025，http://static.government.ru/media/files/313b7NaNS3VbcW7q WYslEDbPCuKi6lC6.pdf.2020-7-29.

⑧ "职业教育员工组成的社会支持"活动。

（2）学前教育和普通教育领域发展的 5 个项目包括：在中小学建立现代化教学环境；重点项目"建立俄罗斯数字电子学校"；在农村地区建立普通教育机构、文化和体育中心；促进学前教育的发展；促进普通教育发展。

（3）补充教育领域发展的 4 个项目包括：优先项目"保障儿童均可获得所需的补充教育"；开展各类普通教育活动；加强中小学生的奥林匹克竞赛技能培养；加强对发展"天才学生"的培养与支持力度。

（4）教育管理系统现代化的 1 个项目：该优先项目要建立健全教育质量保障和评估标准机制，以提升国家教育现代化水平、保障普通教育和职业教育质量的国际化水平，完善国家立法程序；提高教育各部门之间的行政管理效率。

（5）以公民自我认同和国际交流为基础的俄语传播与发展的 3 个项目包括：优先项目"让俄语充分发挥价值"；优先项目"完善独联体成员国俄语传播的机制"；优先项目"扩大俄语在其他国家的传播与发展"。

从《教育国家纲要 2018—2025》项目的整体结构看，纲要由正文和附件组成。正文主要包括纲要颁布的目标与任务、实施框架、资金划拨与保障措施，18 个附件中主要涉及教育政策制定的方法和手段、年度任务与措施、经费投入和实施过程的评价指标，由此可以看出该政策具有很强的规范性，也体现了该政策公开、透明和严密性，并且政策实施评价也具有一定的可操作性。

第四章　俄罗斯的学前教育

学前教育指从婴儿出生到入小学前的这一阶段的教育，即托儿所、幼儿园和小学预备班阶段的教育（两个月至六七岁），在俄罗斯国民教育中是学制体系的起始部分。进入 21 世纪后，俄罗斯在继承苏联时期学前教育丰富积淀基础上，不断为其加入新的内涵，使学前教育在改革中得以不断推进与完善。

一、学前教育的目标及机构类型

俄罗斯的学前教育基本延续了苏联时期的模式，所不同的是受人道主义思想的影响更加注重发展儿童的个性。俄罗斯学前教育学依然以扎实的科学研究为基础，在目标、设计、内容等方面更为充分地考虑儿童生理和心理发育的特点，反对使学前儿童承受过重的学习负担。

（一）学前教育的目标

学前教育阶段是"儿童生活中的一个重要时期，因为从出生到入学，他们要经历一个很重要的发展过程。这是身体急剧成长和集体全面增强的时期，是大脑和身体各种基本机能发展的时期"，[①] 是一般年龄特点和个人

---

① ［苏］B.И. 亚德什科、Ф. 索 A. 欣：《学前教育学》，北京师范大学外国教育研究所译，人民教育出版社 1981 年版，第 37 页。

的类型特征都表现得十分明显的时期。这也使得如何确定这一时期的教育
目标显得十分重要。

在苏联时期，学前教育就已经成为国民教育体系的起始部分，被看
作是教育和文化事业的基础之一，其任务和职能被明确地规定为，一是与
家庭相配合，对学前儿童进行和谐发展的教育和共产主义教育，为儿童入
小学做准备；二是使母亲从照顾孩子的家务中解脱出来，为其参加工作和
从事社会活动创造条件。①

1992 年的俄罗斯《联邦教育法》将学前教育列为国民教育体系内普
通教育大纲的有机组成部分，是其中第一级学段，并在关于学前教育的
条款② 阐明：父母是孩子的第一任教师，必须在孩子的幼年为他们的身体、
品德和智力发展打下基础；国家保证从财力和物力上支持幼儿教育；设立
学前教育机构网，以便帮助家庭教育儿童，保护和增强他们的身心健康，
开发他们的智力和纠正儿童发展中的缺陷；国家对于在家里教养学前儿童
的家庭提供方法指导和咨询服务。

1999 年 10 月教育部颁布了《俄罗斯教育体系 1999—2001 年德育发
展纲要》，③ 其中对学前教育的目标有如下规定：儿童学前阶段是人格培养
的重要时期，这是奠定公民素质的前提，也是培养儿童责任心和能力开发
的时期。在这一阶段要使儿童逐渐尊重和理解他人，而不在意他人的社会
出身、种族、民族归属、语言、性别和信仰。因此，学前教育不仅要教给
儿童一定的知识，还要培养他们的性格、品质、生活能力、良好的习惯和
行为以及健康的生活方式。

需要指出的是，即使学前教育一直是国民教育体系的有机组成部分，
但它起初不属免费的普及义务教育范畴，所以有家庭学前教育和公共学前

① 顾明远：《战后苏联教育研究》，江西教育出版社 1991 年版，第 8 页。
② 肖甦、王义高编译：《俄罗斯转型时期重要教育法规文献汇编》，人民教育出版社 2009
年版，第 149 页。
③ Минобразования：*Программа развития воспитания в системе образования России на
1999-2001 годы*，1999 年 10 月 18 日，见 http://ipk2.zabedu.ru/dfiles/8550aa8d91c9fe5f
ead3cf55c351691d.doc.

教育之分。即便从苏联时代起，政府为扩大公共学前教育的规模一直在努力，并且在法律条文中阐明，"部分学前儿童和学生的生活费全部由国家供给"，[①] 但是在受教育的选择权上家长是自愿的。直到 2004 年版的《联邦教育法》出台，才出现有"国家保证公民接受普及性的、免费的学前教育、初等普通教育、基础普通教育、中等（完全）普通教育和初等职业教育"的明确条款。

2013 年新版《联邦教育法》第七章第 61、62 条[②] 阐明，俄罗斯的普通教育是由学前教育、初等普通教育，基础普通教育、中等普通教育构成连续的中等教育体系；作为连续教育体系的头一个学段，学前教育是教育的最基础环节，其目的旨在形成学龄前儿童的一般文化素养，促进其身体、智力、道德、审美和个性品质的发展，为学龄前孩子的学习活动做好前期准备、保护和巩固他们的健康。

（二）学前教育的机构类型

苏联学前教育机构以托儿所—幼儿园为主，同时也存在独立的托儿所，独立的幼儿园，以及诸如疗养幼儿园，幼儿之家，学前儿童之家，特殊儿童幼儿园，体弱儿童幼儿园，幼儿体育学校等其他幼教机构。俄罗斯独立之初，受社会转型带来的经济及其他影响，学前教育领域的突出变化是规模上急剧减缩，但类型上更为多样：公办托儿所—幼儿园的数量大大减少，其他类型的学前机构增多，整个学前教育领域呈现类型多元化的趋势。

1. 托儿所—幼儿园

托儿所—幼儿园（简称托幼园）统一制度是苏联学前教育的一大特色，是中央政府为加强对学前教育的领导、对其施以统一的规范化管理所

---

① 肖甦、王义高编译：《俄罗斯转型时期重要教育法规文献汇编》，人民教育出版社 2009 年版，第 4 页。

② Президент России：*Федеральный закон от 29.12.2012 г. № 273-ФЗ "Об образовании в Российской Федерации"*，2013 年 5 月 7 日，见 http://www.kremlin.ru/acts/bank/36698.

建立的幼教机构。托幼园接收 2 个月到 7 岁的儿童，并根据年龄层级分为从婴班到学前班七个级次，每级班次间相差 1 岁。

20 世纪 90 年代后，托幼园这一特色机构得以保留，俄罗斯教育主管部门在其基础之上根据实际需要进行了改革，这种集托、育、教、学及活动于一身并长时段的联合体，在前瞻性、科学性、系统性和可操作性等方面超过了苏联时期的设计理念和实践模式。因此尽管近 20 年俄罗斯的学前教育机构种类增加不少，但家长对托幼园联合体情有独钟，十分愿意把孩子送到这种机构，使得托幼园仍然是供不应求。

2. 托儿所

受学前教育统一制度的影响，苏联时期独立的托儿所很少。1991 年后，在市场经济条件下，出现了许多私立托儿所，这些私立机构招收 2 个月至 3 岁的儿童，每天开放 8—12 小时，每周工作 6 天。托儿所对养护人员的要求很高，保育员一般最低具备高中文凭，且为充满爱心的已婚并生育过的妇女。照理说，俄罗斯的托儿所从理念到实践，都可以算得上水准不低，理应吸引大批家长把儿童送来，但实际上，当前俄罗斯的托儿所正面临着生源不足的问题。究其原因，有人口下降、适龄儿童数量少的因素，也有俄政府对婚育妇女制定了优惠政策的因素，一般规定妇女怀孕 8 个月后就可以在家休息，直到孩子出生后 15—18 个月；此外，俄罗斯的年轻父母受教育程度较高者占很大比例，注重早期亲子接触对子女健康成长的重要性，所以常常推迟送孩子进入学前教育机构的年龄。

3. 幼儿园

幼儿园招收 3 岁至 7 岁的儿童，开放时间一般为 8 点半至 19 点。近年来，为了满足家长需求，幼儿园设有开放 14 个小时的全天班和 24 小时的全托班。由于工作需要，有很多家长选择全托班。公立幼儿园由政府创办，有很大的公益性质，收费较低，一般只收伙食费。这些幼儿园一般没有固定的教材，多选择有浓郁俄罗斯民族文化特色、有益儿童身心发展的优秀作品来开启儿童心智、进行文化熏陶，同时也还很注重道德和劳动教育。

20 世纪 90 年代后，随着社会转型和市场私有化政策的推行，俄罗斯政府不但鼓励社会各界打破政府单一办学的局面，创办私立的特色幼儿园，而且还规定可以在国家标准大纲的框架指导下，结合具体情况，制定新的幼教大纲。私立幼儿园规格的高低在费用上体现明显，一般月平均收费在 300—500 美元，但在莫斯科有的私立幼儿园月收费甚至高达 1000 美元。昂贵的私立幼教机构一般设立在远离喧嚣、环境优美的地方，引进现代化多媒体教学器材，开办有特色的活动科目，比如有的幼儿园注重学习计算机，有的注重学习外语，有的私立幼儿园还会带儿童去高尔夫球场，学习骑马术等等。

但对于工薪家庭，尤其是贫困家庭来说，私立幼儿园的费用是望尘莫及的，所以绝大多数家庭还是会选择公立幼儿园。

（三）学前教育机构的特点

正如前面提到过并数字化呈现的，1991 年以后俄罗斯学前教育机构有两个突出特点，一个是公立幼教机构数量和规模持续萎缩；另一个是幼教机构形式从单一化向多样化发展。

进入社会转型期以后，随着经济情况持续恶化，学前教育一度不再是国家的福利机构。政府有关"国家从财力、物力上支持幼儿教育"的许诺在相当程度上无法兑现，国家人口总量持续呈负增长，低出生率与糟糕的经济形势恶性循环，使学前教育机构的处境每况愈下，儿童的入园率、幼教机构对儿童的覆盖率持续下降，许多幼儿园被迫关闭，学前教育机构的数量迅速减少。据统计，1995 年，俄罗斯全国各类学前教育机构 6.86 万所，在园儿童总数 558.36 万；到 2005 年，机构总数减少至 4.65 万所，在托儿童总数减少到 453.04 万；而 2009 年各类学前教育机构总数为 4.53 万所，在托儿童总数 522.82 万。① 可见，幼教机构的数量、幼儿的数量都

---

① *Российский статистический ежегодник*，2010 年 3 月 7 日，见 http：//www.gks.ru/bgd/regl/ b10_13d2/ 07-01.htm/ 2011/ 03/07.

在减少，虽然 2009 年在托儿童数量大幅回升，但幼教机构仍在减少，由此城镇儿童入托难的问题也就凸现出来。这使得近年来俄罗斯的家长们也出现了提前两三年就得到公立幼儿园去排队报名的现象。有报道称，截止到 2010 年初，尚有 189.5 万儿童需要进入学前教育机构。

从类型和所有制形式上看，近些年学前教育的发展都更加多样化。除传统幼儿园外，还出现了特长幼儿园、家庭幼儿园、特殊教育幼儿园等幼教机构；按教学内容还可分为普通幼儿园、观察性和康复性幼儿园、混合型幼儿园、艺术—美学优先发展型幼儿园、体育优先发展型幼儿园等。此外，还有一类是学龄前与学龄早期儿童一体（3—10）的教育机构，具体可分为初等学校—幼儿园、补偿型初等学校兼幼儿园、幼儿—文实学校等类型，这类教育机构的任务是，保证学前与初等教育之间的衔接性，保证为维护和增强受教育者和学生的健康及其身心发展创造最佳条件。

二、学前教育的内容

（一）基本教学内容

按照学前教育国家教育标准（ФГОС ДО）的要求，学前教育的内容由学前教育机构确定。各学前教育机构根据自身情况确定教学大纲，其中包括社会交际发展、认知发展、语言发展、艺术审美发展和身体发展五个方面的内容。具体各方面内容如下所述：

1. 社会交际发展

首先，帮助儿童掌握社会通行的规则和价值观、包括精神和道德价值观；其次，发展儿童同成年人及同龄人交流交往的能力；第三，发展儿童的独立自主性、目标导向性以及对自身行为的自我调节能力；第四，发展社会及情感智力、同理心、共情能力、与同龄人合作的能力、尊重自己的家庭、儿童共同体及学校里的成年人并且有归属感；第五，积极对待不同类型的劳动和创造性活动；最后，形成在日常生活、社会及自然界中的安全行为基础。

2. 认知发展

首先，应发展学生的兴趣、求知欲以及认知动机；其次，使学生形成认知行为和认知意识；第三，发展儿童的想象力和创造性；最后，形成关于自我、他人、周围世界中的客体、周围世界客体间的特征和关系（形状、颜色、大小、材质、声音、节奏、速度、数量、数、部分和整体、空间和时间、运动和静止、原因和结果等）以及祖国的初步认识，形成对本民族的社会文化价值观、祖国传统及节日、地球家园、自然界的特征以及世界中国家和民族的多样性的认识。

3. 语言发展

首先，使学生掌握语言并将其作为交流和了解文化的工具；第二，丰富其积极词汇；第三，发展学生语法正确的对话及对白语言系统；第四，发展学生的语言创造力；第五，发展学生语言的声音、语调文化及音位听觉；第六，促进学生熟悉书本文化、儿童文学，能听懂不同体裁的儿童文学作品；第七，形成学生对声音的分析与合成能力，以此为接下来扫盲阶段的学习打下基础。

4. 艺术审美发展

首先，以价值语义感知去理解艺术（语言、音乐、造型艺术）和自然世界；第二，对周围世界形成一种美学态度；第三，形成关于艺术类型的基本思想；第四，形成对音乐、艺术文学及民间创作的认知；第五，激发学生对艺术作品中人物的同情心；最后，使儿童独立完成创造性活动(造型艺术、建模、音乐等)。

5. 身体发展

这方面的发展包括确保儿童获得这样一些类别的活动体验：有助于练习和提高诸如协调性和灵活性等身体素质的相关运动；促进身体肌肉骨骼系统的正确形成、促进平衡能力和运动能力发展的协调活动，促进儿童双手正确进行大而精细的运动活动，确保儿童在进行基本运动（走、跑、跳、左右转体）时不伤害到身体，促使儿童形成对一些运动的初步认识，掌握户外运动规则；促使儿童在运动领域形成自己的目标和自我调节能力；促使儿童养成健康生活方式的价值观，掌握健康生活方式的基本规范和营养规律（饮食、运动周期、健身锻炼、养成良好的习惯等）。

以上教学具体内容取决于儿童的年龄和个性特征，可通过各种类型的教学活动进行，比如交流活动、娱乐活动、认知探究活动等。但对不同年龄段儿童教学内容的把握还是应该各有侧重。在婴幼儿时期（两个月至1岁），应注重培养儿童与成年人进行直接的情感交流、操纵物体并进行认知探究活动、感知音乐、儿童歌曲和诗歌、进行体育活动和触觉游戏；在儿童早期（1岁至3岁），进行与组合类、动态类玩具有关的游戏活动，在成人指导下进行有关材料和物质的实验活动（沙子、水、面团），与成年人交流、与同伴合作玩耍，会自主使用日常工具（勺子、小铲子、手锹），感知音乐、童话和诗歌，学会看图，积极运动；在学前年龄阶段（3岁至7岁），可进行一系列如游戏类：情景角色扮演游戏、规则类游戏等等、交际类（同成年人及同龄人的相互交流）以及认知研究类（对周围世界客体的研究及与之相关的实验）等类型的活动，初步理解艺术文学及民间小说，使用基本的日常工具，使用各种材料进行构造设计，包括积木、模块、纸张、天然及其他材料（画画、陶塑、镶饰），音乐活动（理解音乐作品的含义、歌唱、掌握音乐节奏、儿童乐器演奏）、各种类型的运动等。

（二）基本教学大纲

学前教育的基本教学大纲由必修部分和教育机构自行设计部分两大部分组成，两者互为补充。其中必修部分占比为60%，后者占比为40%。教学大纲的必修部分提出综合教学路径，旨在促进儿童在五大领域的综合发展。在由教育机构自行设计的部分中，应设计由教育关系参与者选择和/或独立制定的教学计划，目的是在一个或多个教育领域、活动类型和/或文化习俗等教育工作中发展儿童。教育机构自行设计部分需充分考虑到儿童、其家庭、教育者的需求、兴趣以及动机，此外，还需考虑到国家、社会文化以及其他为教育活动提供条件的外部环境特征。

基本教学大纲包括三大章节，分别是目标章节、内容章节和组织章节，每节均包括必修部分和教育机构自行设计部分。

目标章节包括解释性说明部分和知识掌握预设结果部分。解释性说明部分需要对基本教学大纲实现的目标及任务、设计基本教学大纲的原则及方法、基本教学大纲开发和实施的重要特征三个方面进行说明。知识掌握预设结果部分则在必修部分和教育机构自行设计部分均设定了教学目标，该目标考虑到儿童的年龄特征、个体差异（个体发展路径）以及残疾儿童的发展特征。

内容章节则规定了教学大纲所必须包含的三个方面的内容：首先，根据五大领域中儿童的发展方向对教育活动进行描述，并依据基本教学大纲范例确保教学内容的有效实施；其次，依据学生的年龄和个性特征、教育需求及兴趣的不同，设定实施教学计划的不同形式的方法和手段；第三，如果教学大纲中有针对残疾儿童的内容，则应对专业纠正发展的教育活动进行说明。总体而言，内容章节部分应考虑到不同类型的教学活动和文化实践的特征，应促进儿童主动性，应体现家校合作的特点。

组织章节应包括对保障教学大纲实施的物质技术支持的描述，以此为教育教学提供教学法和教学工具的支持，其中包括依据节假日调整的作息设置，园区规划特征等。

三、学前教育的保障体系

在数字经济时代，学前教育面临的主要挑战是，其职能从服务培训和对世界了解的开始转变为促进 21 世纪的儿童在创造力和自主交流能力方面的发展。在许多国家，将国家资源同家庭资源、企业资源相结合以投资学前教育被视为促进人力资本发展的重要战略。因此，促进儿童的发展成为数字经济时代俄罗斯联邦政府的重要计划之一。

（一）制度保障

1. 学前教育联邦专项计划

俄联邦政府通过实施专项计划支持学前教育。2007 年 3 月，联邦政府推出了"俄罗斯儿童"2007—2010 联邦专项计划。

该计划包含"健康一代""天才儿童"和"儿童与家庭"3 个子项目。该计划的目的是为俄罗斯儿童的生活和综合发展创造良好环境，为生活困难的儿童提供国家援助。整个计划耗资 478.459 亿卢布（约合 18.06 亿美元），其中，联邦政府预算经费为 101.017 亿卢布（约合 3.81 亿美元），各联邦主体预算经费为 363.151 亿卢布（约合 13.7 亿美元），预算外资金为 14.291 亿卢布（约合 5395 万美元）。计划的预期目标为：超 400 万儿童的健康和社会生存状态得以改善；幼儿死亡率下降至 9.3‰；0—4 岁儿童死亡率下降至该年度新生儿总量的 10.9‰；为 25.2% 的残疾儿童家庭提供专业化的康复服务；创建发现、扶持天才儿童的国家体系，覆盖 40%的学龄儿童；无人照管儿童数量降低至总量的 2.17%；接受专业化康复治疗的残疾儿童达到残疾儿童总数的 43.1%；孤儿和无父母监护儿童率达到 72%。

2. 学前教育机构卫生标准

2010 年 10 月 1 日起，俄罗斯开始试行新的学前教育机构卫生标准。新标准全称为《学前教育机构卫生防疫工作制度、内容及组织方法》。

该标准就幼儿园的班组设置、人员定额、学时学制、睡眠时间、娱乐时间、人均使用面积、个人卫生用品等方面做了详细的规定。如果幼儿园出现违规情况，家长可以向俄联邦保护消费者权益和人民福利检察署及其地方分支机构投诉。

班级设置。育婴班，年龄在 2 个月—1 岁的婴儿，每班不超过 10 人；幼儿班，年龄在 1—3 岁之间，每班不得超过 15 人；小班、中班、大班和学前班，年龄在 3—7 岁之间，每班不得超过 20 人。学前教育机构可以根据儿童的身体和智力的实际发育情况开设人数更少的班级。

学制划分。短时班，每天上学时间不超过 5 个小时；中时班，每天

8—10 小时；日班，每天 12 小时；长时班，每天 14 小时；寄宿班，每天 24 小时。如果适龄儿童每天的驻园时间不超过 4 小时，学前教育机构可以不提供餐食及安排午睡；如果在 5 个小时左右，则可以不安排午睡，但要提供一顿餐食；超过 5 个小时，则必须安排午睡，每 3—4 小时提供一顿餐食。

学校分布密度和使用面积。在大中城市，学前教育机构距适龄儿童家庭所在地的距离应不超过 300 米；在城镇和小城市，距离应不超过 500 米；在农村，应不超过 1 公里。每个幼儿园必须配备用于儿童存放衣物的更衣室，面积不得低于 18 平方米。配餐间的面积不得少于 3 平方米。育婴班的游戏室、教师和餐厅人均面积不得少于 2.5 平方米，其他班的人均面积不得少于 2 平方米；育婴班的寝室人均面积不得少于 1.8 平方米，其他班的人均面积不得少于 2 平方米；育婴班的盥洗室面积不得少于 12 平方米，其他班的面积不得少于 16 平方米。

人员定额标准。如果幼儿园独占一栋单体建筑，那么招收儿童的最大限额 350 人；如果幼儿园建在居民楼的住宅内，则最大限额为 80 人；如果幼儿园设在居民楼的配楼，最大限额为 150 人。幼儿园可以与普通教育机构合并为教育综合体，此时幼儿园所在楼层不得超过 2 层，2 层以上只能作为工作人员办公室或心理辅导室、语言校正室等。

视听娱乐和玩具。儿童观看电视和音像节目所用的电视机，屏幕对角线长度应在 59—69 之间。教导员须将儿童安置在距电视屏幕 2—5.5 米远的距离内。小班和中班的儿童连续看电视时间不得超过 20 分钟，大班儿童不得超过 30 分钟。每天看电视不得超过 2 次。5—7 岁的儿童每天使用计算机的时间不得超过 15 分钟，每周不得超过 3 次。医生建议，儿童使用计算机后做眼保健操。各班活动室内不得安放水族缸、鸟笼和动物窝等。

课程设置。1—3 岁的幼儿，每周课时量不得超过 10 节（口语、行动、音乐和游戏），每节课时长不超过 10 分钟。小班（4 岁儿童）课时每周不超过 11 节，每节课不超过 15 分钟；中班（5 岁儿童）每周课时不超过 12

节，每节课不超过 20 分钟；大班（6 岁儿童）每周课时不超过 15 节，每节课不超过 25 分钟；学前班（7 岁儿童）每周不超过 17 节，每节课不超过 30 分钟。课间休息不得少于 10 分钟。不得安排家庭作业。每天都应有专门的体育活动时间。补充教育（艺术团、兴趣小组、爱好者协会）不能占用户外活动和白天的睡眠时间。

户外活动和园区规划。儿童每天进行课外活动不得少于 4—4.5 小时。每天应组织 2 次课外活动，分别在午饭前，以及午睡后或放学前。户外温度低于零下 15 度，风速高于 7 米 / 秒时，户外活动应适当缩短。户外温度低于 20 度，风速高于 15 米 / 秒时，年龄在 5—7 岁间的儿童不得从事户外活动。幼儿园的院子应当划分为游戏区和生活区两部分。游戏区的面积不低于 7.2 平方米 / 育婴班儿童，9 平方米 / 其他班儿童。必须配备运动场。游戏区与生活区的距离不得低于 3 米。

睡眠和餐食。每个儿童都应当配备 3 套卧具和 2 套垫被。学前儿童每昼夜总睡眠时间为 12—12.5 小时，其中 2—2.5 小时为午睡时间。1—1.5 岁的婴儿，上下午各安排一次睡眠，总时长不超过 3.5 小时。儿童餐饮应以清淡为原则，以煮、蒸和烘烤的食品为主。每日餐食应包含牛奶、酸奶、酸奶油、肉、土豆、蔬菜、水果、果汁、面包、谷物、提炼的植物油、糖、盐等。如奶渣、鱼、奶酪、鸡蛋等其他食品，每周安排 2—3 次为宜。如果某种食物暂时缺乏，为保证膳食平衡，可以营养价值相同的其他食品代替。

3. 2019—2024 年学前教育发展纲要

2018 年俄罗斯联邦政府颁布《2019—2024 年学前教育发展纲要》，以此为儿童的早期发展提供条件保障，同时提出至 2021 年 1.5—3 岁儿童入园率达到 100% 的重要目标。纲要具体包括以下几方面的内容：

首先，在俄罗斯联邦各实体的学前教育机构、从事学前教育、托管教育等私立学前教育机构中为 3 岁以下儿童增加补充学额。

其次，实施有效机制以支持学前教育领域中非国营部分的发展，包括公私合作办学，以确保俄联邦各主体学前教育领域中非国营部分有效功能的发挥。

第三，提升学前教育领域的师资技能水平，其中包括俄罗斯联邦各主体、市政教育领域的管理专家，以及经营学前教育、托管教育的个人机构和私营企业的专家及领导者。

最后，依托联邦财政建立学前教育及非国营部分托管教育的联合团体。

（二）资源保障

1. 财政保障

为扩大学前教育覆盖率、提升教师工资水平、保障学前教育质量，俄罗斯在联邦教育法（2013 年版）中首次明确界定了学前教育、照顾和看管服务的区别以及相应的财政支持责任划分，由此学前教育领域的资金支持由原先的国家单方财政投入向混合筹资模式转变。国家（包括俄罗斯联邦各主体和地方政府）为免费学前教育的普及提供财政支持，而照顾和看管服务的购买则由父母完成。俄罗斯联邦各主体政府可根据家庭养育子女的实际数量给予财政补贴，第一个孩子补贴 20%，第二个孩子补贴 50%，第三个孩子则补贴 70%。[①]

自此，俄罗斯在学前教育领域的资金投入呈逐年递增趋势。根据统计数据显示，自 2012 年至 2017 年间，俄罗斯在学前教育领域的联邦合并预算支出及国家预算外资金投入总和增加了 54%（按当前价格计算）。[②] 其中非财政资金投入部分的增加主要来自父母家庭方面的资金投入，占非财政资金投入增加部分的 96%；教育工作者薪资占学前教育机构工资类别的份额增加，而其他类别的工作人员薪资所占比例下降；学前教育机构财务和独立性增强；俄罗斯联邦各实体的综合预算支出份额增加，旨在补贴其

---

① Президент России：*Федеральный закон от 29.12.2012 г. № 273-ФЗ "Об образовании в Российской Федерации"*，2013 年 5 月 7 日，见 http://www.kremlin.ru/acts/bank/36698.
② *Официальный сайт Федерального казначейства России*，2018 年 1 月 15 日，见 https://roskazna.gov.ru.

他自治及非盈利学前教育组织；私立学前教育机构获得财政支持的渠道也得以拓宽。

2. 师资保障

为激发学前教师的积极性，提高其工作技能，根据联邦层面文件《2012—2018 年国家（市）机构工资体系逐层完善项目》，俄罗斯开始与学前教师制定有效合同制，即根据其工作结果提升工资水平。同时，在学前教育领域正式保留终身合同制。

据统计，2007—2011 年间，俄罗斯仅有 60% 的学前教师愿意继续留在学前教育机构，而有 40% 的教师打算更换行业。很明显，持有离岗之心的教师不可能继续提升自身教学技能，也不可能参与教师集体的高效工作。但教师激励性工资制度实施以后，2013 年度的调查显示有 76% 的学前教师愿意继续留在岗位上。截至 2018 年 1 月 1 日全国共有学前机构 3.73 万所，学生 750 万人，学前教师总数为 53.38 万人，师生比约为 0.07。[①]

除实施激励性工资制度之外，俄罗斯还开展 3—7 岁儿童学前教育 100% 普及项目，实施学前教育国家教育标准，这一系列措施都改善了学前教师的工作环境：班级学生人数、教育工作负荷量、花费在不同教育活动上的时间安排等。从根本上来说，俄罗斯学前教师工作满意度显著增加，从而保障了学前阶段的教育质量。

2018 年新统计数据显示，俄罗斯按学前教育大纲及实施监护看管义务的全国在学儿童总人数为 758.24 万人，其中城镇人口 608.36 万人、占总数的 80.2%，农村人口 149.89 万人、占总数的 80.2%19.8%；全国学前教育总覆盖率为 67.2%，其中城镇覆盖率为 73.0%，农村地区覆盖率为 50.9%。[②]

总体来说，现行俄罗斯学前教育系统是在苏联时期打下的坚实基础

---

① Боровская Н.В., Гохберг Л.М. & Кузнецова О.К., *Образование в цифрах：2019：краткий статистический сборник*，М.：НИУ ВШЭ，2019.

② Федеральная служба государственной статистики：*Индикаторы образования 2020*，2020 年 1 月 13 日，见 https://www.hse.ru/primarydata/io2020.

之上发展而来，有继承，有改革。继承体现在其对学前教育的重视，学前教育的公益性质，以及学前教育机构的特色保持上；改革体现在伴随社会政治经济体制发生变化而产生的思想指导及教育任务、教学机构及形式等方面的变化，突出表现在教育中意识形态的成分逐渐消散，取而代之的是对发展儿童个性的关注，并且随着时代和市场的需要，学前教育从内容、规模、类型等方面都增加了很多具有时代特色的元素。现阶段学前教育面临的突出挑战是如何落实办学规模的扩大，真正满足适龄儿童和家长入园入学的需求。

第五章　俄罗斯的普通教育

俄罗斯 2013 年版《联邦教育法》定义的普通教育是指促进个体发展，在掌握基本普通教育计划过程中获得知识、技巧、技能，培养个人在社会中生活、自觉选择职业、接受职业教育所必需的能力的教育类型，它包含学前教育、初等普通教育、基础普通教育、中等普通教育四个连续的层次。鉴于上一章我们单独探讨了俄罗斯的学前教育，本章仅就后三个层次予以详细考察。

一、普通教育的结构及类型

在普通教育阶段中，义务教育年限的划分标志着国家对提高国民整体素质的重视，对教育投入的重视程度。而这个年限的划分在俄罗斯可谓一波三折。苏联解体之前整个普通教育阶段都属于义务教育范畴。但 1992 年俄罗斯首部《联邦教育法》将公民义务教育的年限缩减为 9 年，即只在普通初等教育和不完全中等教育阶段实行义务教育。这一行为被称为"教育倒退"，引起社会和教育界的强烈不满。俄罗斯 1996 年版《联邦教育法》重新将义务教育的年限确定为 11 年，但实际并没有落实到位。普京担任总统之后，随着经济的好转，延长并落实义务教育年限的问题屡屡被提上日程。2005 年，普京在克里姆林宫会见中小学毕业生时提出，要在俄罗斯引入普及的、义务的、免费的普通教育，即取代原来的 9

年制义务教育，切实实施 11 年制义务普通教育。2007 年，俄罗斯国家杜马和联邦委员会通过议案，确定于当年的 9 月 1 日起实施 11 年制义务教育。①2013 版《联邦教育法》亦再度确认俄罗斯国民教育实行免费的、普及的 11 年制义务教育的性质。面对现实，俄罗斯迄今的明确策略是把现行的 11 年学制做实、做好，事实上，俄罗斯早已实现了普及 11 年制义务教育。

（一）初等普通教育阶段

俄罗斯现行普通教育学校的学制结构由三个相互衔接的阶段构成：初等普通教育阶段（1—4 年级）、基础普通教育阶段（5—9 年级）和中等（完全）普通教育阶段（10、11 年级）。在俄罗斯，实施初等普通教育（1—4 年级）的独立小学不多，只设在边远的乡村地区，实施基础普通教育的不完全中学和实施中等普通教育的完全中学是普通教育学校最主要的两种形式，前者为 9 年一贯制，后者为 11 年一贯制。

俄罗斯初等普通教育阶段的学制是 3 年或 4 年，相当于我国的小学教育阶段。从 1984 年苏联最后一次普教改革开始，允许儿童 6 岁入学读 4 年小学，同时保留原来的 7 岁入学读 3 年小学的制度。现在，俄罗斯仍然保持这两种初等教育即小学教育的学制模式。但总体看，以 3 年制的学制模式居多，90 年代末，4 年制学校的学生仅占 36%，而世界上多数国家初等教育一般都是 4—6 年，因此，俄罗斯初等教育的学制几乎是世界上最短的。

与前面提到的义务教育年限的曲折变更几乎同步，从 90 年代后期起，俄罗斯教育界，尤其是教育理论界关于向 12 年完全中等教育学制过渡的呼声也日渐高涨。学者们从儿童心理学、生理学，从终身教育的理念、科技发展与俄罗斯现行学制的矛盾，从国家人口现状、经济现状、教育规模

---

① *Перемены в школах：одиннадцатилетка снова обязательна и бесплатна*，2007 年 5 月 3 日，见 http://2007.novayagazeta.ru/nomer/2007/02n/n02n-s30.shtml.

现状等多方面论证实行 12 年完全中等教育的可能性和必要性，他们建议改革后 1—10 年级为义务教育，后面的两年学生根据自己未来到大学选择的方向实行侧重专业式教学，有侧重地按大的专业方向安排这一阶段的课程。这套方案曾于 2001 年先在小范围内实验，拟每年推进一个年级并逐步扩大范围，利用 10 年时间过渡到全面实现 12 年学制。

因此在 2002 年时，俄罗斯教育部曾提出从 2003 年起尝试向 5 年制小学教育过渡，即在基础教育学制延伸到 12 年的新体制中，小学学制增加到 5 年。但是，俄罗斯法律规定，年满 18 岁的公民都有服兵役的义务，这样，儿童的入学年龄只能是单一的 6 岁入学，才能满足具有中等教育水平才能当兵的兵役法规定。但现实中，大多数家长考虑到孩子自身状况，很少选择 6 岁入学，加上师资、设施、评价等其他问题，向 12 年制过渡的试点不仅没有普及，而且由于国家经济条件，社会舆论等众多方面的因素，这项议题随后以夭折告终。

根据 2013 年版《联邦教育法》，初等普通教育的目的是形成学生个性，发展学生个人能力、培养参与学习活动的动机和能力（掌握读、写、算等基本的学习技能、理论思维要素、最简单的自控能力、行为和语言素养、个人卫生和健康生活方式的基础知识）。进入新世纪以后，随着经济一体化和城市化进程的不断拓展，俄罗斯实施初等普通教育的独立小学的数量与规模在不断缩小，为了保证义务教育的实施，俄罗斯对这一学段的教育落实主要是推进农村校车计划。

俄罗斯的农村地广人稀，存在大量少于 10 名学生的小型学校。这种小型学校的运行成本与教学质量很不成比例，因而俄罗斯进行的农村学校结构改革合并了许多小型学校。这导致了许多学生家因交通不发达而离学校更远，需要花费几个小时才能"就近"到校上课。针对此种情况，为了提高全俄学生尤其是农村地区学生优质教育的可及性，2005 年普京总统在《国民教育优先发展方案》中提出联邦预算每年拨款 10 亿，从 2006—2008 年分三年共拨款 30 亿卢布启动农村校车计划。随后，联邦主体用联邦拨款购置了 4800 多辆汽车，用联邦主体拨款购置了 5000 多辆校，使

13.6 万名乘车上学的学生受惠其中①，也使得许多偏远农村的学生能到有最先进的教学设备和强大教师队伍的中心学校去上学，从实质上提高了农村地区高质量教育的可及性。

除边远地区的独立小学之外，肩负初等教育的机构还有集学前阶段与小学（普通教育低年级）阶段于一体的教育机构，此类机构在城乡均存在，但规模在逐渐减少。据 2013 年的细化分类数据，此类机构 2011—2012 学年的总数为 1183 所，其中城镇 403 所，农村为 780 所；2012—2013 学年的总数为 1083 所，其中城镇 346 所，农村为 737 所，总数比上一年减少 100 所。②

（二）基础普通教育和中等（完全）普通教育阶段

按照俄罗斯 2013 年版《联邦教育法》表述，基础普通教育的目的在于，形成与发展学生的个性（形成道德信念、审美情趣和健康的生活方式，形成高水平的人际交往和跨种族交流素养，掌握科学基础知识、俄罗斯联邦国家语言、脑力和体力劳动的技能、发展兴趣和爱好以及社会自决的能力）。中等（完全）普通教育的目的在于，进一步形成学生的个性，发展学生对认知活动的兴趣和创造能力，在中等普通教育内容个性化和职业定向（性）基础上形成自主学习的能力，培养学生参与社会生活、自主进行生活选择、继续接受教育和开始职业活动的能力。

在俄罗斯，普通中等教育一直以来就兼具双重职能。从列宁为苏维埃教育确定"实施免费的和义务的普通教育和综合技术教育"的基本性质起，苏联国民教育体系从普通中等教育环节就始终围绕知识教育与生产劳动教育如何有机结合、有效实施展开。几十年来的基础教育改革亦是围绕

---

① Закупка автобусов для общеобразовательных учреждений, расположенных в сельской местности, 2010 年 5 月 22 日, 见 http://mon.gov.ru/pro/pnpo/avt/.

② Министерство Образования и науки Российской Федерации, Московский государстаенный университет приборостроения иинформатики, Главный информационный центр: *Образование в россии 2013*, Москва, 2013, стр.57.

协调二者关系展开。现阶段，俄罗斯普通中等教育阶段依旧延续传统完成这一双重任务。

基础普通教育主要教给学生一般文化基本知识，同时进行初步的职业劳动训练，使学生无论是在升学还是直接从事社会生产活动方面都具有相应的知识和技能，此外，还注重促进学生在心理和社会适应能力方面的发育与发展。基础普通教育阶段学制 5 年，毕业后升入完全中等教育机构或中等职业教育机构。教育法规定，基础普通教育阶段是义务教育，应在 15 岁之内完成，在普通教育机构接受基础普通教育的学生，年龄不能超过 18 岁。

完全中等教育阶段学制 2 年，毕业后可进入高等职业技术学校或高等专业院校继续学习。这一阶段的基本任务在于通过前几个阶段完整的教育和培训，使学生具备进入高等院校继续深造所必需的人文素养、知识水平及认知能力；另一方面，通过有目的、有选择的职业教育，使学生获得一种或几种职业技能，以便能够直接进入生产部门或进入中等职业学校，甚至进入高等职业学校继续对其职业课程进行研读。多数规模较大的学校都进行学习方向的划分，如人文方向、自然科学方向、数学方向和技术方向等。

俄罗斯实施普通中等教育的机构主要有以下几种类型：

1. 普通 11 年一贯制中学。

2. 特科学校，也译为特科加深学校，侧重对某一学科实施系统教育，该类学校属于完全中等教育，除按照中等普通教学大纲实施教学外，还加设加深学习的一门或几门课程的附加性大纲。这类学校在俄罗斯中等教育中所占比例很大。

3. 实科学校（лицей），它以实施普通完全中等教育教学大纲为主，最初只从 8 年级起招收学生，后逐渐出现 11 年一贯制学校，也有只设 10—11 年级的独立高中。侧重自然科学、数学和技术方面课程的教授，兼具职前培训的功能。学校课程分为必修课和选修课两类。教学组织形式灵活多样，包括教学游戏、讲习班、实习、讨论、小组研究等。所偏重的科目在深度和广度上高出普通学校很多，淘汰率很高，因其生源质量好，教学力量雄厚，所以，在普通中等教育中具有较高的声誉。此类学校通常都有自己独特的办学章程，一些只有高中的此类学校有自己相对固定的高校联盟对象，几乎就是相应高等学校的预备部。此外它也是中等职业教育的类型之一。

4. 文科中学（гимназия），它起用的是沙俄时代文科中学的称谓，但在招生对象和教学内容方面与原来有本质的区别。包括完全中等教育学校（1—11 年级）和基础教育学校（5 或 6—11 年级）两种类型。学校在软硬件方面条件优于普通学校（школа），在实施普通中等教育教学大纲的同时，偏重人文科学的学习，要求学生拓宽学习外语、古代语、文学和艺术等方面的知识。其所开设的课程有语言学、数学、自然科学、人文科学、外语（不少于 2 门）、逻辑学、美学、古典文学等。实行竞试入学，竞争比较激烈，深受学生和家长的欢迎。

5. 长日制学校，20 世纪 60 年代开始在不完全中小学推广，即 1—8 年级学生每天正式课程结束后留在学校，在老师的指导下完成作业、准备功课或其他课外活动，直到父母下班才离校。到 90 年代初期，俄罗斯实行长日制的学校达 5 万多所。

除以上几种主要中等教育类型外，还有寄宿制学校、夜校、残疾儿童特殊学校等。苏联解体之后，出现了私立普通学校和多种类型的有偿教育学校，如星期学校、钟点学校、早期导入外语、音乐、美术的贵族学校、英才教育学校、独创性学校等。根据统计数据分析，私立学校的平均人数不足百人，按 11 个年级计算，每班人数少于 10 人。

还有一点需要提及的是，按照《联邦教育法》，尽管普通教育环节中的学前教育、初等普通教育、基础普通教育和中等普通教育四个层级的大纲构成连续的义务教育阶段，但并不强迫每个受教育者必须通过学校教育完成其全程或者某几个阶段。也就是说，普通教育既可以在学校教育机构获得，也可以脱离教育机构在家庭获得，中等普通教育可通过自学形式完成。新版《联邦教育法》第七章条款规定，"接受普通教育的形式、按照某一具体的基础普通教育相应学段教育大纲接受普通教育的形式、按照某一具体基础普通教育计划学习的形式由未成年人的父母（法定代理人）决定。未成年人的父母（法定代理人）选择普通教育获得形式和学习形式时，应当考虑孩子的意见"。与此同时，该法还规定，"初等普通教育、基础普通教育、中等普通教育属于义务教育层次。未掌握初等普通教育和（或）基础普通教育的基本教育计划的学生禁止进入普通教育以后层次的学习。如果学生没有接受过相应教育，对具体学生的中等普通教育义务性要求在其年满 18 岁之前一直适用"①。

根据 2019 年统计数据，2018—2019 学年，俄罗斯普通教育学校总数为 4.13 万所，其中国立普通教育机构为 4.05 万所，私立普通教育机构为 851 所；普通教育学校在校生总数为 1613.73 万人，其中国立教育机构学生人数为 1601.36 万，私立教育机构学生人数为 12.37 万；普通教育学校教师总数为 108.28 万人，师生比约为 0.067。②

二、普通教育的课程设置

根据俄罗斯联邦政府于 2010 年 9 月颁布的第 1507 号文件，俄罗斯各普通教育阶段自 2010 年起分阶段逐步实行《普通教育联邦教育标准》（ФГОС ОО）（以下简称普通教育标准），分为《初等普通教育联邦教育标准》（ФГОС НОО）、《基础普通教育联邦教育标准》（ФГОС ООО）和《中等（完全）普通教育联邦教育标准》（ФГОС СОО）。截止到 2018 年 9 月，全俄 1—8 年级全部实行按照普通教育标准进行课程设置，学生人数占普通教育机构学生人数的 82%。③

---

① 　Президент России：*Федеральный закон от 29.12.2012 г. № 273-ФЗ "Об образовании в Российской Федерации"*，2013 年 5 月 7 日，见 http://www.kremlin.ru/acts/bank/36698.

② 　Боровская Н.В.，Гохберг Л.М. & Кузнецова О.К.，*Образование в цифрах：2019：краткий статистический сборник*，М.：НИУ ВШЭ，2019：12-29.

③ 　Доклад Правительства Российской Федерации：*Федеральному Собранию Российской Федерации о реализации государственной политики в сфере образования*［М］. Москва，2019：46.

（一）初等普通教育的课程设置

《初等普通教育联邦教育标准》的主要特征是其实践导向，致力于促进学生个性的发展。实行新型教育标准之前，俄罗斯普通教育的目标是培养学生的知识、技能和习惯，而新型教育标准要求每位学生都要掌握各种类型的实践活动，学习成果要求以学科成绩、交叉学科成绩和个性发展三个方面呈现。[①] 初等教育标准规定各基础教育机构按自身情况设计教学计划，国家层面提供针对不同专业的教学计划范例以供参考。

初等普通教育标准规定初等普通教育教学计划由两大部分构成：其一为必修部分，占总体的比重达 80%；其二为由教育过程中各参与者设计的部分，占比 20%。

初等普通教育教学计划必须包含以下部分：教学计划说明；学生掌握教学计划内容的结果；初等普通教育课程设置要求；综合学习行为培养大纲；单独教学科目、课程的教学大纲；学生道德精神发展大纲；形成健康安全的生活方式文化的教学大纲；校正工作大纲；教学成果评估系统。

初等普通教育阶段课程需在四年内完成，不得少于 2904 学时，亦不可超过 3210 学时。必修科目共七门，分别是语文、数学和信息学、社会学与自然科学、俄罗斯民族文化道德精神基础、艺术、技术、体育。

除课堂教学外，课外活动也是初等普通教育阶段的重要部分，不超过 1350 学时。其具体形式有游学、社团活动、讲座、圆桌讨论、会议、科学研究团体、奥赛、竞赛活动等。课外活动旨在促进学生各方面的个性发展，比如体育健康方面、道德精神方面、社会交往方面、一般智力方面、社会文化方面等等。[②]

（二）基础普通教育阶段的课程设置

俄罗斯《基础普通教育联邦教育标准》的主要特征在于其系统化实

---

① *ФГОС НОО*，2020 年 4 月 3 日，见 https：//fgos.su/noo/.

② *ФГОС НОО*，2020 年 4 月 3 日，见 https：//fgos.su/noo/.

践的导向，旨在塑造毕业生的个性特征，其中主要包括：热爱自己的祖国，掌握俄语和本民族语言，尊重自己的人民、文化和精神传统；了解并接受人类生活、家庭、公民社会、俄罗斯多民族人民、人类的价值；充满兴趣地、积极地了解世界，意识到劳动、科学和创造力的价值；善于学习，意识到教育和自我教育对生活和工作的重要性，能够将所学知识付诸实践；积极参与社会活动，尊重法律和社会秩序，能以道德价值观衡量自己的行为，能意识到自己对家庭、社会和祖国的责任；尊重他人，能够进行建设性对话，相互理解、合作取得共同成果；有意识地遵守一些规则，这些规则能够保护人类及环境，能帮助人类形成环保的生活方式；面向专业领域，理解为人类和社会可持续发展利益从事专业活动的重要性。

基础普通教育标准规定教学计划应包括三大部分内容，分别是目标、内容和组织。教学计划亦由两大部分构成：其一为必修部分；其二为由教育过程中各参与者设计的部分，其中必修部分为70%，由各参与者设计的部分占30%。

基础普通教育阶段课程需在五年内完成，不得少于5267学时，不可超过6020学时。必修科目共八大类，分别是语文学（俄语、母语、文学、民族文学、外语、第二外语）、社会科学（俄罗斯历史、历史、社会学、地理）、数学和信息学（数学、代数、几何、信息学）、俄罗斯民族文化道德精神基础、自然科学（物理、生物、化学）、艺术（造型艺术、音乐）、技术、体育和生活安全基础。

同初等普通教育标准一样，基础普通教育标准要求每位学生都要掌握各种类型的实践活动，学习成果要求以学科成绩、交叉学科成绩和个性发展三个方面呈现。标准规定，各大教育机构需通过课堂教学和课外活动两大形式来完成教学计划。课外活动具体形式有兴趣小组、艺术工作室、体育俱乐部、讲座、青年组织、地方志工作、科学实践会议、中小学科学社团、奥赛、科学研究团体、战争爱国主义团体等。课外活动旨在促进学生各方面的个性的发展，比如体育健康方面、道德精神方面、社会交往方面、社会智力方面、社会文化方面等等。①

　　基础普通教育阶段学业结束后，9 年级毕业学生要参加国家基础考试（Основной государственный экзамен，缩写为 ОГЭ）。这个考试虽然是 9 年级学生的学业水平测试，但也是普通教育阶段学生参加的第一次国家级考试，目的在于确定学生掌握基本教育大纲的结果是否符合联邦国家统一教育标准的要求。根据基础考试结果，学生可以自主选择进入高中或中等职业技术学校学习。考试由俄罗斯联邦各主体在教育领域的执行机关负责。从 2016—2017 学年开始，俄罗斯国家基础考试在原来俄语和数学作为必考科目的基础上，又增加了两个必考但由考生自行选择科目的考试，如果有一至两门考试不及格，允许重考；如果两科以上不及格不准许重考，且不予颁发毕业证书。②

（三）中等（完全）普通教育阶段课程设置

　　俄罗斯《中等普通教育国家教育标准》基于系统化实践导向，旨在培养学生做好准备进行自我发展和终身连续教育，促进学生积极参与学习认知活动；促进各教育机构构建可发展性的教育环境；打造基于学生健康、个性、年龄、心理特征、身体特征的教学过程。

　　标准规定，接受完中等普通教育的毕业生需具备以下基本素养：热爱祖国；了解并接受传统家庭观、拥有民族命运归属感；拥有批判性思维，积极有目标地认知世界；掌握认知周围世界的主要科学工具；意识到自身的个性、积极参与社会、尊重法律法规；尊重他人观点，善于进行建设性对话，相互理解、合作取得共同成果；有意识地遵守规则，这些规则能够保护人类及环境，能帮助人类形成环保的生活方式；为有意识地选择职业做好准备；积极接受终身教育。

　　俄罗斯普通教育阶段均实施联邦、地区和学校三级课程管理制度，

---

① *ФГОС НОО*，2020 年 4 月 3 日，见 https：//fgos.su/noo/.

② *Единая система оценки качества школьного образования в России*，2019 年 5 月 3 日，见 http：//www.obrnadzor.gov.ru/common/upload/news/infomaterial/ESOCO_rus_Print.pdf.

只是各学段中三级所占比例不同，学段越高，地区尤其是学校对课程设置的决定权管理占比就越少。在中等普通教育阶段，教学计划同样由两大部分构成：其一为必修部分，占比为 60%；其二为由教育过程中各参与者设计的部分，占比 40%。

中等普通教育阶段课程需在两年内完成，不得少于 2170 学时，不可超过 2590 学时，一学年共 35 周，每周不超过 37 学时。必修科目共八大类，分别是俄语及文学、数学（代数、数学分析基础、几何）、外语、历史（俄罗斯史、世界历史）、生活安全基础、体育。

同时，中等普通教育阶段实行侧重专业式教学，这是新世纪俄罗斯实施教育现代化过程中对完全普通教育所提出的新要求。侧重专业式教学是一种区别化、个别化的教学手段，注重学生兴趣的满足和潜力的发挥，学生可以选择 1 至 2 门科目按加深难度大纲学习。教学计划中规定的侧重专业式课程类型包括五种，分别是自然科学类、人文类、社会经济类、技术类以及综合类。学生不仅可以选择不同的科目，还可以选择难度，分基础课程和高阶课程。2002 年 7 月，俄罗斯教育部公布了《关于确定在普通教育高级阶段实行侧重专业式教学的构想》，这是由学者、教育部工作人员、中小学校长组成的侧重专业式教学教改团队制定的方案，经过广泛讨论和修改后生成的法案构想。该政策规定，从 2004 年起俄罗斯开始试行侧重专业式教学的预备教学，2005 年开始在有条件的学校实施这一改革。这项改革是涉及普通教育各个方面的改革，既要满足学生个性化发展的需要，又要符合时代不断变化中社会发展对人才的多方面需求，这使得改革直接涉及教学内容、教学形式、教学资源、师资培训、质量保障等多方面。因此，时至今日，这项改革依然在持续细化、完善和深入。

在中等普通教育阶段，学生同样有课外活动的教学时数要求，总量不超过 700 学时。与 90 年代不同的是，现阶段经改革调整后的课外活动形式应完全有别于课堂教学活动，可以通过多种形式实现，比如补充教育体系、传统的课外活动形式（游学、圆桌会议等）、其他教育团体组织的活动等。

中等普通教育阶段的毕业生需进行全国统一考试（缩写为ЕГЭ）。这项考试具有双重功能：它既是完全中学毕业考试成绩，又是高考生进入大学的高考成绩的一部分。考试科目包括俄语、数学、外语（英语、德语、法语、西班牙语、汉语等）、物理、化学、生物、地理、文学、历史、社会、信息技术等。其中，俄语、数学为必考科目。考试试题包括选择题、填空题、解答或叙述题等三个部分。中学应届毕业生须从上述可选科目中确定4门（某些专业是3门）参加考试。ЕГЭ考试成绩是高校录取新生的重要依据，高校不同专业对不同科目的成绩有最低分数要求。此外，中学生在10年级后就可以参加全国统一考试的基础阶段测试。[①]

俄罗斯自2001年起在俄罗斯境内数个联邦主体小范围开始ЕГЭ试验，试推行阶段，各地区、各中学、各考生、各高校均有参与统考与否的自愿选择权，因此推进过程艰难而缓慢，直到经《联邦教育法》明确规定，ЕГЭ才从2009年起成为公民、教育机构必须参加的中学毕业和大学入学的考试评价机制，而ЕГЭ程序细节和内容的不断改革与完善一直在持续。2019年3月，俄罗斯国家杜马代表向议会下院提交了一份关于ЕГЭ的新法案，该法案明确，2009年1月1日之前的中学毕业生可以不必参加ЕГЭ，只需参加高校入学考试、凭合格的考试成绩即可进入相应大学学习。这项规定不仅惠及2000万相关的俄罗斯公民、扩展了他们接受高等教育的可能性，而且也是俄罗斯将教育公平理念进一步落到实处的具体体现。[②]

三、普通教育的保障体系

苏联解体后，俄罗斯政府不仅在普通教育学制体系方面实施了多项

[①] *ФГОС СОО*，2012年5月17日，见 https://nsportal.ru/sites/default/files/2019/01/15/fgos_srednego_obshchego_obrazovaniya.pdf.

[②] *Окончившим школу до 2009 года могут разрешить поступать в вузы без ЕГЭ*，2019年3月14日，见 https://na.ria.ru/20190314/1551787775.html.

改革，与之相应在教学过程方面也采取了很多保障措施以提高教育质量、实现学校的有效有序运转。这里从政策保障、财政保障、督导保障、师资保障、物质基础保障等方面予以系统梳理。

（一）普通教育教学的政策保障

20 世纪 90 年代俄罗斯首部《联邦教育法》的颁布确定了其国民教育的基本形态和各级各类教育的内涵与功能。鉴于"俄罗斯联邦教育体系是相互衔接的各级各类教育大纲和各级国家教育标准以及培养方向体系的总和"，这就使得"各级国家教育标准"在教育体系占据重要地位，它们不仅是各级各类学校教育组织因循的最高层级的核心政策，也是制定学校示范性基本教育大纲、学科教学大纲和教学过程组织的基础和依据。其核心与基础性在于，联邦"通过其（中央的）国家权力和管理机关，在它们的权限范围内制定国家教育标准中的联邦部分"，以此"规定基础教育大纲中必修内容的最低限度、学生学习负担量的最高限度，以及对毕业生培养水平的起码要求"。①

国家教育标准同时包括联邦与地方两个层级的教育内容，这就给教育机构以更加自由的空间，可以针对本地区的特点，实施有针对性的人才培养活动。与苏联时期将全国统一的教学计划下发到各个加盟共和国再层层下发到具体学校、实行全国高度统一的教育教学要求相比，国家教育标准具有更多的民主性、灵活性和自主性。但真正出台国家教育标准是一个复杂而有争议的过程，一是由于长期的实施苏联教育模式的固化思维，它的合理性和先进性屡遭质疑；二是每个学科、每个学段的标准都要重打鼓另开张地逐一研讨制定，这使得第一版的《普通教育国家教育标准》到 2004 年才完全确定并颁布。

与其他层级的制定过程一样，普通教育层级的国家教育标准亦是先

---

① 肖甦、王义高编译：《俄罗斯转型时期重要教育法规文献汇编》，人民教育出版社 2009 年版，第 145 页。

有不同的教育科研组织或专门研究团队先期提供各自不同的学校教育教学标准的方案参与竞标性审核与研讨，再根据择优出来的方案进一步完善。如俄罗斯教育科学院普通中等教育研究所就是经过近 6 年时间的研究打磨，终于推出了一套《俄罗斯学校教学标准》方案（1998 年出版时分为上下两卷本、篇幅超过百万字）。它除了对小学学段教学的统一标准（包括总则、小学必修教学内容最低限度、学生培养水平要求和对标准要求完成的评价四部分）[1] 之外，还提供了不同学科的普通教育国家教育标准中联邦层级的要求内容，这些学科包括：作为母语的俄语、作为国语的俄语、文学、外语、历史、社会、品德、经济、数学、物理、化学、信息学、地理学、生物学、生态学、工艺学、职业自主抉择等共 17 个科目。[2]这套方案也成为生成 1997 年末第一份《普通教育国家教育标准（草案）》版的主要参照版本之一，但是该草案由于存在争议，尽管形式上已经进入学校层面，但最终国家杜马委员会没向联邦议会正式提交。

　　而在正式国家教育标准出台前，俄罗斯教育部陆续颁布了《俄罗斯普通教育机构基本教学计划》《初等普通教育最低限必修内容的暂行要求》《基础普通教育最低限必修内容的暂行要求》《关于教学科目的教学法信息函》等政策文本，对普通教育学段的学校教学做了详尽规定，[3] 并以此为依据不断调整、完善内容。

　　按照这些政策文件，自进入新世纪起，俄罗斯普通基础教育开始实行人文化、个性化和区别化教学方案，陆续对课程及教学内容进行重新设计，为满足不同地区、不同学段学生的不同需求，更加注重自然科学与人文科学、国家与地方、综合课程与学科课程之间的协调和统一。按照《联邦教育法》规定，国家教育标准应"至少每十年在招标的基础上予以修

① Леднев В.С., Никандров Н.Д. & Лазутова М.Н.：*Учебные стандарты школ России.* Москва：Прометей，1998，第 31 页。

② Леднев В.С., Никандров Н.Д. & Лазутова М.Н.：*Учебные стандарты школ России.* Москва：Прометей，1998，第 300 页。

③ 肖甦、王义高：《俄罗斯教育变革探讨》，广东教育出版社 2008 年版，第 39—84 页。

订"。2004 年的第一代国家教育标准颁布实施 6 年后，到 2009—2012 年开始陆续出台第二代。2009 年颁布了《联邦国家普通教育标准（初等教育部分）》，该标准自 2011 年 9 月 1 日起在小学（1—4 年级）阶段实施。按照计划，2012 年在初中（5—9 年级）推行新教育标准，2013 年在高中（9—11 年级）推行新教育标准，到 2020 年在俄罗斯所有普通中等教育机构普及新教育标准。① 新版《普通教育国家教育标准》将普通教育阶段划分为初等普通教育阶段、基础普通教育阶段和中等普通教育阶段，再确定每一学习阶段的各学科以及学科的必修内容最低限度、培养水平和要求。该《标准》对每个阶段总教学时数、每门课的教学时数、必修课和选修课的比例等等都作出规定。这样，学校在该《标准》的规定下，对课程的选择、课程内容的安排更加灵活、自主，对学生的个性化发展要求更高。

有必要重点提及的是，为适应新世纪教育现代化整体改革的需要，俄罗斯在普通教育阶段在教学方面进行的最重要的专项改革是关于侧重专业式教学改革。基于满足受教育者不断增长的个性化发展、有效落实教育人文化、教学区别化的教改思路，2002 年 7 月俄罗斯教育部公布了经过多时讨论和修改的《关于确定在普通教育高级阶段实行侧重专业式教学的构想》文本。

侧重式教学是在完全中等教育的高年级阶段实行侧重专业式教学，是俄罗斯实施教育现代化过程中对完全中等教育所提出的新要求。实行侧重专业式教学的基本目标包括四项内容：① 保证深入学习完全中等普通教育大纲的一门或几门科目；② 为实现高年级学生教学内容的区别化创造条件，同时加大和拓宽建立个别化教育大纲的可能性；③ 在保证受教育机会平等的情况下，尽可能满足学生不同的个性需求；④ 保证普通教育和职业教育之间的衔接性，拓宽学生社会化的可能性，使中学毕业生对高等职业教育大纲的内容有更多的了解。

---

① 福尔先科反对将初中和高中教育标准分开，俄罗斯普通教育门户网［EB/OL］，http：//www.school.edu.ru/default.asp.2011-2-28.

该政策文件规定，从 2004 年开始在普通中等学校 9 年级实行侧重专业式教学的改革试点，2005 年开始在有条件的学校实施这一改革。侧重式教学在课程设置方面，一般设有 1—2 门科目按加深难度大纲学习，其课程类型包括三种：普通教育基础科目、侧重专业面的科目和选修课，各自所占的比例分别是 50∶30∶20。①

作为一种区别化、个性化的教学手段，侧重专业式教学注重学生兴趣的满足和潜力的发挥。但这项改革在俄罗斯教育界引起了长时间的争论。一些生理学家和心理学家认为侧重式教学加重了学生学习的负担，一些教育实践家也指出，不少学生因此不仅急于在学校取得好成绩，还想尽办法学习额外的知识。但也有很多学者和教育工作者认为，侧重式教学并没有对学生的身心造成危害，反而增强了他们的竞争意识和学习动力。而随后的调查统计能够在一定程度上证实后者的观点：据 2007 年的数据，94% 的受访者对侧重性教学改革表示赞同，6% 的人持反对意见。到 2009 年前后，俄罗斯普通教育机构实施侧重性教学三年以上的学校占 26%，一年至三年的占 9%，实施一年的占 24%，刚开始实施的占 41%。②

虽然从技术层面而言，这是普通教育领域的一项教学改革，但它涉及教育内容、教学方法、师资培训、资源整合等各个方面，因此，从理念层面看，实行侧重专业式教学不啻是一项普通教育整体性改革，从理念和操作都是与科技进步、不断提升国家竞争力的时代发展需求相吻合的。这项改革以国家颁布专门政策而开始启动，时至今日，教育主管部门乃至政府仍然在相关文件中给予后续的政策保障与物质支持。

（二）普通教育学校的财政保障

20 世纪 90 年代，由于苏联解体带来的巨大社会动荡、经济滑坡，俄

---

① Сумнительный К., "Профиль спасения", *Народное образование*，2006. (1)：133.

② *Обсуждение результатов анкетирования и семинара «Профильное обучение：современное состояние, проблемы, перспективы»*，2007 年 4 月 20 日，见 http：//profil.3dn.ru/forum/12-20-1.

罗斯在普通教育领域的经费出现大幅度下降，这也成为这一时期普通教育质量下降的主要原因。根据1992年《教育法》，俄罗斯普通教育领域财政资金投入的显著特征是其综合性。普通教育领域的资金分别来源于联邦财政、地区财政和市政财政预算，其中联邦财政预算所占比例很小，这取决于俄联邦和各主体之间的权力具体分配。但是，地域分化加剧了农村地区的教育资金不足，无论是基础设施建设方面，还是教师工资方面，抑或是最终的教育质量方面都受到严重影响。

经过近十年的过渡与调整，自2000年普京担任总统后，俄罗斯在普通教育领域的投资逐步稳定增长，尽管无法与世界其他发达国家相提并论，但确实为国家实施各领域教育改革作出了重大贡献，无论是在教师工资提高的方面，还是各教育机构基础设施的完善方面。由于拥有充足的资金支持，俄罗斯普通教育的质量显著提升。

预算拨款是苏联在普通教育领域的财政投入的传统方式，俄罗斯独立后头几年也沿袭了这一方式。但是在20世纪90年代，俄罗斯出现严重的通货膨胀，财政预算拨款无法满足普通教育机构的需求。此外，财政预算拨款资金的性质固定，普通教育机构无法自由分配所获资金。在学校自主权不断扩大的情况下，财政预算拨款已经成为组织创新性活动开展的障碍。

随后，俄罗斯在普通教育领域的财政投入方式从以前的财政预算拨款向人均定额拨款转变。2003年7月俄罗斯颁布第123—Ф3号联邦法《关于对联邦普通教育机构财政拨款的立法修正和增补》，确立了基于人均定额拨款方式的市政府和地区政府之间拨款责任划分，而由于资金拨款数额太大，联邦一级不参与实施该原则。自该法令颁布后，俄罗斯普通教育领域全面过渡到人均定额拨款，人均标准由区域一级制定。自2005年起，俄罗斯联邦所有主体均需提供财政资助，根据各地区普通教育机构学生人数来提供教师工资、课程费等其他费用，市政府则主要负责学校基础设施建设费用和水电费用。具体拨款机制如下：

1. 人均标准以每个学生的平均费用为标准（用上一财政年度实际费用除以各普通教育机构的学生人数）。同时，考虑到不同市政支出的差异调整人均标准。

2. 使用标准人员编制。当前的费用结构基于实际批准的人员配置表。

3. 当涉及确定标准教学计划的费用时，根据教学师资和其他工作人员的工资比率计算实施教育计划的费用。

此后，规范的人均定额拨款已成为普通教育领域财政拨款的实际方式，相比于预算拨款，新的拨款机制——人均定额拨款能够充分考虑到普通教育机构基础设施、师资、绩效等因素，提高资金效率，从而刺激学校教育的发展。

这种"钱随人走"的机制也鲜明地体现在普通教育学段私立教育机构的运行中，即所有选择到私立普通教育学校就读的学生，其学校都会如数收到学生们相应的义务教育生均费用的拨款；在私立学校从教的教师，也会享有与公立学校教师同样的政府基本补贴。

（三）普通教育学校的师资保障

1. 普通教育机构的师资组成

俄罗斯普通教育机构的工作人员分为领导层、教育支持和维护人员、教师和其他教育工作者三大类。其中最后一类又包括言语障碍矫正教师、心理教育学家、社会教育学家等。

2004—2013 年，俄罗斯普通教育机构教师数量显著下降，自 2013 年后呈现缓慢上升趋势。统计数据显示，自 2011—2012 学年至 2018—2019 学年，俄罗斯普通教育机构教师数量从 106.04 万人增加到 108.28 万人。[1]

此外，城乡学校的人员配置结构也不相同。农村地区的服务人员和其他人员的占比为 37.3%，比城市地区高 1.5 倍，而教学人员的比例为 55.4%，比城市低 10%。这主要是由于乡村学校的规模较小，并且缺少吸引专家（心理学家、言语障碍矫正师）的能力。

---

[1]　Боровская Н.В., Гохберг Л.М. & Кузнецова О.К., *Образование в цифрах：2019：краткий статистический сборник*，М.：НИУ ВШЭ，2019.

在俄罗斯普通教育机构中存在着明显的性别失衡，以女性教育工作者为主。根据 OECD 的统计数据，俄罗斯普通教育机构中女性教师的比例为 88.2%，属于该指标最高的国家之一。相比之下，美国普通教育机构中女性教师的比例为 75%，而中国为 57%。这与教师工作的地位和薪水对于俄罗斯男性的吸引力很低有关。

在年龄结构方面，在过去的 6—7 年间，青年教师和老年教师的比例一直在增长，并且数量大致持平。2010—2017 年间，城市和农村地区退休一年的教师比例增加到整个师资队伍的四分之一。因此可以预测，由于经济持续低迷，老年教师的比例将持续增加。总的来说，教职员工的年龄结构特征既取决于人口状况，也取决于所在地区教师的职业声望。

通常，教龄是用来评估教师的经验和能力的传统指标。与年龄相反，教龄这一指标直接反映了教师参与教育教学活动的具体特征。因此，从这个意义上讲，这个指标感兴趣的不是极端数据，比如工作 5 年以下和 30 年以上的教龄，而是中间段的数据，也就是 5—30 年之间。根据专家的意见，教龄处于这一阶段被认为是最佳的。因为这一阶段的教育者具有相对新鲜的知识、精力和工作热情，还没有进入极度倦怠期，但却有足够的教学经验。

根据 2017 年的统计数据，俄罗斯约十分之一学校教师拥有"最佳"教龄，但不同地区也存在一定差异，比如车臣共和国最佳教龄的教师比例为 16.4%，而梁赞地区为 6.5%。

自 2014 年至 2017 年，俄罗斯普通教育机构内具备高级职称的教师比例略有增加。2014 年具备高级职称的教师比例为 24%，初级职称的教师比例为 35%，其他教师比例为 41%；2016 年具备高级职称的教师比例为 25%，初级职称的教师比例为 35%，其他教师为 40%；2017 年具备高级职称的教师比例为 26%，初级职称的教师比例为 35%，其他教师为 39%。[1]

---

[1] *Индикаторы образования*：*2017*，2018 年 1 月 1 日，见 https://www.hse.ru/primarydata/io2017.

2. 教师专业性评定

教师职业标准是评估教师专业水平的重要工具，也是教师培训和专业化发展的重要标准。1993 年，俄罗斯颁布《关于对国立、市立教学机构和组织教学人员和领导进行鉴定的示范条例》，开始对教师和学校领导进行授予职级的非常规性鉴定。这种鉴定不同于苏联时期实行的教师鉴定，那时的教师鉴定是称职鉴定；现在的教师评价制度则实际上兼具了称职鉴定与职称评定两种功能。该条例规定教师考核标准包括两部分，其一为一般指标，包括教育活动的结果、教师的自学、课堂和课外教学的质量、在教学与教育过程中对待学生的技能、教师在学生家长及居民中宣传教育科学知识的表现、在儿童的教育与再教育过程中给家庭以个别化的帮助、教师的个性品质等；其二为区别化指标，包括学历、工龄、教龄、教学业绩、教学竞赛、是否担任班主任、教育研究的水平和成果、完成教师进修课程等。①

新世纪以来的教师考核主要从两方面进行：① 对教师和管理人员的教育活动结果进行考核。考核的形式包括座谈、创造性的汇报、科学教学法或实验研究报告的答辩等。② 对教师和管理人员的实际教育活动进行专家鉴定，其方法可以是各种形式的心理与教育诊断以及对职业活动效率的考查。教师考核内容包括，学生对教师所教科目的评价、教师班级管理情况、该教师所教科目的学生通过考试的人数、家长对其投诉的数量等。此外，2008 年底，俄联邦教育与科学部制定了《新教师考核条例》。新条例将教师考核结果直接与工资挂钩，并明确教师考核的任务是保证教师职业技能的提高。

2013 年俄罗斯颁布了《学前及普通教育阶段教师职业标准》，该标准清晰规定了从事教师职业的资格。该标准的试用期截止到 2020 年 1 月 1 日，自此之后，俄罗斯所有普通教育机构聘用教职工时均需完全按照标准执行。

此外，近年来现代教师职业发展体系的建构一直是俄罗斯普通教育

---

① 陆南泉等：《苏东剧变之后：对 119 个问题的思考》，新华出版社 2012 年版，第 396 页。

人事政策的中心任务。2015 年 12 月，普京总统下令俄罗斯联邦将建立全国性的教师发展体系。2017 年 8 月俄罗斯政府正式批准制定实施该法令的计划路线图。2018 年 5 月，俄罗斯总统再次下令规定建立全国性教师职业发展体系，该体系至少涵盖普通机构 50% 的教师。

建立国家教师职业发展体系要求改变对教师的职称认证程序。职称认证程序要求根据教师专业活动的评估结果来确定教师是否可以被评为相应的职称级别。较高的职称级别能为教师带来更多的晋升机会，也包括更多的工资。

俄罗斯教师职称认证程序和认证方式在不同地区存在差异，这就使得不同地区的职称级别无法相提并论，且其评估过程还存在官僚化现象。因此，虽然进入新世纪第二个 10 年以来，国家主管部门于 2010 年、2011 年、2014 年对教师职称认证程序陆续进行了几次修订，但是仍未能使其成为调节教学质量以及构建教师职业晋升体系的重要工具。于是，2018 年俄罗斯再度重启此项工作的改进，重新开发教师职称评定工具，新的认证模型是采用统一的联邦评估材料针对学科、教学法、教育学心理学和沟通能力进行评估，并且特别强调将评估结果用于教师职业发展计划中。

随着认证程序的改革发展，俄罗斯开始构建出新的教师职业发展体系：教师、高级教师、主任教师。此外，俄罗斯将新的教师职业发展体系引入新版本的教师职业标准中。在新的教师职业体系中，高级教师将协调其他教师的工作，并根据学生的特点制定个性化教育路径，主任教师则将成为年轻教师的导师。

总之，教师职业晋升体系可以基于教师机会反映出其技能水平和所履行职能的变化，是有效的国家教育体系的重要组成部分。

（四）普通教育的基础设施保障

苏联解体后，俄罗斯出现严重的经济滑坡现象，在此之后的十年内，俄罗斯政府尤法为普通教育机构的物质和技术条件提供充足的财政支持。因此，自 21 世纪以来，俄罗斯在经济得到恢复的前提下，将普通教育基础设施现代化建设提上日程。

2005 年，俄罗斯总统普京颁布国家"教育"优先发展项目，其主要任务之一便是为全国的普通教育机构建立现代化的教育教学环境，其中包括"互联网普及""农村校车普及"等子项目。此外，还将为创新教育计划优胜的普通教育机构提供 100 万卢布以改造学校的基础设施。

在 2007—2009 年度"教育"优先发展框架内，俄罗斯实施了全面的教育现代化项目，其中最重要的组成部分便是为优质教育创造现代化的教育条件。联邦政府将投入 150 亿卢布用以支持项目的实施，其中 80% 以上的资金用于为农村地区的普通教育机构配备基础设施，比如校车、教学设备等。

此外，国家"教育"优先发展项目的最重要组成部分是引入信息通信技术。在世界银行的支持下，在"教育系统信息化"试点项目的基础上，俄罗斯提出了有效地提高计算机化率的方案。在短短几年时间内，俄罗斯普通教育机构计算机设备的可用性已显著增长；并且数十万教师接受了计算机培训，开始使用信息通信技术。

得益于国家"教育"优先发展框架，俄罗斯在现代条件下学习的儿童比例大大增多。尤其是在农村地区，普通教育机构基本配备现代化的教育技术设备和互联网，基础设施也大大完善。俄罗斯联邦各主体对约两万多所学校建筑物进行大修，对近一万多所学校进行重建。此外，还为普通教育机构配备装有卫星导航设备的校车、计算机以及通信网络。

2010 年，俄罗斯颁布"我们的新学校"国家教育倡议，该倡议明确提出应为普通教育机构建立现代化的基础设施，以提供优质教育。2011—2013 年，俄罗斯联邦预算为该项目拨款 1200 亿卢布，地区预算拨款 800 亿卢布，联邦和地区共同承担地区普通教育机构的基础设施建设。

在国家"教育"优先发展项目和"我们的新学校"倡议框架下，俄罗斯首次成功实现了学校基础设施的标准化。绝大多数地区都达到了学校基础设施的最低要求。此外，交通基础设施现代化、污水处理系统现代化、学校互联网普及一定程度上带动了地区社会基础设施现代化，提高了人民的生活质量。

2015 年，俄罗斯政府批准了增加俄罗斯各主体普通教育机构学额的计划。具体而言，根据对学习环境的预期需求和现代化教学要求，俄罗斯各主体增加各普通教育机构学额，在 1—11（12）年级实行单班制教学制度。2016 年，俄罗斯联邦共有 50 个实体参加了该计划，截至 2017 年 1 月 1 日，俄罗斯 48 个主体依托联邦财政兴建运营共 61 所新教学楼，增加 5.76 万个新学额。

在全纳教育方面，俄罗斯联邦颁布 2011—2015 年"无障碍教育环境"联邦国家计划，为残疾儿童提供包容性的教育条件，充分保障残疾儿童的受教育权利。针对大部分地区在家学习的残疾儿童，如果没有电脑学习障碍的话，都将统一加入"残疾儿童远程学习项目"。

2017 年联邦政府颁布《俄罗斯联邦教育发展 2018—2025 国家纲要》，确定了多项普通教育领域的发展项目，包括：① 在 2018—2025 年间，为保证俄罗斯联邦普通教育质量的提高，要在中小学建立起现代化教学环境，加大对于基础设施的建设，保证到 2025 年使普通教育机构拥有 6531287000 个新名额；② 为实施将数字化信息技术的引入，要落实建立俄罗斯数字电子学校的重点项目建设，到 2018 年，至少保证中小学善于使用"电子信息设备"的教师人数提高 15%；③ 为改善农村地区普通教育机构的教育教学质量，注重加强农村地区文化和体育中心的建设水平，在农村地区建立普通教育机构、文化和体育中心，预计农村地区的普通教育机构数量在 2018 年增长 27.5%，2019 年增长 27.8%，至 2020 年增长 28%。

总之，自联邦独立至今，俄罗斯的普通教育无论在制度建设还是在规模发展上，无论是在教育内容上还是教学形式上，无论从整体的结构改革还是专项的课程改革，无论从国家教育标准的生成与更替还是师资队伍的巩固与提升，在近 30 年的改革进程中，都有了很大变化。从 20 世纪 90 年代转型期的艰难时世逐渐恢复、过渡进入到 21 世纪的稳定与提升，尽管仍然存在很多问题，但挑战与机遇并存，随着在国家竞争力的不断增强，国家对普通教育的一贯关注会达到一个新水平。

第六章　俄罗斯的高等教育

俄罗斯现行的《联邦教育法》是集统领各级各类教育于一身的国家级教育基本大法，自 2013 年 9 月 1 日正式实施起，《联邦高等教育法》和先前的《联邦教育法》即刻失效。作为职业教育最高层级的教育，在此法中得以重新定位和规范。与已经失效的两部法律版本不同的是，新版中将原来的"高等职业教育"去掉"职业"二字，恢复了传统的"高等教育"的表述。

一、高等教育的结构及类型

20 世纪 80 年代后半期，苏联时期单一的高等教育层次结构明显暴露出与经济发展不相适应的状况。特别是在苏联解体后，随着国家政治和经济上向市场经济的转轨，其原有的高等教育人才培养结构不但不能满足市场经济发展的要求，而且影响了其在国际上的人才流动和学术交流，在此背景下，俄罗斯开始对高等教育的层次结构和学位制度进行变革。

（一）高等教育的结构

1992 年 3 月，俄罗斯联邦科学部高等教育委员会通过了《关于建立俄罗斯联邦多级高等教育结构的决议》，在该法令及相关政策制度的支持下，俄罗斯开始了实施多层次高等教育的历程。

最初的改革将高教结构划分为三个层次，即不完全高等教育阶段、基础高等教育阶段和完全高等教育阶段。不完全高等教育阶段相当于专科，主要培养技术员和初级工程师，学制3—3.5年，学生毕业后获初级专门人才资格；基础高等教育阶段是在普通中等教育基础上进行非专业化的大学教育，学制4年，学生毕业后获学士学位；完全高等教育阶段主要进行专门化教育，培养专家型技术人才和应用人才，包括两种培养方式：一种是传统的按专业培养的五年制文凭专家；一种是按方向在基础高等教育之上再进行2—3年的硕士培养，侧重培养研究人才。继这三个层次教育之后是大学后教育阶段，仍按传统模式培养，包括副博士和博士两个层次，学制均为3年，主要培养高技能科学和科学教育人才，系统地、有计划地培养国家文化科学领域具有创造性的精英，保证科学及师范院校的延续与发展。

1996年8月俄罗斯颁布历史上首部《联邦高等和大学后职业教育法》，明确规定，高等和大学后职业教育体系的结构是"高等和大学后职业教育国家教育标准及高等和大学后职业教育大纲"，是"任何法律—组织形式的、拥有办学许可证的高等学校和从事相应的补充职业教育的教育机构"，是"从事科学研究及保证高等和大学后职业教育运转与发展的企业、机构和组织—科研、设计、生产、医疗、防治、制药、文化—教育等方面的企业、机构和组织"，是"高等和大学后职业教育管理机关及其所管辖的企业、机构和组织"等成分的集合。[①] 高等职业教育由不少于4年修业的学士、不少于5年修业的获证专业人员（文凭专家）、不少于6年（4+2）修业的硕士共三个层次构成。尽管该《高教法》随后十余年内又经过几次修订，但高教结构的基本成分一直如此。

2007年5月俄罗斯国家杜马通过《关于引入两级高等教育体制的法律草案》，从法律层面上确定实施高等职业教育的学士—硕士两级结构，

---

① 肖甦、王义高编译：《俄罗斯转型时期重要教育法规文献汇编》，人民教育出版社2009年版，第273页。

并从 2007 年 9 月 1 日起全面实行新体制，即原来的 5—6 年的文凭专家体制拆解为学士＋硕士的俄罗斯两级高教体制，学士阶段的学制为 3—4 年（以 4 年为主），旨在为社会经济领域和生产部门培养具有高等教育水平的普通人才，毕业生获高等职业教育毕业证书和学士学位；硕士阶段实施 2—3 年（以 2 年为主）的专业教育，旨在培养从事科研活动、分析设计工作的研究型人才，授予硕士学位。同时，许多专业保留苏联时期的 5 年制专家文凭，如农林医以及军事等方面的一些专业仍只沿用单一的文凭专家体制。

从高等教育结构上看，俄罗斯高等教育具体分为学士、文凭专家与硕士、高级人才培养三个层次。第一层级是高中毕业生通过竞试进入高等教育机构学习 4 年获得学士学位；第二层级分两类：某些专业延续苏联模式连续学习 5 年的文凭专家，或学士基础上学习 2 年获硕士学位；第三层级是研究生层级（俄语中的研究生一般是指副博士研究生）、是在第二层级基础上两类：按副博士大纲学习 4 年并通过学位答辩获副博士学位，或按其他专业性培养大纲学习 2 年获得高水平技能人才毕业证书。需要特别指出的是，俄罗斯的副博士学位（кантидат наук）相当于国际通用的科学博士学位（PHD），已经是其高等教育体系的最高级层次。而俄罗斯的博士（доктор наук）作为苏俄特有的最高学位已不属于高等教育板块，亦不在国民教育体系之内。

从高教人才培养大纲的类型看，根据现行 2013 年版《联邦教育法》的教育体系结构，俄罗斯高等教育大纲由六种类型组成，分别是：学士学制大纲、专家大纲、硕士学制大纲、研究生（高等军事院校研究生）科教人才培养大纲、临床医学研究生大纲以及助教进修生大纲，后三种类型是经过国家对高教人才培养类型细化定位后，新区分并明确在新版教育法中的。

（二）高等学校的类型

从苏联到俄罗斯联邦，其实施高等教育的机构，在类型上变化不特别大。苏联时期的高等学校主要由综合大学、学院、专科大学、厂办学院及规定属于高等学校的其他学校等几种类型构成。1996 年版《联邦高教法》规定俄罗斯高等学校有综合大学（университет）、专业大学（академия）和专业学院（институт）三种类型。

综合大学在各类专业学院基础上，保护实现教育的人文科学化，培养高水平的科研与教学人员，为其组织再培训和进修进行广泛的基础科学研究和应用科学研究，是相关科学领域的主要学术研究中心。

第二类是专业大学（академия），实施高等职业教育和大学后职业教育，实施某一科技领域所有教育等级的培养计划，是某一领域重点的科学教学法中心。主要宗旨是培养某一科技领域的专门人才，同时也对相应领域的领导者和专业人员进行再培养，优先进行某一学科或文化领域的基础科学研究和应用科学研究，是相关科学领域的主要学术研究中心。

第三类是专业学院（институт），重点实施基础高等教育的培养计划，进行基础科学研究和应用科学研究，为职业领域培养高级工作人员，并为其组织进修或再培训。

20 世纪 90 年代俄罗斯进入社会转型以后，很多高校从学院升格为大学，比如师范学院、技术学院（педагогический институт、технический институт）升格为师范大学、技术大学（педагогический университет технический университет）；一些专业学院改称为专业大学；而苏联时期 академия 一般只用于指代自然科学或社会科学的专门研究机构，即各类科学院，只是苏联解体后，俄罗斯一些高校才改为使用 академия 指代专业大学，如苏联时期的列宁格勒兽医学院（Ленинградский ветеринарный институт）1994 年更名为圣彼得堡国立兽医大学（Санкт—Петербургская государственная академия ветеринарной медицины）。

俄罗斯的高等学校除按学校性质的传统分法分为三种类型外，依时代使命与功能发展的需求还应分为五个层级，即五级结构的俄罗斯高教金字塔。进入 21 世纪，俄罗斯推进教育现代化进程开启新阶段，在高等教育领域，提高高校现代化教育质量、打造创新型高等学校、培养创新型高级人才、提升大学的国际竞争力等内容成为更为侧重的发展任务。自2006年起，俄罗斯开始进行针对高校创新结构和机构整合的改革。为了充分发挥高等教育机构在促进国家发展及提升竞争力的功能，俄联邦着眼提升高校整体实力，以新形式合理布局，重点建设高水平大学，构建高等学校的金字塔。包括以现有高校类型为基础，确定顶级大学的联邦尖端地位，强强联合组建联邦大学新形式作为区域领头羊，倾斜支持作为金字塔的中间层的研究型大学网络，带动地方高校自我完善、逐步提升整体质量。

由此就出现了之前没有的高等学校新类型，如联邦大学、研究型大学等，加上对原有高校的归类，构成了俄罗斯高等教育金字塔结构。该结构由特殊地位大学、联邦大学、研究型大学、各联邦主体综合性大学和地方普通高等院校五个层级构成。

2008年9月，梅德韦杰夫总统签署《关于莫斯科国立大学和圣彼得堡国立大学享有特殊地位》法令，随后又增加了莫斯科鲍曼工程技术大学，确立这三所大学高校金字塔的顶尖地位。金字塔的次顶层是联邦大学，根据2006年颁布的国家教育方案，计划组建10—12所，截至2019年已经建成10所，并实现了"保证每个联邦区必须有一所"的计划。金字塔的中间层是研究型大学，计划评选40所左右，目前已确定了29所研究型大学，位于莫斯科与圣彼得堡的共15所，在其他各区域共14所。再往下一层是各联邦主体层级的综合性大学；最底层是以培养大学本科生（学士）为主的普通高等院校。

基于提升国家高等教育国际竞争力的迫切需要，俄罗斯计划将重点支持两类大学发展的时间定到2025年前，一类是学生数量为3—5万人的多学科联邦大学；另一类是中等规模、但有重点学科的研究性大学，旨在提升这些院校的国际竞争力。而从总体上看，俄罗斯高等学校金字塔的建构，不仅使众多高校在称谓上发生改变，更重要的是使所有高校在功能和地位上都具有了明确的发展定位。

二、高等教育的目标理念

初登世界政治舞台的新俄罗斯，尽管在政治制度、社会性质、经济体制等多方面发生了急剧的转型，但其教育发展的整体思路秉承了苏联时期的指导思想，即继续坚持教育的优先发展、教育具有普及性、基础性、公平性和连续性。在高等教育领域，依然强调人才的高质量培养、科技进步的决定性意义和对社会发展的促进作用。与此同时，随着市场经济改革的不断扩展，针对旧高教体制日益显现出的不适应性，政府推进高教发展的力度也不断增加。这里可以把俄罗斯独立至今的高教发展大致分为叶利钦时期、普京时期、梅德韦杰夫时期、普京新时期四个阶段。

（一）叶利钦时期的"教育优先发展"目标

叶利钦执政的8年是俄罗斯社会转型变化最剧烈的时期。但鉴于教育具有其内在的生成机制和运行规律，它并不会因为政治、经济体制的转轨和意识形态、价值观念的变化而被迅速、彻底改变原有的模式和理念。这也决定了从叶利钦时代开始的教育领域的改革，不可能完全抛弃苏联的教育模式，而是对已有的"苏联模版"进行适度的、必要的变革。

这一时期，在教育领域连续出台了一系列重头法律文件。如：1991年7月11日《俄罗斯苏维埃联邦共和国教育发展的紧急措施》第一号总统令；1992年1月《俄罗斯高等教育至2005年发展纲要》；1992年3月13日《关于在俄罗斯联邦建立多层次的高等教育结构的决议》；1992年7月《俄罗斯联邦教育法》并于1996年修订该法；1996年7月19日《高等和大学后专业教育法》；1997年7月《联邦教育发展纲要（草案）》等等，确立了教育的优先发展地位、教育的人道主义、教育的自由和多元化发展思路目标。

从所列出的法令法规不难看出，叶利钦时期不仅重视新时期的教育立法工作，颁布了多项关于教育的国家大政方针，而且出台了许多关于高教的法令和决议。在俄罗斯社会转型的动荡时期，俄罗斯高等教育发展面临巨大挑战，这些法令和决议对俄罗斯高等教育的发展起到引领、规范作用，其发挥的作用不可替代。叶利钦时期的高等教育政策基本上形成了健全体系，并在此政策体系的指导下，建构了相对合理的高等教育体系。但由于经济滑坡，政局不稳，国家根本提供不了实现这些目标的物质保障，所以在事实上，这些法律文件规定的目标和内容多数只是流于口号，"教育优先发展"的目标并没有完全落到实处。

（二）普京时期的"高等教育现代化"目标

普京自 2000 年当选俄罗斯联邦第二任总统、2004 年连任至 2008 年卸任的 8 年时间内，无论在执政思想，还是在社会各领域的政策方面，都与其前任总统有所不同。普京执政后，国内政局趋于稳定，经济形势持续好转，全面的教育改革被提上国家发展的议事日程，政府提出要加强联邦教育空间的统一性和国家教育的标准性，强调优先发展教育事业和国家对教育应有的责任和使命，并将教育现代化作为实现国家发展战略的主导因素。体现这一教育理念的有其上任伊始陆续颁布的多项重要法案决议。

2000 年 10 月 4 日俄政府批准执行《俄罗斯联邦国民教育要义》，此文件规定了教育在国家政策中的优先地位，确立了教育发展的战略和基本方针。该要义体现出普京就任总统后，在教育方面校正全面西化和教育私有化等方面的失误，开始重视民族文化的优秀传统，保持俄罗斯联邦各民族特有的文化传统和民族教育优势，提出了民族教育振兴和教育现代化的口号。2002 年 2 月 11 日俄罗斯联邦政府通过了《2010 年前俄罗斯教育现代化构想》。《构想》的出台对于俄罗斯制订现在和未来的国家教育政策具有十分重要的意义。此文件强调俄罗斯教育的现代化任务是保持教育的奠基性，保证教育的时代质量，发展和完善符合个人、社会和国家当前和长远需要的高质量教育。该构想的颁布对于俄罗斯制订现在和未来的国家教育政策具有十分重要的意义，标志着 21 世纪的俄罗斯教育正进入变革的新阶段。

　　同时，普京政府还对《联邦教育法》和《俄罗斯联邦高等和大学后职业教育法》进行了多次修改。新修改的法令在政府职责、财政拨款、教师待遇、非国立教育机构的管理等方面都做了很大的改动，它不仅体现了俄罗斯的国情和民情，而且也反映了普京执政时期的教育改革策略。

　　普京执政期间重视高等教育的发展，致力于高等教育现代化，关注高等教育发展的规范化和国际化。在连续几年的国情咨文中，普京专门谈到高等教育的公平性、普及性等问题。其在任期间先后颁布一些高教重要文件，如:《高等职业教育现代化》《学位授予程序条例》《俄罗斯联邦高等职业教育机构标准条例（2001 年版）》《俄联邦高等职业教育体系2005—2010 年落实博洛尼亚宣言条款的措施计划》等文件。这些文件的出台是在俄罗斯高等教育发展的新情况下，为解决新问题，对高等教育的发展进行的指导和规范。经历了叶利钦执政时期的动荡，普京时期的高等教育发展开始步入有序、良性发展阶段，各种规模不一的改革也都是围绕着新世纪头 10 年俄罗斯教育现代化的整体方针展开的推进高等教育现代化的改革。

（三）梅德韦杰夫时期的"注重创新人才培养的优质高等教育"目标

　　2008 年 5 月，梅德韦杰夫就任俄罗斯新一任总统，旋即任命他的恩师与战友、前总统普京为俄罗斯政府总理。不言而喻，其整个总统任期中，联邦政府在政治、经济、外交和文化各领域均稳定延续普京路线。在"富国强民"的发展战略指导下，俄联邦政府继续加强国家科学教育文化事业的发展与创新。

　　2008 年 8 月俄罗斯联邦政府颁布《教育与创新经济的发展：2009 年—2012 年推进现代教育模式》国家纲要。纲要的目的在于推行现代教育模式，提高优质教育的普及性，适应创新经济的发展，满足每个公民和社会的现代需求。在高等教育方面，纲要提出，高等教育体系应加大研究和应用学士的培养，给予高校更大的培养自主权，并在助学金和其他物质条件上给予保障。纲要还提出创建几所进入国际 500 强的、具有国际竞争力的大学，并明确联邦大学和国家研究型大学的任务。为保障俄联邦社会—经济发展所需的人才，将实施多专业计划的区域性大学。该纲要的颁布为俄罗斯教育的进一步发展指明了方向，为今后几年推进教育现代化改革的进程指定了具体的时间表及各类教育所需达到的目标。

2008 年 7 月 28 日俄联邦政府颁布《2009—2013 年"创新俄罗斯科研与科教人才"联邦系列纲要》，此纲要是俄罗斯国家创新纲要的系列纲要之一，是俄罗斯构建国家创新体系中在科教人才方面的重要法令。纲要提出相应四项措施：1.加强年轻人在科学、教育、高技术领域中的科研和教学作用。2.加强基础设施，吸引年轻人进入科学、教育、高技术领域。3.确保科研、科教人才培养国家系统的投入资金。4.保障纲要管理的实施。纲要的实施为高等院校和科研院所的科研创新以及高校的教学工作提供资金保障和人才保障。

创新经济的发展需要创新人才的加入，创新人才的培养需要高等学校以优质教育提供平台。尽管人才培养并非短期工程，但是确定发展方向、明确任务目标，建构并完善推进科技创新与人才培养的高校环境，无疑是梅德韦杰夫时期推进高等教育的明确方针。在其任期的 4 年内，俄罗斯高等学校层级化建设、联邦大学的重组与强化、俄罗斯高校金字塔的建设都取得明显效果。

（四）普京新时期的"提升大学国际竞争力"目标

2012 年普京再次当选总统，开启任期 4.0 时代。面对 21 世纪第二个 10 年以来的国际国内形势，继《2010 年前俄罗斯教育现代化构想》计划到期，联邦政府把继续推进教育现代化的重点落到大力促进高等教育体系现代化，提升大学的国际竞争力目标上，以保障每位学生都尽可能适应当前俄罗斯经济社会的发展需求、顺应世界科技进步进程的总体趋势。

为此，2012 年 5 月俄罗斯发布第 599 号总统令《关于国家政策在教育科学领域的实施措施》（О мерах по реализации государственной политики в области образования и науки），其中在保证国家政策在教育领

域的实施方面，文件明确提出到 2020 年应当有不少于 5 所俄罗斯大学进入世界大学排行榜前 100 名的目标。① 2012 年 10 月为了具体实施世界一流大学的创建，俄罗斯联邦政府颁布第 2006 号令《提升俄罗斯一流大学在世界顶尖科教领域竞争力实施计划》。② 随着创建世界一流大学核心政策的颁布，俄罗斯政府各部门开始着手实施，2013 年 3 月俄罗斯政府发布了《提升俄罗斯一流大学在世界顶尖科教领域竞争力计划》，即"5—100"计划。

在具体措施方面，根据地区特点形成差异化的高等教育机构网络，提高大学的国际竞争力；更新高等教育课程结构，以保证其灵活性和有效性；引入透明的拨款机制，鼓励高等教育机构之间的竞争；更新高等教育的内容和技术，以保证高等教育符合现代经济的要求和人民不断变化的需求；形成连续教育体系，能够根据公民的需求和组织机构的需求灵活（模块化）地进行新技能培训。随后的几年中，政府不断加大对竞争国家一流、争创世界一流大学的俄罗斯重点高校的支持与扶持力度。

总之，苏联解体后，俄罗斯对高等教育发展给予了更多的重视。这不简单地体现在政府对高等教育的拨款上，同时也体现在高等教育理念的变化上，这对整个高等教育的改革也起着指导性的作用。俄高等教育在理念上改变了对政府的完全依赖，主动地去拓展多元化的办学主体，多方位地筹集资金，把"市场"的观念引进高等教育改革之中，让高等教育与政治、经济的社会大文化相融合，加快高等教育的发展。尽管 2020 年的世界大学排行榜中，俄罗斯高校仅有莫斯科大学 1 所进入了 QS 排行榜前100，位居第 84 位，而在同年的 THE 排行榜中，它排在第 174 位。但这

---

① Минобрнауки: *О мерах по реализации государственной политики в области образования и науки*, 2012 年 5 月 7 日，见 http://government.ru/orders/selection/406/27533/.

② Минобрнауки: *Об утверждении плана мероприятий по развитию ведущих университетов, предусматривающих повышение их конкурентоспособности среди ведущих мировых научно-образовательных центров*, 2012 年 10 月 29 日，见 https://www.5top100.ru/documents/regulations/672/.

并不能否认在整个发展、改进、竞争的过程中，俄罗斯高校总体水平的明显提升，很多高校的国际化程度以及部分单项指标的国际竞争力均有不同程度的提升。如果把金砖国家高校排行榜也视为世界大学排行榜，那么近几年中，俄罗斯高校进入前 10 位的数字就在不断增加，2015 年时，就已经有 6 所进入该榜单前 30 位。从这个意义上讲，俄罗斯的 5—100 计划并不是完全没有兑现。

三、高等教育的专业及课程设置

俄罗斯高等教育包括学士（бакалавр）、文凭专家（специалист）和硕士生（магистр）的培养。而副博士和博士的培养，也就是俄语中通常的研究生（аспирант）教育，属于大学后职业教育范畴，这一点与我国有很大的不同。所以，我们这里探讨的高等学校的专业及课程设置主要是前三个部分。

（一）专业设置

俄罗斯 1992 年的《联邦教育法》、1996 年的《联邦高等和大学后职业教育法》都相继规定，国家教育标准是确定相应阶段教育大纲必修内容的最低限度、学生学习负担量的最高限度以及对毕业生培养水平的起码要求的依据，是保证高等和大学后职业教育质量、保证俄罗斯联邦统一教育空间、保证对高等教育机构实行统一评估的参照。2013 版《联邦教育法》对高等教育标准有了专门条款规定，所谓高等教育标准，既是指经本联邦法或俄罗斯联邦总统命令确定的高等教育组织的批准，按照专业和培养方向对高等教育的必要要求的总和。具体而言，国家高等教育标准确定了高等教育的结构、高等教育的文凭、对高等教育计划和高等教育计划实施条件的一般要求、学生学习负担的标准，大学的学术自由，高等教育标准对高等教育培养方向名录提出要求，并制定国家管理的规则。

自 1994 年俄罗斯教育部批准第一代高等教育国家教育标准（ФГОС

BO）以来，至今俄罗斯已经先后数次更新高等教育标准，第二代高等教育标准于 2000 年实行，2007 年陆续出台第三代高等教育标准，随后又对第三代标准进行了修订，生成了第三代的更新版 ФГОС ВО（3＋）高等教育标准，但鉴于此版标准制定过程的主要依据应该是《联邦高教法》，而该法 2013 年 9 月随最新版《联邦教育法》的生效而失去法律效率，所以一方面需要尽快补充修订、减少矛盾，另一方面也更需要适应创新型人才培养的不断迅速变化的时代节奏，于是就有了 2018 年启用的第三代高等教育标准的新版 ФГОС ВО（3＋＋）。

2018 年修改后的第 3＋＋代《高等职业教育国家教育标准》（ФГОС ВО（3＋＋））（以下简称《高等教育标准》（3＋＋））对高等学校的培养方向及专业分类进行了详细的规定。

1. 学士、硕士培养方向的专业设置

《高等教育标准》（3＋＋）取消大类设置，学士及硕士培养方向共包括 58 个专业，各专业下属数量不等的子专业。这 58 个专业分别是：数学与力学、计算机与信息科学、物理与天文学、化学、地球科学、生物科学、建筑学、技术和建筑技术、信息学与计算机工程、信息安全、电子，无线电工程和通信系统、光学和生物技术系统与技术、电力与热力工程、核动力工程与技术、机械工程、物理科学与技术、武器系统、化学技术、工业生态与生物技术、技术安全与环境发展、地质学、材料技术、陆路运输技术、飞机火箭和太空技术、航空航天专业、船舶与水运技术、技术系统管理、纳米技术和材料、护理、农业森林和渔业、兽医学和动物园技术、心理学、经济与管理、社会学与社会工作、法学、政治科学与区域研究、大众媒体和信息图书馆、服务和旅游、教育学、语言文学、历史与考古、哲学伦理与宗教科学、神学、体育与运动、艺术学、文化科学和社会文化项目、舞台艺术和文学创作、音乐艺术、艺术与应用艺术、东方学和非洲学。①

---

① *ФГОС ВО*（3＋＋），2018 年 12 月 1 日，见 http：//fgosvo.ru/fgosvo/152/150/25.

2.专家培养方向的专业设置

专家培养方向共包括 36 个专业，分别是数学和力学、物理和天文学、化学、生物科学、技术和建筑技术、信息安全、电子无线电工程和通信系统、光学和生物技术系统、核动力工程与技术、机械工程、物理科学与技术、武器系统学、化学技术、技术安全与环境发展、地质学、陆路运输技术、飞机火箭和太空技术、航空航天专业、船舶与水运技术、技术系统管理、轻工业技术、基础医学、临床医学、卫生科学与预防医学、药房学、兽医学和动物园技术、心理学、经济与管理、法学、教育学、语言文学、文化科学和社会文化项目、舞台艺术和文学创作、音乐艺术、艺术与应用艺术、屏幕艺术学。①

（二）俄罗斯高等教育的课程设置

按照《高等教育标准》（3＋＋），俄罗斯高等教育课程需培养学生三方面的能力，分别是通用能力（универсальные компетенции）、一般职业能力（общепрофессиональные компетенции）和专业能力（обязательные профессиональные компетенции）。《高等教育标准》（3＋＋）规定由各教育机构按照自身情况设计教学计划（образовательная программа），国家层面仅提供针对不同专业的示范教学计划（Примерная основная образовательная программа）作为指导参考，其对各教育机构的教学计划和必修课程及实践须达到的最低标准进行了要求。

1.课程设置结构

按照《高等教育标准》（3＋＋），俄罗斯高等教育教学计划包括理论课程、实践课程和国家考试三个板块，共计 240 学分，其中课程板块应不少于 120 学分。其中哲学、历史、外语、生命安全教育、体育文化与运动系所有专业的必修课程。

以师范教育专业（44.03.01）教学计划范例中的课程设置为例。在理

① *ФГОС ВО* (3＋＋), 2018 年 12 月 1 日，见 http://fgosvo.ru/fgosvo/152/150/25.

论课程设置方面，高等院校中约 70% 的课程为必修课程，其中包括八大课程模块：世界观、语言交际、健康保护、心理学—教育学、教学法、补充教育、教学—研究以及学科—内容，其余约 30% 由各教学机构自行设计选修课程。

在实践课程方面，高等院校中约 86% 的课程为必修课程，其中包括五大课程模块：心理学—教育学、教学法、补充教育、教学—研究以及学科—内容，其余约 14% 由各教学机构自行设计选修课程。

与前几代高等教育国家教育标准不同的是，新版教育标准即《高等教育标准》（3＋＋）以能力为导向进行最低标准规定，也就是对毕业生所需掌握的三类能力进行具体要求，而教学计划以及相应的课程设置由各教育机构自行设计。

2. 课程设置的改革理念

（1）能力导向：高校在获得更大的课程设置权的同时，开始更加重视课程在毕业生通用能力、一般职业能力和专业能力培养方面所起到的作用。高等学校的学士培养是在广博的理论基础上实施的通才式教育，因此高校重视文理兼修的通识教育课程的设置。除了通用能力外，高校还注重一般职业能力的培养，比如一般学习能力、文字和语言能力、人际交往能力等，高校在相应的课程设置时都要考虑到这些方面。

（2）个性化发展取向：苏联时期的高校使用统一的教学计划、教学内容和教科书，按照统一的模式培养人才，以至于培养出的人才缺乏个性、灵活性以及创新性。高校自主权扩大后，各高等学校可以根据本校特点制定教学计划，给学生提供多样性和选择性大的学习内容。例如：远东国立交通大学桥梁与交通隧道专业设置了西伯利亚铁路干线史、建设事业发展史、电学及电工学、电子计算机在运算中的使用、土壤力学与路基、设计材料工艺学、桥梁与隧道、工程创作原则等课程。这些课程的设置体现了很强的校本个性化特点。

高校课程改革注重个人发展，体现其课程个性化的另一方面是在高等学校里大量开设选修课，增大选修课程比重，尤其是任选课程的比例。

课程种类和课时数的大量增加，可以更好地满足不同学生的需要，有效拓宽学生的知识面，培养出更具有竞争力的人才。每位学生都可以设计自己个性化的课程学习方案，根据本系教师以及外来学者的情况，选择自己感兴趣的课程和需要的课程，学生学成之后都是具有宽厚的基础知识，又具有自身特点的专业人才。显然，选修课程的大量设置给人才培养的多样化提供了可能，充分体现出俄罗斯"以人为本"的教育理念。

3. 高校的教学方式

苏联高校一直实行统一的教学计划、教学大纲和教材，它们的制定或编写一般是集体劳动的产物，尽管统一性、全面性和系统性都把握得比较好，但同时也存在缺乏灵活性、新颖性、独创性的弊端。转型时期的俄罗斯高等学校在改革教学方式的过程中一直力图摒弃这些弊端，探索更为灵活多样的形式。

（1）课程形式

高等学校办学自主权的扩大，使学校有机会在教学过程中注重突出办学特色和学生个性的培养。学校可以依据高等教育国家标准提出的要求，结合本校的办学特点制定教学计划和大纲，选择教学方式、方法等，尽可能使培养模式和教学方法以及课程的设计更具个性化。目前，大学的课堂教学形式除了传统的讲课、课堂讨论课、试验课、实习课等等，在一些学校还有辅导课、电话讨论课、学术会议观摩与参与课、个人和小组设计课程等多种形式，多数学校都根据自身的特点，确定各类课内、课外的教学形式。

（2）自主学习（独立活动）课

目前，在俄罗斯高校的教学改革中，扩大学生自主学习活动的比例已经成为一种明显的趋势。作为促进大学生职业能力增长的因素之一，自主学习课在教学计划中的增长比例越来越大。学生自主学习活动比重的增多对其不断发展自我并形成独特个性十分有益。当然，2020年上半年在全球性新冠肺炎疫情蔓延之下，线上教学、云端课程、云讨论、云考评的方式不仅是全球同步的教学创举，更是学生自主学习、独立实施的必然选择。

总体上看，近十余年来，在俄罗斯高校教学过程中，更加注重应用先进教学方法和现代技术，提高教学的质量和有效性。信息技术、远程教育技术、有效教学法、多媒体投影、因特网、计算机等技术已经广泛地应用于教学中，应用电脑来教授和评价中期、终结测试以及大学入学考试的做法也已基本普及。

四、高等教育的保障体系

作为俄罗斯国民教育体系的最高层次，高等教育是国家高水平人才培养的最关键环节，因此若要保证此环节的正常运行和高水平发展，必须有完备的管理体系和保障系统予以支撑，这其中包括了高等教育的外部管理、高等学校的内部运行机制、高校师资保障以及高校财政保障等多个部分。

（一）外部管理保障

苏联解体之初，俄罗斯政局不稳，经济困难，政府无暇顾及教育变革，以至于20世纪整个90年代，国家对教育的管理权几乎成为虚设。但普京就任总统之后，俄罗斯制定的新教育政策逐步使国家加大了对教育领域的管理力度，加强了政府对高等学校的管理机制。

根据《联邦教育法》，俄罗斯确立了联邦、地区和地方（市）三级教育行政管理体制，在由中央集中统一管理的总模式之下，增加了分级管理层级，明确详实地划分了俄罗斯联邦、各联邦主体和地方自治机构、教育机构在教育领域的权限和职责范围。高等教育机构主要由联邦中央和联邦主体一级的教育行政机构管理。

不过，2000年普京上台后，为了对国家集权领导的有效性与直接性，把俄联邦全境划分为7个大专区，把原来的89个联邦主体减少为83个（2016年增加为8大联邦区、85个联邦主体）。总统为每个专区派驻总统特派员，该特派专员系该专区的一号人物，上直接对总统，下或者直接对本专区的各个联邦主体最高领导层。相应地，联邦政府各个部委亦委任专门负责各联邦区相应事务的最高代表。比如，教育科学部负责远东联邦区、西伯利亚联邦区的最高代表，既属于该部最高领导层，又是专门负责本联邦区的最高领导。

联邦最高权力机关和教育管理机关的权限是实行宏观管理，制定教育法令和统一政策，以及国家教育标准和规范化条例，编制教育预算，保证教育发展的物质技术基础等等。联邦主体的权力机关和教育管理机关的权限包括，在不违背中央教育政策的前提下，制定适合本共和国、本地区的教育政策、教育法令和条例，以及适应民族、地区特点的教育标准，编制本共和国的教育预算，规定地方教育税和教育附加费等等。地方自治机关的权限包括，根据本地特点执行国家教育政策，保证当地公民受教育权利，编制地方教育预算，设立地方教育发展基金，规定不违背国家统一政策和要求的具体教育政策和教育标准。

2018 年 5 月 7 日，普京再次赢得大选，宣誓就任俄罗斯新一届总统，开启其"铁腕总统"的第四任期，并于一周后签发"关于俄联邦执行机构的结构调整"（"О структуре федеральных органов исполнительной власти"）的第 215 号总统令，颁布了新一届联邦政府执行机构的调整方案，其中对教育科学部的机构改组引人注目。新方案中，已运行 14 年的联邦教育科学部被一分为二，重新组建为俄罗斯联邦教育部（Министерство просвещения Российской Федерации）和俄罗斯联邦科学与高等教育部（Министерство науки и высшего образования Российской Федерации）。俄罗斯联邦科学和高等教育部的首任部长由 1976 年底出生的财政部前副部长米哈伊尔·卡丘科夫（Михаил Котюков）担任。不过，由于 2020 年 1 月俄罗斯政府总理梅德韦杰夫的辞职，使整个政府内阁重新洗牌，运行不足两年的俄罗斯联邦科学和高等教育部，部长改由来自秋明国立大学的法学家、1978 年出生的瓦列里.法里科夫（Валерий Фальков）担任，他从 2012 年起一直在秋明国立大学担任校长。而秋明国立大学的国内排名近年来是不断上升的。新改组后的高教部核心领导集体由部长、8 位副部长及高教部在远东联邦区和西伯利亚联邦区各一位最高代表组成，正副部长的平均年龄 44 岁，可见领导层年轻化的程度。

（二）内部管理保障

与苏联时期相比，俄罗斯在高等学校内部管理上适当下放了教育的管理权限，《联邦教育法》明确了学校是独立办学主体的法人地位，从多方面规定了学校所享有的自主和自治权利，确立了学校自治、民主管理内部事务的办学原则。民主性、国家—社会性、自主性是俄罗斯高校内部管理的总体原则。高等院校的内部管理以校长负责和集体领导相结合为体现形式。

1. 大学内部管理的基本原则

《联邦教育法》从多方面规定了学校内部管理的自治化、自主化。高校一方面在法律范围内执行国家教育政策和教育标准，在执行政策和保证教学质量等方面向上级机关负责；另一方面高校的自治与自主权在多个方面具有体现，与原有苏联体制相比变化极大。

在享有自治权方面，高校可以拥有土地、房屋、设施和其他保障法定教育活动所必需的财产等权利；可以根据从事教育活动许可证，自行决定各方向和专业的招生规模和结构，自行制定招生条例的权利；可以依据高等教育国家标准所提出的要求，制定教学计划和大纲，选择教学方式、方法等权利；学生家长、教师以及社会各界人士可通过多方组成的学校委员会参与学校管理。教育机构工作人员与教育机构的劳动关系通过劳动合同予以协调，而劳动合同内容不得与国家劳动法相抵触；所有工作人员享有参与教育机构管理和捍卫其职业荣誉及尊严的权利；等。

国立、公立学校的内部管理建立在校长制与自主管理相结合原则基础之上。其自治的组织形式包括：教育机构委员会（中小学为"学校委员会"，高等学校为"学术委员会"）、监督委员会、全体大会、教务委员会以及其他形式。学校的领导人可由多种方式产生：直接由本校集体选举产生；将学校创办者提出的若干候选人交由集体选举确定；由学校集体推选后呈报创办者批准；由创办者任命；直接由创办者雇佣（私立高等学校）。

在遵守联邦教育法、联邦教育发展纲要、国家教育标准及其教育大纲、教育机构标准条例的前提下，高等学校在教学活动、人事、经济、社会服务、国际及校际交流合作等方面享有自主权，基层学校责任和权利主要包括：

（1）制定并通过本校章程及其他内部规章和明细条例，并在法令、条例和学校自身章程规定的范围内开展独立的科研活动、有偿教育服务及其他活动，在经济活动、甚至对外经济活动方面亦有一定的自主权。

（2）制定并批准本校使用所有教学大纲、教学计划及其他教学工作纲要，自主实施教学教育过程并保证质量。如未完成职责范围内工作，未按计划安排和落实教学计划，学校应承担相应责任。

（3）在办学许可证限定的名额内自主确定招生名额；自主选拔和安排师资干部，确定职工的定额工资、职务工资、补贴工资、附加工资以及奖励办法和奖励额度；为学生和教职员工的生活和健康等其他方面行为负责。

除拥有上述普遍性自主权的变化外，俄罗斯高校内部管理的变化更大。俄罗斯的国立高等学校从归属上分为四类：① 俄联邦政府直辖；② 教育部（教育署等）；③ 俄联邦其他部委；④ 各联邦主体或市政府。在民主性、国家—社会性和自主性管理原则之下，高校内部管理自主权、特别是办学和财产使用方面的自主权较之苏联时期明显扩大。

2.高等学校的校长负责制

俄罗斯高校实行校长负责制，每所高校设校长一人，是学校最高行政长官。根据高等教学机构章程规定的程序，国立或地方高等教学机构的校长，由全体大会以无记名投票的形式选举，任期 5 年，并由上级教育管理机关批准其任职。设副校长多名，包括第一副校长（协助校长负责全面工作）；教学副校长（负责学校的教学工作）；科研副校长（负责学校的科学研究工作）；外事副校长（负责学校的对外交流与合作工作）；后勤基建副校长（负责学校的后勤保障、规划建设和有偿服务工作）；总务副校长。

　　尽管俄高校实行校长负责制，但高校内部管理体制因学校归属性质不同而有所差别。国立高校校长的地位需由俄联邦政府确定。尤其是21世纪第二个10年以来，俄罗斯为提高高等教育的国际竞争力而打造的高等学校金字塔结构中，金字塔顶级的高校地位极为重要，校长的任命须由总统直接签署命令。这说明，俄政府在提倡高校自治的同时，也重视对高校领导权的宏观控制。大学享有的自治权必须是诸多方面受控于政府之下的自治，二者之间的矛盾只能由大学管理层结合二者实际情况来进行协调。

　　据《联邦教育法》规定，高校校长既可由政府任命，也可由高校集体选举产生，可由全体代表大会以无记名投票方式选举产生，报上级主管部门批准。高等院校的集体领导机构是学术委员会，学术委员会主席由校长担任。大学校长可以利用手中的权力选择管理办法、制定章程条例，也可能以牺牲大学部分利益的方式换取政府的嘉许和援助。因此，大学校长及其领导层的组建对于协调政府与大学之间的矛盾具有重要意义。

　　但具有俄罗斯特色的是，俄罗斯高校的校长大多数任期都相当长，有些地方院校的很多校长甚至一直连任到去世。比如，在俄罗斯排名第一的国立莫斯科大学，数学家 B.A 萨托夫尼奇院士自1992年3月起至今一直担任校长，到2020年秋季学期，在任已超过28年，连任已经进入第6届任期。

　　3.高校管理的内部运行机制

　　大学内部管理机构同样遵循一般行政机构的规律，就是由立法（决策系统）、执行系统和监督（反馈）系统组成。高校由经选举产生的代表机构——学术委员会实行总的领导，由校长进行直接管理。国立高校和地方高校实行校、系、教研室三级管理。各个学校的管理机构设置大同小异，基本由校级领导、行政管理和后勤服务三大部分组成。部门执行领导人员按从属层级和从属部委的范围划分职权。

　　高等院校的集体领导机构是学术委员会。学术委员会根据学校章程选举产生，学术委员会由校长和副校长以及其他成员组成。校长担任学术委员会主席。学术委员会每届任期 5 年。为了体现高校管理的民主性，学术委员会由高校各方代表组成，其中大学生和研究生的代表不得少于 25%。学术委员会是高校的权力机构。学术委员会的主要职能是：审议并批准高校章程及其内部规章；选举校长；确定各部委的结构组成和管理原则；制定大学活动的内部和外部准则并监督其实施；批准计划预算和预算结算；审议学校经济和发展中的主要问题等。

从校务委员会到教研室甚至每个师生个人都是一个立体的系统，只是决策层在决策的时候渗入了一定的民主色彩，让该系统外的部分人员参与以便集思广益为最佳决策服务。高校工作人员和学生均有权参与本校重大问题的讨论与解决；其教学、科研活动的每个参与者均有权在统一的国家教育标准的范围内按自己的酌定选取相应的课程及其讲授和学习的方式、方法，选取科研课题及其完成手段，自主获取保证教学过程和科研进展所必需的有关知识和信息。

高等学校学生有权与校方有关部门协商确定一套要学的科目；有权听本校的各种课程和按校际协议的外校课程；有权按照规定条款和程序从一所高校转到另一所高校，也有权在课余到任何企业、机关、团体打工。此外，根据《联邦教育法》，学校不得开除在治病、寒暑假、休学或怀孕、产假期间的大学生；大学生有责任按照联邦法律规定的程序接受军事教育，同时也享有在学期间延期服兵役的权利。

至于非国立学校，由创办者或其督学委员会来实施；而督学委员会的职权及内部管理机制以及行政负责人的任命或选举的程序，均由创办者或其督学委员会通过与全校集体协商并按本校章程的规定来实施。通过国家认证的非国立高校的学生，在学术权力和学术自由方面的地位等同于国立高校学生，但不享受助学金。

高校内部管理的自治自主特征在每位教师、学生身上的具体体现为：高校工作人员和学生均有权参与高校重大问题的讨论与解决；教学科研活动的每个参加者均有权在国家统一的教育标准范围内按自己的酌定去选取相应的课题及其讲授和学习的方式、方法，选取科研任务及其完成手段，以及获取教学过程和科研进展所必需的知识或信息。高校学生有权参与校方有关部门协商以便确定一套要学的科目；有权听本校的各种课，也有权按校际协议听外校的课；有权在课余时间到任何企业、机关团体打工等等。①

（三）师资保障

俄罗斯早在 1992 年颁布历史上首部《联邦教育法》时，就在其中明确，教育是国家优先发展的领域，教师则是实现教学教育过程所具有的人道主义、人类价值，人的生存与健康，个性自由发展以及培养公民责任感和对祖国热爱等功能的中间力量。在多民族国家条件下，在向市场经济过渡时期，教师对于维护民族文化系统内部的统一，培养适合新的经济规律和劳动力市场需求的人才起着决定性作用。

高校担负着培养专门人才和发展科学文化的双重任务，而教师是承担和实现这一任务的主体，是形成能力、创造科研成果最基本、最重要的因素。高校教师作为国家的宝贵财产，对社会进步、国家和民族的兴衰和现代化的进程起着至关重要的作用。

1. 俄罗斯高校师资现状

（1）师资规模与结构

根据 2019 年的俄罗斯教育统计数据，2018—2019 学年俄罗斯高等院校教师总人数为 23.41 万人，比 2017—2018 年度减少 8900 人。

从学历结构上看，2018—2019 学年高级职称教师占教师总数约 48%，其中教授 2.46 万人，副教授 8.8 万人。教师中拥有博士学位者 3.66 万人，副博士学位者 13.56 万人，哲学博士学位（PhD）者 700 人。

从性别结构上看，2018—2019 学年女教师总人数为 13.48 万人，占教师总人数约 58%。从年龄结构上看，2018—2019 学年 30 岁以下教师数

---

① 顾明远、梁忠义：《世界教育大系·苏俄教育》，吉林教育出版社 2000 年版，第 668 页。

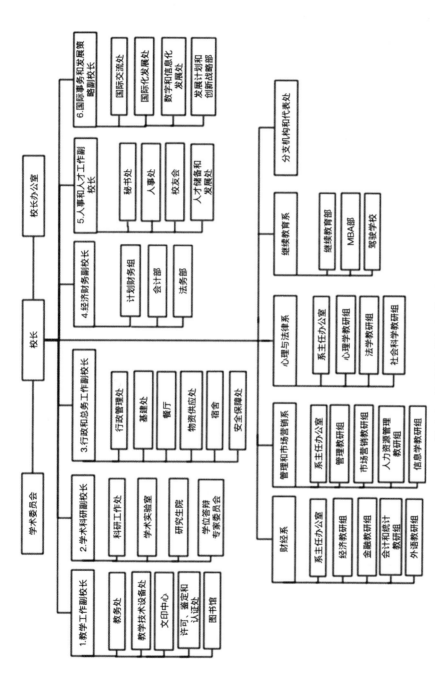

图 6—1　俄联邦高校组织管理架构图

根据以下资料来源绘制：

1. Руководство и структура МГУ [EB/OL]，https：//www.msu.ru/info/#structr，2020-6-29.

2. Подразделения и руководство [EB/OL]，https：//spbu.ru/universitet/podrazdeleniya-i-rukovodstvo，2020-6-29.

3. Оргструктура НИУ ВШЭ [EB/OL]，https：//www.hse.ru/orgstructure/，2020-6-29.

4. Структура и органы управления образовательной организацией [EB/OL]，https：//www.nstu.ru/university/struct，2020-6-29.

5. СТРУКТУРА ВУЗА [EB/OL]，https：//bgpu.ru/rectorat.htm，2020-6-29.

量为 1.31 万人，占教师总人数约 6%，60 岁以上的教师人数为 6.78 万人，占教师总人数约 29%。

截至 2018 年末，俄罗斯共有高等教育机构 741 所，在校学生（包含本科及硕士）共计 416.17 万人。其中，国立高等学校 496 所，学生 378.25 万人，非国立高等学校 245 所，学生 37.91 万人。高校生师比约为 18∶1。[①]

2. 师资结构的特点

注重高等教育师资的培养一直是苏联高校的传统，但长期以来由于人口增长速度缓慢，尤其是 20 世纪 90 年代以后俄罗斯动荡的社会转型时期，导致人口连续多年呈负增长状态，加之经济危机对教育领域的波及，教育行业威信下降，使得一段时间内，俄罗斯高等学校的师资建设积存了多方面的问题。

首先是教师老龄化趋势明显。由于俄罗斯人口增长极其缓慢，甚至有下降趋势，老龄化趋势明显。据俄罗斯联邦国家统计委员会 2015 年度的人口预测，到 2030 年，俄罗斯老年人口比例将超过 28%。[②] 因此，俄罗斯教师年龄老化趋势十分明显。根据 2019 年俄罗斯教育统计数据，30 岁以下的教师比例仅为 6%，而 60 岁以上的教师占比 29%。

其次是性别比例不均衡。由于战争等一些历史原因，俄罗斯的性别比例一直不均衡，长期处于男性少于女性的状态。这种现象在俄罗斯教师队伍结构中也非常突出。再加上 20 世纪末俄罗斯社会长期处于经济危机阶段，教育工作者的工资一度低于社会平均工资，作为家庭经济支柱的男性无法用有限的工资养家，所以男性教师流失多、新入职少，使得学校里原本不多的男性教师数量越发减少。这种现象在高等教育阶段的师资同样明显，尽管在其他学段学校的女教师多于男教师的现象更为突出。

---

① Боровская Н.В., Гохберг Л.М. & Кузнецова О.К., *Образование в цифрах：2019：краткий статистический сборник*, М.：ПИУ ВШЭ, 2019：52, 69.

② Арефьев А.Л., "Тенденции экспорта Российского образования в 2005-2015 гг", *Вестник Российской Академии Наук*, 2016（10）：902-908.

再有就是兼职教师数量增加。由于经济滑坡和教育需求的变化，俄罗斯高校教师队伍的变化具有与众不同的特点，高校教师队伍的总体人数是在缓慢增加，但是能得到全额工资的教师人数在减少，而高校兼职教师的数量增加较明显，相应地在整个在职教师人数中兼职教师的比重加大了。1991 年兼职教师有 25481 人，到 2019 年已经达到 5.8 万人，增加 56% 以上。[①]

3. 高校师资的培养和任用

（1）教师的来源

苏联时期高校的师资主要来源于高校研究生部毕业生（即副博士学位获得者）。研究生部脱产学习的毕业生每年大约有 70% 分配到高校任教。据统计，在 20 世纪 80 年代初，苏联高校教师中 40% 以上是研究生部毕业；助教从大学本科毕业生中招收，尤其是注重选择具有一定的公共文化、科学、教研室专长的大学生，这是高校教师第二个来源渠道。这类年轻教师占高校教师 10%，并且有 80%—90% 在工作 2、3 年后要被派往研究生部深造。此外，高校师资中还有 50% 是聘请企业、科研机构的工程师或专家。在州中心以外的外省高校里，这类聘任高校教师的方法最为普遍。

苏联解体以后，俄罗斯高校基本保持了苏联的高校师资来源渠道，师资主要来源于科研机构、高等院校和少数补充职业教育机构的副博士学位获得者。截至 2018 年末，全俄共有 1223 所培养副博士研究生的机构，其中 618 所为科研机构，585 所为高等院校，14 所为补充职业教育机构。同年在读副博士研究生总人数为 9.08 万人，副博士毕业生总人数为 1.77 万人。[②]

（2）教师的任用

俄罗斯高等学校在教师任用方面与苏联时期相比变化不大，教师的

———————

① Боровская Н.В., Гохберг Л.М. & Кузнецова О.К., *Образование в цифрах：2019：краткий статистический сборник*，М.：НИУ ВШЭ，2019：69.

② Боровская Н.В., Гохберг Л.М. & Кузнецова О.К., *Образование в цифрах：2019：краткий статистический сборник*，М.：НИУ ВШЭ，2019：40，55.

职称（学衔）直接与学位挂钩。原则上只有具有博士学位的教师才能获得教授职称，具有副博士学位的教师才能获得副教授职称，一般情况下只要获得副博士学位满两年者都可被评为副教授。讲师的职称则授予俄罗斯5年制大学本科及硕士毕业、在教学岗位上工作多年的没有副博士学位的教师。助教职称授予从事教育工作的新毕业的大学生或在读的副博士研究生，助教不能单独授课，只能对学生进行辅导。俄罗斯高校正、副教授的任职资格由各高校进行评定，报国家最高学位委员会批准并颁发证书，讲师、助教资格由各高校自己任命，不颁发证书，只在劳动证上注明。

（3）教师的进修

苏联时期的教师进修制度比较完善，高校教师（包括校长）按规定必须每5年进修一次，可选择到高校教师进修学院或附设于重点大学的进修系进行为期4—6个月的学习。进修内容和目的以更新专业知识，提高专业水平为主，同时也学习高等教育学和心理学必备知识。当今俄罗斯除了延续苏联时期的做法，还增加了教师培养和再培养的许多分支机构。它包括不同的子系统，如：目的性实习单位、教师进修学院和系、工程教育学中心、研究生班和学士班。高校教师的补充培养计划大多由这些子系统完成。此外，联邦教育部还建立了补充职业教育发展学院，作为教育部的附属部门，这个不断发展扩大的学院为来自不同教育机构的教师提供不同的教育模块，以及面授或远程的教学形式。

在工科高校教师的进修方面，俄罗斯近年建立的工程教育学中心在国内不同地区的工程教育方面发挥了很大的作用。工程教育学院已经开始实施培养优质大工程师教育师资队伍的方案。在当前高等教育改革的大背景下工程教育学院的活动对于保证教师具备高度教育专业化水平，以及掌握师范心理学等方面的专门知识发挥了重要作用。而鉴于俄罗斯地广人稀的特点，着重发展工程教育学中心的远程教育体系是俄罗斯教师进修的必然趋势。

4.高校师资的考核

实行对教师教育技能评价是高校管理的最重要的工具和教师自我发

展的重要条件。一方面，通过教育技能评价可以帮助校长及管理层确定教师队伍潜力的发挥程度和继续发展的可能性，安排教师合适的工作量和其他日常事务，确定教师是否有进修的必要，同时也为人员管理如工作调动、升迁、退休、工资调整等提供依据。此外，对高校教师来说，通过对教育技能的评价可以明确自己的职业倾向、判断自己在哪些方面需要提高；还可以督促教师按照学校的要求形成自己的教学个性和教学能力。

苏联解体初期，在教育经费短缺、教师待遇下降的环境影响下，高校的师资队伍不仅产生了教师队伍流失严重、教师年龄老化等现象，而且出现了教师职业满意度低、教师因大量兼职影响教学效果、道德水平下降等问题。这一切致使从事创造性劳动的教师职业威望下降，严重地影响教师队伍的整体素质。尽管转型时期政府也出台了一些改善教师待遇、提高教师威信和业务水平的法规文献，但由于俄罗斯局势不稳，经济困难，政府无暇顾及教育改革，许多构想都只停留在法令文字上。随着近年经济形势逐步好转，教育改革也被提上政府的议事日程。各级政府和社会组织纷纷采取措施，希望通过一系列的改革稳定教师队伍。当然，社会转型是一个过程，要重新树立教师的社会威信和地位是摆在俄罗斯教育工作者面前的一项艰巨而长期的任务。

5.高校师资构成的国际化取向

教师的培养具有周期长的特点，而能够发掘青年学者和教师潜力的资源十分有限，因此吸引国外学者尤其是旅居国外的俄罗斯学者到俄罗斯高校开展科研也是政府促进创新人才培养的一项重要措施。为此，2008年出台的《2009—2013年"创新俄罗斯科学与科教人员"联邦目标纲要》的一个目标是，吸引旅居国外的俄罗斯学者回国参与科研项目，利用其经验与声望提高国内科教人员的科研视野、革新科研手段。根据此项目纲要，2009—2012年每年选拔约100个由在国外工作的俄罗斯专家领导的为期两年的科研项目，每年为每个项目提供200万卢布的财政资助，项目负责人每年在俄罗斯境内工作时间不少于 2 个月。[①] 此外，2010 年颁布的《关于俄罗斯高校吸引一流学者的措施》规定，政府在公开竞赛的基础上为国际一流学者在俄罗斯高等教育机构开展科研活动提供总共 120 亿卢布的资金支持，其中 2010 年 30 亿卢布，2011 年 50 亿卢布，2012 年 40 亿卢布，资助领域包括自然科学与精确科学、工程与技术、医学与保健、农学、社会科学及人文科学等。[②]

此外，在日益扩展的高等教育国际化进程中，俄罗斯也开始重视高校教师队伍构成的国际化程度，注重提升高校中国际教师数量。根据 2018 年 12 月颁布的俄罗斯联邦《国家教育发展方案》，师资建设的预期指标中要求高校中国际教师的数量在 2019 年达到 24.4 万人；2020 年达到 26.8 万人；2021 年达到 302 万人；2022 年达到 34.4 万人；2023 年达到 382 万人；2024 年达到 42.5 万人。[③]

（四）财政保障

苏联解体之后，俄罗斯政治、经济都发生了深刻的变革。在市场经济的影响下，俄罗斯政府对高等教育的财政体系不断调整，改变苏联时期由国家全部负担高等教育经费的做法，逐步实现高等教育定额拨款、预算分级管理和经费来源多元化机制。

1. 预算分级管理

在转型初期的经济困境之下，为使教育得以维持和发展，俄罗斯政府在财政预算制度方面进行了重大变革：由原来的中央级统拨统分的单一体制逐步转为实行分级预算的体制，目的是在明确各级政府事权的基础

---

① *Федеральная целевая программа "Научные и научно-педагогические кадры инновационной России" на 2009-2013 годы*，2013 年 3 月 19 日，见 http://docs.cntd.ru/document/902112471/。

② Привлечение ведущих ученых（с 2010 года）[EB/OL]．http://www.st-gaterus.eu/ru/992.php/2013-01-13.

③ Правительство России：*Опубликован паспорт национального проекта «Образование»*，2019 年 2 月 11 日，http://government.ru/info/35566/。

上，依法合理划分各级政府之间的财权。俄罗斯设立了三级预算体制：第一级为联邦预算，第二级为联邦主体预算，第三级为联邦主体下属的区、市镇、乡预算。第二和第三级预算合称为地方预算。联邦预算、地方预算，再加上预算外基金，构成俄罗斯联邦统一预算。[①] 也就是说，教育财政是在联邦预算、联邦主体预算和地方预算构成的共同基础上进行，国家不再做统收统支，而是依据不同类型、程度的学校，由中央政府和地方政府分担不同的教育经费责任。

预算分级管理在某种程度上缓解了国家教育经费不足的尴尬，减轻联邦政府的压力，促进高等教育持续发展。

2. 高校财政机制市场化

随着俄罗斯联邦经济体制改革的深入，高教领域的市场化成为俄罗斯教育改革的首选，俄罗斯政府采取以下措施，改革高校的财政机制：

（1）改变教育经费的国拨方式

俄罗斯《联邦教育法》规定，国家对高等学校的额定拨款由以下两部分组成，即创办者预算中的直接拨款（具体拨款的比例由俄政府每年酌情确定），和每个学生按个人国家教育贷款的相应标准缴纳的资金。这后一部分表明，作为消费者的学生靠国家贷款来购买教育（教育服务），或者自费购买。这种购买体现出的是一种完全的市场商品关系。

（2）允许承租和出租

《联邦教育法》规定，教育机构有权充当财产承租人和出租人。其中出租条件是，创办者交由教育机构管理使用的财产只有在征得创办者同意并在双方协议规定的条件下才允许出租。这种租赁关系带有一定市场性质。

（3）实行税收优惠制

根据《联邦教育法》，凡以资金或实物形式投资办学的企业、组织、

---

① Минобразования：Об утверждении формы свидетельства результата единого государственного экзамена，2003 年 3 月 31 日，见 https：//normativ.kontur.ru/document？moduleId=1&documentId=61552。

自然人，包括外国人，均可享受税收优惠；出于助学而将其资产租给学校者，亦可享受不动产税收优惠。

（4）国拨与自筹相结合

如前所述教育经费的两部分，其中自筹部分可以有如下途径：允许参与赢利活动、提供有偿教育服务、允许从事一定范围的商业活动、允许从事对外经济活动、接受各种社会或个人捐助。

伴随着俄罗斯社会政治经济体制的改革，俄罗斯高等院校与政府和社会的关系在不断发生变化。要求越来越多的自主权，是高等学校作为市场运作主体的前提，也是高等学校现代化的一种表现。联邦政府在不能提供足够经费的情况下，允许高等学校有自己银行账号，以便多渠道集资。看似联邦政府对高等学校的不吝施舍，其实是在加强对高等学校经费收支的监控，显示出国家由于长期经济衰退而导致对高校控制已力不从心。

（5）高校科研经费分配引入竞争机制

从 1993 年起，俄罗斯高校开始进行科研经费划拨的试点，对基础科学领域的国拨经费实行竞争分配原则，称为国家预算拨款的竞争分配机制。具体做法是：高教部将由其核准的某具体高校提出的某类基础科学研究课题予以公布，供其所属各高校的相关科研集体参与竞争，同时制定该学科领域权威的学校负责协同组织和审核竞争结果，最后报请高教部科研规划与财政管理司审批。为此，高教部 1994 年还专门成立了"发展资助体系国家预算拨款分配竞争委员会"。

进入 21 世纪以来，随着俄罗斯社会整体发展的向好，俄罗斯高校的财政状况也不断改善。很多高校尤其优质高校已经改变了 20 世纪 90 年代前后经费捉襟见肘的困境，并在科教资金投入、基础设施建设、人才培养、科技转化等方面取得了一定成效。

2008 年 7 月 28 日俄联邦政府颁布《2009—2013 年"俄罗斯科研与科教创新人才"联邦系列纲要》，此纲要是俄罗斯国家创新纲要的系列纲要之一，是俄罗斯构建国家创新体系中在科教人才方面的重要法令。纲要主要改革国家高等教育和科学管理体制，促进国立科研机构和大学的资源组织整合，确保资金投入国家科研、科教人才培养系统，使国家科学和高教组织结构进行转化。系列创新纲要的实施，在很大程度上推动了俄罗斯高等教育跟上 21 世纪世界发展的节奏，并不断显现出明显的效果。

　　例如，在《教育与创新经济发展：2009—2012 年推进现代教育模式》纲要框架下，俄罗斯政府构建了联邦大学网和国家研究大学网，进一步实施创新纲要，培养高科技生产人才，共支持了 320 个初等、中等职业教育机构实施 340 个创新大纲，在国家重点大学安装现代研究实验室，投资 900 亿卢布。①

　　再如，在《俄罗斯科研和科教创新人才》纲要框架下，2010 年全俄有 5.7 万高科技人才参与到科学研究中（占俄罗斯科研工作者的 15% 强），其中，4.15 万人是年轻学者和大学生，3.8 万人是高等学校的专家。② 2009—2011 年组织了两轮国家研究型大学的竞选；2010 年中旬，有 29 个国家研究型大学实施创新教学大纲，并得到了财政支持。为发展国家研究型大学，政府从 2009 年开始划拨 84.2 亿卢布，用以发展国家创新体系的基本设施、推进研究成果的商业化。截至 2011 年 5 月，俄罗斯有 58 个工业园区，63 个创新和技术中心，企业孵化器 80 个和 86 个技术转移中心。③

　　还有，依据国家颁布的高校协同创新政策，联邦预算用于科学研究试验设计及技术活动的总数额 2011 年比 2006 年增加 3 倍，约达 280 亿卢布。增长的不仅仅是高校中科学研究的财政数量，而且大学支出费用比例从 20% 增加到 40%。④ 为发展高科技行业，2012 年，教育科学部遴选的

① Минобрнауки：*Об итогах деятельности Министерства образования и науки РФ за 2010 г. и задачах на 2011 г.*，2011 年 3 月 19 日，见 http：//www.almavest.ru/ru/russia/2011/05/11/207.

② *О поддержке научных исследований и инновационной инфраструктуры вузов*，2011 年 7 月 25 日，见 http：//www.almavest.ru/ru/russia/2011/07/25/231.

③ Минобрнауки：*Об итогах деятельности Министерства образования и науки РФ за 2010 г. и задачах на 2011 г.*，2011 年 3 月 19 日，见 http：//www.almavest.ru/ru/russia/2011/05/11/207.

④ *О поддержке научных исследований и инновационной инфраструктуры вузов*，2011 年 7 月 25 日，见 http：//www.almavest.ru/ru/russia/2011/07/25/231.

3017 个科研项目，几乎涉及所有科学领域。其中 353 项知识产权获得保护或提出专利申请。截至 2012 年 6 月，在国家支持高校构建创新基础设施竞赛中获胜的大学已创建了 851 个经济实体，这些经济实体进行的创新项目合作达 1100 余个。①

　　近十年来，俄罗斯不断加强对高等教育创优工程的财政投入，从联邦财政的角度拨出数量不等的资金，对通过校际间教育质量及各种指标体系竞争性评比脱颖而出的高校予以奖励，以此促进高等学校整体实力和国际竞争力的大幅提升。

---

① 　Минобрнауки：*Об итогах деятельности Министерства образования и науки РФ за 2010 г. и задачах на 2011 г.*，2011 年 3 月 19 日，见 http：//www.almavest.ru/ru/russia/2011/05/11/207/ .

第七章 俄罗斯的职业教育

俄罗斯的职业教育历史悠久，形成于 18 世纪初，在国家近代化和现代化进程中发挥了重要作用，是其国民教育体系的重要组成部分。苏联时期形成了完备的职业教育体系，包括培养各级各类工人的职业技术教育，以及培养高一层次中级技术人员的中等专业教育。两类教育各自有着明确的培养目标、专业设置和教学内容，甚至教学组织形式也有所不同。苏联解体以后，俄罗斯职业教育体系发生了较大的变化。

一、职业教育的目标及机构类型

因循终身教育理念，20 世纪 90 年代起，俄罗斯把中等普通教育之后的各种正规教育归类为"公民为获得职业所接受的教育"，一并归入职业教育版块。根据 2013 版《联邦教育法》，职业教育板块包括中等职业教育和三个层级的高等教育共 4 部分。鉴于高等教育单列一章进行论述，本章仅讨论初等和中等职业教育。

（一）关于初等职业教育

俄罗斯初等职业教育体系有相当长的发展历史，苏联时期称作"职业技术教育"。20 世纪 70—80 年代苏联职业技术教育体系培养的技术工人在世界上被认为是最好的技术工人。

与其他教育层次不同，对初等职业教育投入与发展一直由国家全面负责，政府既在教育发展目标上做主导，又承担一定的社会职能，即对学生提供一系列社会支持，包括免费的食宿、奖学金、免费服装，以及安排就业分配。这成为苏联初等职业教育的一个传统，并被俄罗斯联邦延续。这也使得俄罗斯初等教育层次在生源构成上特点明显：其75%的学生来自于生活保障不利家庭，或者不完整家庭；80%以上的学生家庭收入都低于社会平均生活水平；6%的学生入学动机是学校提供免费的饮食。①

俄罗斯的初等职业教育主要由两类学校提供：第一类为职业学校（职业技术学校，即 училище），这是传统的初等职业学校形式；第二类是近年来形成的新型的初等职业学校，即职业性实科学校（лицей）。二者的区别在于：实科学校提供更高层次的培养，甚至可以实施中等职业教育，主要培养高水平的技术工人。目前初等职业学校中，第一类学校大约占总数的2/3，还有部分初等职业学校向技校（техникум）方向发展，主要表现形式是学生学习年限延长，一般为3—4年。

初等职业教育阶段的学习时间取决于学生入学时的受教育程度，9年级毕业后入学要学习2—3年，11年级毕业后入学一般学习1—2年。实际上，此类学校的生源以9年级毕业生为主，基本占75%，还有近10%的学生的教育层次低于9年级。初等职业教育在俄罗斯属于义务教育，入学基本不存在竞争。

初等职业教育的教学内容以实践课为主，不同专业的实践课占总课时的50%至70%，远远超过理论课的比例。20世纪80年代后期，初等职业技术学校设置的职业培养方向有1400多种，包括冶金工人、建筑师、矿工、自动化生产线操作工等。1999年俄罗斯联邦制定了第一代《初等职业教育标准》，根据这一标准对职业名录进行整合之后，调整为280个职业方向。从职业结构来看，现在的初等职业教育体系与苏联时期正好相反，为工业部门和服务行业培养工人的比例已经变成80：20，而且出现

---

① 陆南泉等：《苏东剧变之后：对119个问题的思考》，新华出版社2012年版，第399页。

了一些社会所需的新职业种类，可以培养小商业经营者、生态工作者、工艺品艺术设计师等。

社会转型以后，初等职业教育在俄罗斯面临明显的生存危机，20 世纪末期，职业技术教育体系有 4114 所初等职业学校，到 2006 年时，已经减少到 3100 所，学校数量以及学生数量的减少一方面是受人口减少影响；另一方面，初等职业教育的教学内容老化、教学水平低、生源质量差、吸引力下降等也是重要原因。初等职业教育的学生与人口数量的比例就很能说明这一问题，1990 年每万人口中有 126 名初等职业学校学生，2000 年为 115 人，2006 年为 99 人。①

在 2013 版《教育法》中，俄罗斯初等职业教育被取缔，正式并入中等职业教育体系当中。

（二）关于中等职业教育

中等职业教育在俄罗斯职业教育体系中占有重要位置。中等职业教育学校主要负责培养中级技术人员，满足个人在普通教育基础上加深和扩充知识面的需要。9 年制基础教育学校或初等职业学校毕业生学制 2—3 年，完全中等教育学校的毕业生学制 1—2 年。在教学上，主要以理论教学为主，其教学时间超过总学时的 60%，实践培养以实验—实践课业的形式进行。

中等职业教育在俄罗斯职业教育体系内又包括基础和提高两个层次：基础层次的中等职业教育主要在中等职业技术学校和中等专业学校实施（统称为中等技术学校（техникум））；提高层次的中等职业教育主要在技术专科学校（或称技术中学）和高等专科学校实施（колледж），技术专科学校和高等专科学校统称为高等职业学校。

技术专科学校（технический лицей）主要负责培养高级技师和技术

---

① Педсовет：*Начальное профессиональное образование в России*，2008 年 5 月 24 日，见 http：//pedsovet.org/component/option，com_mtree/task，viewlink/link_id，5425/Itemid，118/.

员，它是在苏联时期水平较高的中等职业教育机构的基础上建立起来的，与原来的中等专业学校属同一层次。对于基础教育学校（初中）毕业生的学习年限是 5 年，对于完全中等教育和中等职业技术学校毕业生而言是 2—3 年学制。

高等专科学校（колледж）是建立在原苏联中等专业学校的基础上的新型学校，总学制为 4 年 10 个月（相当于 9 个学期）。其整个培养过程划分为三个层级，第一级培养 2—4 级的熟练工人，学习 3 个学期，招收基础教育或完全中等教育学校毕业生；第二级培养 5—6 级高级熟练工人和技术员，学习期限为第 4—6 个学期，招收上一级水平毕业生及中等职业学校、技术学校毕业生；第三级（第 7—9 学期）培养工程师，招收上一级优秀毕业生，以及日课、夜课、函授等中等专业学校毕业生，学习相当于大学一、二年级的课程，以及本专业的知识和技能。毕业生还可无须考试直接进入大学或学院的第一层次即不完全高等教育阶段。

俄罗斯的中等职业教育相当于联合国教科文组织统计局制定的《国际教育标准分类法》中高等教育第 5 级中的 5B，也就是相当于中国的高职教育。俄罗斯每年基本有 11% 的基础学校（普通学校 9 年级即初中）和 23% 完全中学（普通学校 11 年级即高中）的毕业生进入中等职业学校。根据入学层次的不同，学制为 2—5 年。中等职业教育以不同的形式实行，包括面授、面授—函授（夜校），函授等形式。在完全中等教育的基础上接受中等职业教育学习期限为 2—3 年，函授形式比面授形式延长 1 年，以初中毕业为起点接受中等职业教育要比以高中毕业为起点的学制多 1 年。中等职业学校在竞争基础上录取学生，2002 年技校（техникум）入学竞争（公费生）比例为 1.75∶1，其中面授形式的入学竞争比例为 1.85∶1。①

俄罗斯中等职业教育的一个重要特点是不断加强各职业教育机构间的合作与联系，其中既包括中等职业教育机构之间的合作，也包括中等职

---

① 陆南泉等：《苏东剧变之后：对 119 个问题的思考》，新华出版社 2012 年版，第 401 页。

业教育机构与高等职业教育机构间的合作与联系。近年来，平均每年有
10 所中等职业教育机构并入高等职业教育机构。

2008—2009 学年，全国共有国立中等职业教育机构 2535 所（其中
专科学校 1280 所），在校学生 213.61 万人（其中专科学校在校生 107.56
万人）；非国立中等职业学校 249 所（其中专科学校 133 所），在校学生
10.8 万人；国立中等职业教育机构专兼职教师与工程技术师资共 19.37 万
人，非国立中等职业教育机构教师与工程技术师资共有 11029 人。[①] 根据
2018—2019 学年的数据，全国共有 3659 所中等职业教育机构，在校学生
总数为 300.8 人，其中职业技术工种 54.2 万人；中等专业技术人员 246.4
万人；中等职业教育学校教师总数为 13.9 万人（不包括兼职教师）；每万
人口中，有 37 名中等职业教育学校学生是未来的职业技术工人，有 168
名中等职业教育学校学生是未来的中等专业技术人员。[②]

二、职业教育的内容

中等职业教育国家教育标准的主要任务是确保中等职业教育水平和
教育质量，保障教育机构在形式多样、灵活的教育内容以及教育过程的组
织中保持各自的学术自由。确保各教育机构遵守俄罗斯统一教育空间的规
则，检查各教育机构的教育成果。

中等职业教育的人才培养过程中，理论培养占据主导地位，占总学
时数的 60% 以上，理论知识具有概括性，基本上具有一般职业知识的特
点，这样学生可以从一组专业转到另一组专业中，实践性培养以实验室实
践课程形式进行。

进入 21 世纪后，俄联邦教育部于 2002 年下令实施新一代《中等职

[①] Образование в Российской Федерации：2010，М.：НИУ ВШЭ，2010，第 301、150、
151 页。

[②] Боровская Н.В.，Гохберг Л.М. & Кузнецова О.К.，*Образование в цифрах：2019：
краткий статистический сборник*，М.：НИУ ВШЭ，2019：144.

业教育国家标准》，新一代的教育标准在内容多元化、人文化的基础之上，适应科学技术发展的最新要求，同时也考虑教育服务市场和教育本身的需求。该国家标准为俄罗斯职业教育的进一步发展、为职业教育机构培养人才的质量提供了新的参照。该国家标准主要包括具体专业教学大纲最低内容的限定、学生学习负担最高限量以及应达到的教学水平。2003 年联邦教育部颁布更新了专业目录，这份专业目录由 28 个专业群构成，每个专业群下设若干个培养方向，每个培养方向又分为若干个专业，而且在把专业总数压缩到 255 个的同时，新增了信息安全类的专业群和面向服务性行业的专业群。① 其中服务性行业和技术性行业成为近年来的热门专业，经济、法律类专业发展最快，农业专业招生比例下降。这次专业目录调整使中等职业教育的人才培养更加符合劳动力市场的需求。在培养过程中，理论课程多于实践课程，理论课程主要以职业性质为主，其教学时间超过总学时的 60%。理论课程的设置上大量增加通识教育内容，通识课程随着年级的增加而逐渐减少，专业课程逐年增加。

三、职业教育的政策保障

进入 21 世纪以来，受国内外社会经济形式的影响，尤其是欧洲教育一体化进程的影响，俄罗斯职业教育体系一直处于调整和改革状态，联邦政府不断加强宏观政策的引导，为职业教育有序高效发展提供政策保障。

（一）新世纪之初的政策支持

俄罗斯联邦政府制定的"中等职业教育优先发展的政策"长期以来并没有从资金投入角度得到落实，国家每年对于中等教育投入的增长部分实际上仅可以填补通货膨胀导致的开支增长部分。直到 2006 年联邦总统

---

① Общероссийский классификатор специальностей по образованию，2004 年 10 月 26 日，见 .http：//www.ed.gov.ru/prof — edu/sred/rub/okso.doc.

委员会对于这一政策提出了具体的建议，要改变俄罗斯职业教育的"追赶型发展"的模式，使俄罗斯的职业教育与世界发达国家职业教育具有同样的竞争力。为此，提出一系列政治、社会经济和教育措施，这些措施确定了职业教育领域的政策，其中包括职业教育要保证完全满足公民、国家、社会经济发展的需求，以及劳动力市场对培养高水平专业人员的需求，不断提高专业人员职业水平和职业流动性。

2006 年底，优先发展中等职业教育被纳入到《优先发展规划》，俄罗斯联邦政府发布《国家为国立学校培养高科技生产（所需）工人和专业人员提供支持的措施》指出：根据"2007 年联邦预算法"第 60 条规定，2007 年将在竞争性选拔的基础上，挑选部分实施创新性教学计划的中等职业学校，其目的是通过向被选拔学校提供国家预算内资金，使学校有条件购置现代化的教学实验仪器、教学生产设备，保证学校实行创新性教育计划，从而能够培养高科技生产所需的工人和专业人员。2007 年俄罗斯开展了"实行创新性教学计划的中等职业学校竞赛"，该项竞赛实质上是对国立中等职业学校的国家预算内资金划拨方式的变体，获胜学校获得的资金投入数量超过对学校的年度预算投资。从该项竞赛的选拔要求来看，鼓励学校进行教育创新并与企业界展开合作已成为俄罗斯职业教育发展的重要取向。

但与此同时，俄罗斯各级职业教育发展的问题同样明显：高等职业教育迅速发展，初等职业教育处境艰难，大量的高校毕业生无法就业，劳动力市场对中等专业人员和技术工人需求旺盛，职业教育供给与需求失衡。针对这样的情况，2008 年 12 月，俄罗斯总统梅德韦杰夫就已提出"今天的职业教育应当充分考虑 21 世纪劳动力市场的需求"。2010 年 8 月，总统再次召开会议，专门讨论职业教育发展问题。进入新世纪的第二个 10 年后，又陆续出台职业教育发展的专项纲要。职业教育作为俄罗斯的优先发展领域的定位由此可见一斑。

（二）职业教育最新的目标纲要

建立现代化、有效的中等职业教育体系一直是俄罗斯联邦教育部在中等职业教育方面的主要任务。教育科学部于 2015 年 3 月颁发了 2015—2020 年完善中等职业教育体系的综合措施。围绕这一系列措施，俄罗斯在改革中等职业教育的主要工作内容为：完善中等职业教育的内容；完善地方职业教育体系，包括完善培养工人干部的基础设施；发展竞赛和奥林匹克竞赛运动；促进职业教育国际化；更新教育科学领域的职业标准；执行俄罗斯联邦总统的 5 月法令；监测毕业生的培训和就业质量；对教育工作者进行鉴定；完善教师资格证明，等等。这些工作都被纳入联邦教育科学部的职责范围之中。随后，在 2017 年俄罗斯颁布的《联邦教育发展 2018—2025 国家纲要》中，职业教育领域单独作为优先发展项目，进一步得以加强。

具体而言，首先包括"俄罗斯联邦现代数字化教学环境"项目，项目具体实施期限为 2018—2025 年，目标为 2018 年为公民提供连续、系统的数字教育空间，并且扩大数字化教学环境的使用与制备；至 2025 年，使用在线学习的学生数量应达 110 万人。

其次，改进和发展"高水平国防工业技术人才的综合培养体系"：期限为 2018—2020 年，目标为建立完整的国防工业技术人才培养体系，改进人才培养模式；在中等职业教育机构和高等教育机构培养的国防工业技术人才的数量在 2018—2020 年的三年中，每年达到 3000 人的规模。

第三，包括"掌握现代前沿技术的高水平人才培养"优先项目：期限为 2016—2021 年，目标为建立有竞争力的中等职业技术教育体系，保障现代高水平技术人员的培养，至 2025 年，培养掌握现代前沿技术的高水平人才数量应达到 5 万人。

第四，实施中等职业教育领域的"教育教学计划"：期限为 2018—2020 年，目标为保证中等职业技术教育机构的老师和教职人员的收入稳步提升；增加职业技术教育机构的学生和教师数量。

第五，"发展俄罗斯教育的出口潜力"优先发展项目：期限为 2016—

2025 年，目标为提高俄罗斯在国家教育市场中的吸引力，在职业技术领域和高等教育领域扩大来俄留学生数量；截止至 2020 年来俄留学生数量应达 31 万人，其中获得国家政府奖学金资助的留学生数量应达 1.5 万人。

第六，"职业教育员工组成的社会支持"活动：目标为加强对于俄联邦农村地区和俄联邦最北部地区教育机构汇总教育工作者的生活保障和薪酬补偿。

由此可见，在这项最新的教育纲要中，国家重视职业教育、力求通过职业教育实现规模性发展乃至促进国家教育国际化规模，已然成为近期国家教育战略的重要内容。

四、职业教育发展与改革的主要特征

自 2006 年开始，俄罗斯开始实行旨在改善民生的《优先发展规划》，优先发展中等职业教育的发展战略被纳入其中，从教育政策和教育管理与投资角度对中等职业教育的优先发展予以支持。

（一）职业教育管理的去集权化和区域化

苏联时期的职业学校分属于不同的行业主管部门管理，职业教育体系首先定位于满足各行业，个别大型企业的人才需求，对于行政区域的社会经济发展关注不够。随着市场经济体制的形成，关注地区社会经济发展的需要，并满足地区经济发展对人才的需求，成为职业教育管理改革的主要方向。2004 年 2 月俄罗斯颁布的修订版《联邦教育法》专门突出了职业教育体系是"在多民族国家，保护和发展民族文化，区域文化传统和特色"的职能。

从 2005 年 1 月 1 日开始，40% 的中等教育机构交由联邦主体所有，其余的保留在联邦层次，但大部分的中等职业教育仍由行业性部门管理。从教育管理的去集权化趋势出发来预测，大部分中等职业学校（甚至全部）都将会交给联邦主体。在职业教育的所属关系方面也出现了新的变化，即不仅将学校管理权交给联邦主体，而且部分中等职业学校的管理会进一步下放交由市政一级管理，从而使约有 10% 的中等职业学校的管理权在市政一级的比例不断加大。在下放学校管理权限的同时，联邦级教育主管部门先后三次制定不同层次教育的教育标准，以此举作为俄罗斯统一教育空间的主要举措。

（二）职业学校投资和所有权形式的多样化

20 世纪 30 年代以后，由于政府制定了一些专门的政策，苏联的初等和中等职业学校长期以来一直保留着国家所有制形式，并由国家预算投资予以保证。俄罗斯独立之后，这个传统从最初的完全保留到随后开始不断地调整向市场化转向。2011 年《2010 年前俄罗斯教育现代化构想》所制定的"中等职业教育优先发展"的任务要求审视职业教育体系的传统组织形式，并要求形成民主化的国家社会共管模式，使职业教育体系有机融入市场关系中，并对劳动力市场的发展变化作出灵活反应，对于需求专业结构，以及社会中主导的社会文化发展方向作出反应。

在《2010 年前俄罗斯教育现代化构想》实施之后，在中等职业教育体系中，预算投入比例由 61% 减少到 20%，其余不足部分由有偿教育服务收取的费用来补充，这一部分资金主要来源于学生的学费。这样，在中等职业教育体系中，付费学生的录取比例大大增长，为公费学生的 65%。中等职业学校付费生占据所有有偿接受教育的居民总数的 28%。[①]

（三）职业教育发展的一体化

职业教育管理地方化的实质是学校的教学开始关注地方需要，关注地区利益，使学校成为地方社会经济综合体的有机组成，因此，中等职业教育发展的一个重要方向是"职业教育与生产的一体化"，具体措施有：建立职业学校与企业合作的教学科研综合体，这是中等职业学校谋求进一

---

① 陆南泉等：《苏东剧变之后：对 119 个问题的思考》，新华出版社 2012 年版，第 404 页。

步发展的方式，主要表现为创办企业学校；各层次职业教育的一体化，以保证中等和高等职业教育的纵向延伸（垂直）的灵活性，实现教育计划的连续性，提高资源使用的合理性和有效性；建立地区学校、教学科研和教学生产综合体，即将不同类型的学校，普通学校、职业技术学校、中专、学院和大学以及生产和科学组织联合起来，这是更大规模的职业学校一体化形式。职业教育的一体化可以保证集中财力及人力资源发展职业教育的发展。

职业教育的一体化主要表现为，出现了一些新型的职业学校类型，比如 1/3 的初等职业学校已经转变为职业实科学校，这类学校的教育计划整合了初等和中等职业教育内容；部分中等职业学校转变为学院，在学院的第二教学阶段开展高等职业教育，这种变化趋势是实现连续职业教育的前奏。职业教育一体化在实践中的另一种表现为学校合并，近年来，俄罗斯初等职业学校数量减少，在很大程度上是由学校合并引发的。

尽管一体化的过程以不同形式实现，但其最终目的是更加合理地构建地区性、多层次的教育体系，这是职业教育尤其是初等和中等职业教育求得进一步发展的选择。

（四）职业教育结构多级化

职业教育的结构性改革主要体现为引入应用型技术学士的体系，也就是在中等培养学士并保证授予高等教育证书，应用型学士以中等职业教育计划为基础，将实践性学习与高等教育特有的理论学习相结合。这一想法由俄罗斯工业—企业家协会提出，以保证向处境不利的居民提供获得与大学文凭具有竞争可能的教育。应用型学士本身是一个新概念，俄罗斯法律对此尚没有明确表述，仅仅是在 2009 年 8 月 19 日出台的政府命令《关于在中等和高等职业学校中创建应用型学士的实验》中出现。其中阐明，应用型学士属于高等教育层次，所实施的基本计划是高等职业的基本实验计划，可以由中等职业学校与高等职业学校合作施行，或者由高等职业教育独立实施。应用学士计划应当保证学士计划特有的职业理论培养，以及中等职业教育计划特有的职业实践培养。2009 年 10 月 16 日俄罗斯教育科学部发布第 423 号命令《关于落实政府 2009 年 8 月 19 日第 667 号命令》，2010 年 5 月又发布第 463 号命令《关于确定联邦中等和高等职业教育学校名单暨联邦范围内参加在中等和高等职业教育学校中建立应用型学士实验的中等和高等职业学校优胜者名单》。由于这项实验开展时间不长，适合与否、成功与否还远不能过早下结论，但有一点可以推测，这项实验的设计理念应该在很大程度和很多方面影响俄罗斯职业教育发展的未来。

职业教育社会转型之后，俄罗斯职业教育体系经历了重大调整，高等教育被纳入职业教育体系，加之大学后职业教育和补充职业教育，俄罗斯建立了连续的大职业教育体系，各级职业教育相互沟通，衔接有序。职业教育体系的结构性改革，不仅使中等职业教育领域出现了学院，而且高等职业教育领域也有少量的学院出现，且每一阶段教学的计划都具有足够的伸缩性。以中等职业教育阶段为例，中等职业学校在提供中等职业教育的同时，也向上提供高等教育的初级阶段服务，整个职业教育形成了一个连续的、相互沟通的体系，为学生的进一步发展创造了很好的制度环境。

建立连续职业教育体系在俄罗斯是一种实践性尝试，更是一种职业教育的发展理念。连续职业教育的理论研究与实践旨在培养一种新的职业观。因此，连续职业教育的理念不仅关系到职业教育体系的改革，也会影响从学前阶段到高等后教育的各级各类教育。

第八章　俄罗斯的师范教育

俄罗斯的师范教育历史悠久，在整个国民教育体系中是一个独特的存在，国家重视国民教育的传统在重视师范教育的发展上体现明显。苏联时期的师范教育网络十分发达，师范院校数量多、功能强、布局广、层级全，为苏联全境培养了大批中小学教师，使国家基础教育水平保证在比较统一的较高质量水平。苏联解体后，俄罗斯在继承传统的基础上，继续打造适应新世纪发展需求的连续师范教育体系。

一、师范教育的层次结构

从范畴上看，俄罗斯连续师范教育体系是指由中等、高等和高等后师范教育之间相互衔接的教师职业大纲共同构成的总和体系，包括中等、高等和高等后师范教育机构，各类学校之间的协作网，国家及地方的师范教育行政管理机构，师资进修及再培训机构（即补充师范教育机构）等组成部分。从功能上看，俄罗斯连续师范教育体系具有教学—科研—师范教育一体化的特征。[①]

从未来教师的培养类型上看，俄罗斯多层次师范教育可划分为三个

---

① 肖甦：《世纪之交的俄罗斯师范教育改革——打造连续师范教育的完整体系》，《比较教育研究》2003 年第 4 期，第 38 页。

层次：

第一层次：主要培养 9 年制普通学校教师，招收中学应届毕业生，修业年限为 3 年。毕业生有权讲授所学的专业。授予毕业生相当于 9 年制学校水平的第二阶段的基础教育教师证书（不完全基础高等教育）。

第二层次：是在前一层次基础上的继续学习，主要负责培养高中教师，修业年限为两年，有权讲授所学专业。这个层次强调提高大学生的基础知识和一般文化修养，授予毕业生学士学位（基础高等教育）。

第三层次：是在第二层次基础上的继续学习，修业年限为 1—2 年，培养目标是高中、私立学校、中等专科学校、古典中学和专业学校教师及大学助教。授予毕业生教师—研究者专门技能证书。第三层次中可以确定职业—研究方向，进行硕士学位论文答辩。

从教育水平结构的连续性上看，俄罗斯连续师范教育体系包含中等师范教育、高等师范教育、高等后师范教育及补充师范教育。其主要教育机构的性质与类别、不同层级修业年限及相应学位证书等内容详见以下图示（该图根据俄罗斯师范教育的相关政策及培养标准自行整理而成）。

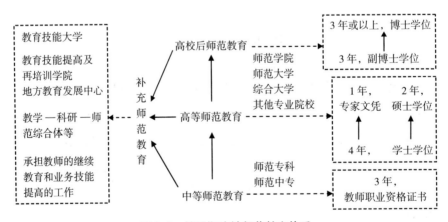

图 8-1　俄罗斯连续师范教育体系

中等师范教育是苏联时期培养初等教育机构教师的重要环节。随着时代的发展，国民整体受教育程度的普遍提高，新时期的俄罗斯师范教育也朝着高学历水平发展，中等师范教育规模逐渐萎缩，只在农村和边疆地区还有少数的中等师范教育机构,为小学、幼儿园培养师资。

师范专科学校是苏联解体后出现的新类型学校,多由师范学校升格而来,比中师稍高,比师范本科略低,学业年限上比前者多 1—1.5 年,比后者少 1.5—2 年不等,在俄罗斯多级高教体制中应属第一级教育层次(在我国相当于大专),但在连续师范教育体系中被划归为中等师范机构。这种师专的毕业生可以享受一定的优惠条件升入高等师范院校完成高等教育学历。

1992 年 3 月,俄联邦通过《关于在俄罗斯联邦建立多层次的高等教育结构的决议》,开始实施高等学校多级结构改革。高等师范教育体系变为由不完全高等教育、基础高等教育和完全高等教育共三个层次组成。第一阶段是不完全高等教育,授予毕业生基础教育教师证书,有资格在 9 年一贯制学校任教。第二阶段属于基础高等教育,毕业生获得学士学位,有资格在各种中等专业学校任教。第三阶段属于完全高等教育,是在学士学位基础上培养教师—研究者,毕业生有资格任高中、私立学校、中专、古典中学和专业学校及大学助教。

2007 年 5 月,俄罗斯国家杜马通过《关于引入两级高等教育体制的法律草案》,从法律层面上正式确定高等教育实施学士—硕士两级结构。由此,俄罗斯多层次的高等师范教育体系逐渐向两级师范教育体制转变。第一级为 4 年制本科阶段,毕业后获得学士学位;第二级为 2 年制硕士阶段或 1 年制专家文凭教育阶段。培养模式包括 4+2 模式与 4+1 模式两种类型:4+2 模式培养师范硕士,教育领域的科研人才;4+1 模式培养高等师范职业专门人才。

俄罗斯的高校后师范教育指高等师范教育本科及硕士阶段之后的研究生教育,包括副博士研究生阶段和博士研究生阶段。俄罗斯的副博士学位与我国和欧美的博士学位是等价的。而俄罗斯特有的博士学位是比副博士高一级的学位,在世界其他国家几乎没有对应的等级。

俄罗斯的副博士培养模式有两种:一种是 5+3 模式,即招收 5 年制本科的毕业生,修业 3 年,通过基本课程考试后撰写论文,通过论文答辩取得副博士学位。俄罗斯开始实施高等学校多级结构的改革以后，高校后学位教育的形式也随之发生变化，除原来唯一的 5＋3 模式外，还增加了 4＋2＋3 模式，即 4 年本科＋2 年硕士＋3 年副博士教育学段。随着公民接受高等教育的普及率不断提升，在教育机构的从教资格也相应提升。新世纪以来，毕业能够进入高等教育机构任教的，一般都需要拥有副博士学位，而拥有博士学位，原则上是晋升教授的必要条件。根据莫斯科国立师范大学的一项数据，全校在读学生 2 万余人，约 2000 名教师，其中拥有副博士学位或博士学位者超过三分之二。①

补充师范教育系统，是指各类教育机构对教师实施职后培训及职业转型培训的工作领域。也就是说，从体系上看，以前相对独立（属各级教育管理部门）的教师培训进修机构，被明确划归为补充教育机构，成为补充师范教育，从而成为连续师范教育体系的有机组成部分。

二、师范教育的培养目标

俄罗斯联邦在发展教育方面继承了苏联的良好传统，坚持将国民教育置于国家优先发展的地位。叶利钦时代无论是其出任俄罗斯首任总统后签发的第 1 号总统令就是《关于俄罗斯苏维埃社会主义联邦共和国教育发展的紧急措施》，还是 1992 年、1996 年两度颁布的《联邦教育法》都始终强调"必须确保教育领域发展的优先地位"。同时，保证教师地位、提高教育工作者待遇、加强教师培养也一直是当时众多法律文件中反复提及的内容。

苏联解体后，俄罗斯整体上延续苏联时期的教育体制，在师范教育领域仍将统一的连续师范教育体系作为涵盖各级各类教育的完整系统，但是在发展的过程中增加了新的理念。首先，在实施主体上由高度集权的国

---

① 朱小蔓、[俄] H.E. 鲍列夫斯卡娅、[俄] B.П. 鲍利辛柯夫：《20—21 世纪之交中俄教育改革比较》，教育科学出版社 2006 年版，第 403 页。

家管理转为以社会和个人需求为调解杠杆的、推崇民主化、人道化、个性化原则和创新精神的教育；其次，增加各种师范教育形式、实施多级师范教育、增设非师范专业、师范教育国家标准下教育内容的可选择性、师范生就业和求职渠道多样等等，这都不同程度地反映了俄罗斯试图建立一个更为完整、开放的连续师范教育体系。而世纪之交的师范教育改革是从教育目标的调整开始的。

1992 年，师范教育个性化构想在全俄教育管理机关领导会议上被首次提出。这一构想实质上是力图改变以往主要把教师的培养目标定位于培养熟练掌握学科教学技能师资的做法，解决未来教师在掌握学习活动与形成个人自主教育观点之间存在的矛盾。之前的师范教育模式是"掌握好你的科目，把它讲清楚"，新模式要求"掌握好教学方法论，要严格遵守并灵活运用它"。显然，新模式新在提倡以自身掌握的教育方法论和教育手段为依托，强调实现个性的自我发展、自我实现，讲授课程不是最终目的，只是未来教师个性发展的手段；未来教师个人教育观点的形成可以通过自己选择的受教育方式来实现，并在这个过程中协调好自我教育、反思学习、与老师、同学的讨论以及进行协同研究工作等各项活动。

进入新世纪以来，教育的民主化、人道化、人文化思想在师范教育领域中得以进一步地推行和体现，这实际上是教师培养的外在模式和内在规格向个性化要求转变的过程，是将传统的范例教学向个性倾向性教育转化的过程，是使处于"回答者"地位、仅仅是教育作用客体的学生向完成其自我发展、自我实现的"学习者与反思者"教学转化的过程。这一综合过程的实现要求必须更新教育内容、确立新的教育标准、研究并实际运用创新教育方法、为教育者实践其教育创造力提供实际条件。而强调师范教育的个性倾向性的观点，是要明确教育过程的中心任务是实现受教育者的个性发展和兴趣发展，从而培养出真正能够实现自身发展并促进学校发展的新型教师。

在 2011 年 11 月召开的全俄高等师范院校论坛上，俄罗斯联邦教育科学部部长安德烈·富尔先科指出，教师教育的目标将发生变化。改革的基本原则是：教师要掌握更多方面的知识，具有教导学生获取和使用信息的能力。① 在教育现代化的背景下，考虑到现代世界积极发展的信息技术（电子教科书、远程教育、网络学校等），教师培养应该相应地增加新教学方法的内容。教师教育的新目标是培养能够教会学生正确寻找和使用数量巨大信息的未来教师，尤其要避免"让头脑还生活在上个世纪的教师们在今天的学校里给学生上课"。显然，随着时代的发展、教师形象的改变，教师教育的目标也必然随之更新。

在 2013 年颁布的《联邦教育发展纲 2013—2020》之子纲要中，提升师范与管理队伍的基本任务板块内的第十项任务是对教育系统师资队伍及教育管理人员进行再培养和技能提高的培训。任务主要包括通过专业技能考试作为获得进入初等中等和补充教育领域的教育机构工作的资格；创造条件保障教育工作者多渠道获得师范教育；研发与支持新型的师范教育见习与实习；充实应用型师范教育学士的教育内容等几个大方面。这表明，加强教师专业化培养与考核，加强师资队伍职前职后的教育实践技能的提高是俄罗斯近年来将师范教育发展落到实处的具体任务目标。

三、师范教育的课程设置

保证和提高师范教育质量是连续师范教育体系得以发展的根本条件，必须在奠基性、普及性、整合性、多样性、衔接性及实践性等原则的基础上推动师范教育内容的更新。提高师范教育质量，不仅包括各师范教育内容与结构的更新与完善（即未来教师的职前培训的质量提高），也包括各级教育机构在岗教师的职业技能提高（即教师职后的专业培训和社会适应性学习）。因此，师范教育的课程体系既必须以高等师范教育国家课程标准作为质量保证的统一性依据，也需要通过不同层级职前师范教育结构中的课程设置得以体现，同时，职后教师培训的课程设置也是不可或缺的组

---

① 俄罗斯教师教育新目标，据俄罗斯普通教育门户网，2011 年 11 月 25 日。

成部分。

（一）高等师范教育国家标准

实施标准化战略是俄罗斯教育改革的新生事物。1992 年颁布的《联邦教育法》中首次出现教育标准一词，1994 年 8 月，俄罗斯联邦政府批准颁布《高等职业教育国家教育标准》，为高等教育的质量管理提供了法律依据，为在全俄范围内保持和巩固统一的教育空间创造条件。

1. 制定与实施高等师范国家教育标准的基本原则

制定高等师范教育国家标准的工作主要由俄罗斯联邦教育部领导和协调。参与制定标准的成员包括专家、学者和俄罗斯重点师范大学的教师；师范专业的教学教法联合体（УMO）设在全俄师范最高学府——莫斯科国立师范大学（原国立列宁师范大学），绝大多数专业学术工作均由该校牵头。有关专家就制定标准的理论依据、指导原则、内容结构、分类方法等问题进行了大量研究和论证，最后形成的文字也是在相当范围内征求了大、中、小学教师和教育管理人员的意见之后确定的。

制定高等师范教育国家标准遵循的一个基本要求是：必须针对普通学校的教学教育活动制定，既要考虑到其教育内容变化的因素，又要顾及已开始实行的普通学校国家教育标准。因为在已经形成的基础教学计划和国家教育标准的概念性框架模式中，教育教学内容改革及整合的灵活机制体现在教育内容的三级建制上，即由联邦、地方和学校三个层次按一定比例规定教育内容。联邦级教育内容涵盖世界局势、欧洲和俄罗斯文化方面的内容，地方级的基础教学计划包括民族文化特性、地区社会经济问题等，学校级基础教学计划旨在满足学生的具体需求和教师的特长偏好，为学生的自我认识和自我发展创造条件。这种三段式结构构成的新的基础教育计划不仅是选择性教育的基础，也是俄罗斯联邦整体与各地区利益、学校与学生利益之间的平衡点，因此，高等师范教育国家标准的制定必须以此为出发点。

制定和实施高等师范教育国家标准是俄罗斯面向市场经济和国际教

育大环境实施教育改革的产物，它将各项标准都定位于个性的自我价值和社会价值，在教育内容上体现了固定与选择同时兼备的特点，既确定了联邦级对专家层次人才的要求和教育内容的最低限度，也规定了地区和高校级的标准，保证了统一与灵活性的有机结合。

2. 高等师范国家教育标准的内容构成与更新

2001 年，俄罗斯教育部颁布《俄罗斯 2001—2010 年连续教师教育体系发展纲要》，目的是确立师范教育作为教育领域优先发展的领域，更新师范教育内容，提高师范教育质量。2003 年，俄罗斯教育部出台《师范教育现代化纲要》作为前者的继续和补充，规定了教师职业培养结构的最优化及其组织的完善；完善教师培养的内容和形式；建立师范教育赖以更新的科学保障和教学方法保障等基本任务。[①] 在这两个《纲要》的框架下，俄罗斯不断完善师范教育的目标、标准、内容与形式，促进了师范教育的进一步发展。

2004 年颁行的俄罗斯《师范教育专业方向高等职业教育国家标准》突出了教师职业活动的综合性特点，除了一系列关于普通文化课、教育心理学以及具体课程知识和技能要求外，"还要求实现专业的综合化"。[②] 在 2011 年 11 月召开的全俄高等师范院校论坛上，时任俄罗斯联邦教育科学部部长安德烈·富尔先科指出，师范教育的目标将发生变化。改革的基本原则是：教师要掌握更多方面的知识，具有教导学生获取和使用信息的能力。[③] 在教育现代化的背景下，考虑到现代世界积极发展的信息技术（电子教科书、远程教育、网络学校等），教师培养应该相应地增加新教学方法的内容。师范教育的新目标是培养能够教会学生正确寻找和使用数量巨大信息的未来教师，尤其要避免"让头脑还生活在上个世纪的教师们在今天的学校里给学生上课"。显然，随着时代的发展，教师形象的改变，师

---

① 肖甦：《比较教师教育》，高等教育出版社 2008 年版，第 93 页。
② 杜岩岩：《教师教育国家标准的制定与实施》，《大学·研究与评价》2007 年第 2 期，第 88 页。
③ 俄罗斯师范教育新目标，据俄罗斯普通教育门户网，2011 年 11 月 25 日。

范教育的目标也必然随之更新。

经过 1995 年、2000 年、2005 年实行的三版《师范教育专业方向高等职业教育国家标准》的调整，俄罗斯高等师范教育课程内容发生了较大改变。1995 年 6 月俄联邦国家高等教育委员会颁布第一版《师范教育专业方向高等职业教育国家教育标准》，该《标准》对未来教师做了内容和水平方面的最低标准的要求，提出高等师范教育的目标就是教师一般的和职业方面的持续不断的发展。该文件将接受本科教育的未来教师所设置的课程分为 4 个类别，即普通文化课、医学—生物课、心理—教育课和专业课。若将医学—生物课与心理—教育课归为一类，则三类课时量的比例大致为 1∶1∶3。该文件还对各部分课程课时量的最低限度做了规定。

经过 2005 年第三版《师范教育专业方向高等职业教育国家教育标准》的调整，俄罗斯师范院校各专业课程设置基本上可分为人文和社会经济学科、普通数学和自然科学学科、公共职业课程、学科培训（专业）课程、补充专业学科课程和选修学科、教育教学实践等六大板块。每个板块的课程都包含三个层次的部分：俄罗斯联邦成分、民族—地区成分和学校成分。其中，前四类课程的比例约为 4∶1∶4∶12。人文和社会经济学科主要传授人文、社会经济和文化知识，旨在发展学生一般文化的世界观，提高受教育者的认识水平和思维能力视野；普通数学和自然科学学科主要传授从事本专业的基础理论知识和基本技能；公共职业课程（教育类学科课程）主要传授心理和教育学知识；学科培训（专业）课程定位于掌握必需的某专业学科教学课程材料、组织与所教该专业课程相适应的专业教育活动；补充专业学科课程侧重辅修学科方向，体现综合性、培养复合型人才。教育教学实践共计 20 周，从学生入学到毕业，安排连贯的教育见习和实习计划。[①]

第三代师范教育专业的国家教育标准的更新，其内容和结构进一步

---

① 杨宏：《中俄教师教育专业课程设置比较探究》，《黑龙江高教研究》2012 年第 2 期，第 81 页。

反映了最新科学成就和教学技术，为培养出符合现代社会需求的教师提供了基础。以 4 年制本科教育学方向的国家教育标准为例，该方向下设 20 个专业如社会教育学、学前教育管理、教育实践心理学等等，毕业生可从事六种类型的职业活动，分别是科研活动、组织—道德教育活动、矫正—发展活动、教学活动、文化—教育活动、咨询活动。该方向的基本教育大纲规定，一般人文和社会经济学科需修满 1500 学时，其中包括 1072 学时的联邦课程（外语、体育、国家史、文化学、政治学、法学、俄语和语言文化、社会学、哲学、经济学）、214 学时的国家—区域（校本）课程以及 214 学时的选修课程；一般数学和自然科学课程需修满 400 学时；一般职业课程需修满 3394 学时；专业培养课程需修满 1600 学时。

此外，4 年制本科教育学方向的国家教育标准还对高等教育机构实施基本教育大纲提出了 4 点要求：首先，应配备具有相关专业领域学历学位的高水平师资；其次，应配备高水平实践实验室以及网络信息和数据库资源；第三，应配备相应的物质和技术环境，以确保各种类型的教学活动的开展；最后，应为学生提供教学和科研的机会。

（二）多级师范教育结构的课程内容

俄罗斯高等教育层次结构改革最为显著的变化就是在传统的专家型人才培养体系基础上，增设了学士、硕士人才培养两个层次，实现了向多级层次结构的过渡。相应地，在组成其教育大纲的基本单位中，除了传统的结构单位——"专业"（специальность），还引入了新的结构单位——"学习方向"（направление обучения）。[1] 前者即是传统的专家培养，后者主要是学士、硕士的培养。俄罗斯师范教育课程的设置也是建立在此基础上，进行了适当的调整和改进。

1992 年 9 月 28 日，俄罗斯联邦科学、高等学校和技术政策部附属的

---

① Сенашенко В., Ткач Г., "О структуре современного высшего образования", *Высшее образование в России*, 2004 (4)：20-21.

高等学校委员会和俄罗斯教育部联合发布第 384/592 号决议，以人类的三个基本活动：劳动、科学和艺术为基础，将基础高等教育的文化教育类人才培养方向划分为六个大类：自然知识、人文知识、社会经济知识、职业教学、教育学、艺术。自然知识方向的专业包括：数学、物理、化学、地理学、生物学、信息学、生态学等；人文知识方向类的专业包括：俄语、文学、外语、历史；社会经济知识方向的专业包括：历史、社会经济知识、法律、学校管理；职业培训方向的专业包括：工程技术专业；艺术方向的专业包括：音乐、造型艺术；教育学方向专业包括：学前教育、初等教育、中等教育、社会教育学、比较教育学、专业心理学、体育学。按照这种方式划分的专业已经在俄罗斯高校中得到广泛设置，并且在实践过程中根据需要进行了一些调整和补充。

需要指出的是，从传统的培养单一型专家的培养方式向大容量的学科方向的转换，不是一对一的取代性变更，而是将更新教育内容的战略性目标和人才培养规格的现实需要及现有的条件有效地协调起来，客观、合理地确定每个学科方向包含的具体专业知识。每一学科方向都由数个专业（传统意义上的专业）组成，这就避免了将科学知识割裂为几门不相干的教学课程，克服了教师和学生思维的片断性，为学生形成完整的创造性世界观提供了有利条件。

1993 年，俄罗斯联邦教育部以改革传统的单一结构的师资培训为目的，开始探讨制定师范教育学科新的专业目录这一重大工程。全国 78 所师范院校、许多教学教法联合体学术委员会、一些专业研究机构，以及设在莫斯科列宁师范大学的全国师范教育教学教法联合体都提出了建议并参与了分析讨论。

作为标准性文件的专业目录，应该反映社会对人才培养的需求，并在制定高等教育的职业教育大纲中具有奠基性作用。一定职业类别中的专业属性规定了基础培训的内容和性质，并在该职业组别中具有职业培训的普遍性意义。以教育类专业为例，生物医学和教育心理学应该是该类职业的基本培训内容，而其他职业类别的专业目录则选择另外的内容作为其职业的基本培训内容。显然，根据职业特征确立各专业组别是制定不同专业目录的基础，这就保证了各专业组别都有统一的基础职业培训，同时也为该类专门人才在本职业组别范围内的流动提供了可能。

1994 年，俄罗斯一些师范大学按照这种新的学科划分模式进行多级结构体制转轨的实验，即按照六大学科方向培养师资，对实验的分析评估工作也同时进行。根据俄罗斯高等教育委员会颁布的第 180 号令："高等职业教育国家标准，高等职业教育的培养方向和专业分类"，高等师范专业目录也包括在其中，共 42 个专业，大致可分为两类：普通教育机构中的基础科学课程（物理、数学、生物等）；被列入各种类型普通教育机构教学计划中的新科目（法学、文化学、心理学、经济学等）。变更专业结构的目的在于加强基础高等教育，即公共基础教育，强调师范教育的基础性和通用性，与人才培养规格的改革相呼应。

为更符合现代观念，个别过窄的专业更换了名称，如"劳动专业"改为"工艺学与企业活动专业"。除一些基本教师资格专业（物理教师、地理教师、小学教师）之外，每个专业还设立了相应的补充性教师资格，如"体育运动专业教师""体育教学法专家"。也有与补充性师范资格培训相适应的传统专业，"历史学和法学教师"属"历史学专业"。

新世纪以来，俄罗斯在课程内容改革方面越发注重生态教育和环境保护教育，在各类中小学都先后开设了相关课程，基础教育学校对此类教师的需求也增多。因此，自然知识类科目中增加了"生态学"这一科目。

为了跟上国际师范教育课程改革过程中不断加强学生的教育学科理论学习和教育实践能力培养的趋势，俄罗斯高等师范院校也增加了教育理论课程的门类。开设了普通心理学、年龄与教育心理学、家庭心理学和伦理学等几门课程，教育学课程有普通教育学、教育的工作方法、班主任工作、中学的劳动教育体系、中学经济教育方法等。同时，俄罗斯高等师范教育继续注重学生实践能力的培养，除实施课堂教学外，还安排课堂讨论、参观访问、写观感、心得等学习形式，并且让教育实习贯穿于整个学习过程中。

对于中小学专项教师的培养方案也不断系统化，并且有越来越多的高等师范院校参与承担各种师资培养的课程开发和教学培训，如近年来越发受到重视的对中小学辅导员队伍的专门培养。2017 年 5 月 30 日，俄罗斯联邦教育和科学部举行全俄教育教学发展会议。其儿童青少年教育政策司负责人向与会者介绍了旨在提高儿童夏令营指导教师（辅导员）教育质量的新项目"儿童组织的辅导员之工作方法"教育模块的开发与试点情况。已经有 12 所师范大学参与了该项目试点，比较受大学生欢迎，有不少学生在学年期末结束该模块课程学习后，当年的暑假即可申请担任儿童夏令营辅导员工作。

经教育部批准，"儿童组织的辅导员之工作方法"教育模块从 2017 年 9 月 1 日新学年正式进入俄罗斯师范院校的教育大纲之中。在此之前，与此模块主题方向相关的师资培养探索已在很多师范院校展开。如科斯特罗马州立师范大学开发了"高层次辅导员工作方法"模块，其主要目的是加强学校辅导员师资的通识教育，夯实教育学、心理学及其他基础学科的知识基础，形成科学的教学知识结构、组织能力和实践技能。模块设计者希望高层次辅导员不仅是儿童活动的辅佐性人员，还必须是具备所有必要能力的教师。

而在莫斯科国立师范大学，相关的教育培训课程探索也已成效显著，一个由 7 部分组成的辅导员培养方案已形成并试运行。这 7 部分内容是：1. 对辅导员活动的心理和教学支持；2. 辅导咨询工作的历史发展；3. 辅导咨询工作的监管框架；4. 辅导员活动的信息和媒体支持；5. 生命安全基础；6. 大型活动组织基础；7. 领导者的职业道德和文化。该方案总计 144 个小时，包括基础部分、可变部分、名师讲座和交流研讨会等几部分。就莫斯科市内范围而言，已经吸引了莫斯科各中小学的 2500 多名辅导员和其他大学参与其中，而俄联邦其他地区参与这个活动的已多达 16 个地区的 25 个团队。①

----

① *В Минобрнауки России обсудили перспективы развития педагогического образования*，2017 年 6 月 2 日，见 https：//news.myseldon.com/ru/news/index/170929876.

　　显然，这也从一个侧面表明，关于师范教育人才培养的教育教学活动在持续性地精细目标、扩大范围、提升影响力。

（三）教师培训机构的课程设置

　　俄罗斯在职教师培训延续了苏联的传统，各地都设有教师进修学院、教学法研究中心，协助教师熟悉教学大纲和教材，推广先进的教学经验以及运用现代化教学手段进行教学活动等。在师范院校设有供中小学教师在职培训的机构有：函授部、暑期进修班、夜校、业余进修学校、专题讲座、教学经验交流会与教学观摩、教师中心和教学研究室活动等。

　　此外，在以教师个性持续发展原则和教师培养环节连续性原则为指导的师范系统结构改革实践中，教师的技能提高和职业再培训还要求建立一些创新的综合性教学机构，其中应包括师范高中（即师范性职业中学）、师范专科学校（属第一级高等教育水平，掌握师范教育的一般基础知识、具有在不完全中学任教资格）、师范学院（属第二层级高等教育水平，深化师范教育职业和各学科知识，具有在师范职业高中、重点中学和师范教育机构任教的资格）、教育技能大学（属大学后教育阶段，解决师范教学机构毕业生的职业适应性问题，掌握先进的教育经验，提高教学方法论水平，将具有非师范专业高等教育水平的公民培养成师范类专门人才）。

　　近年来，这种不同层次类型的综合教学机构随着市场机制的调节和教育改革的不断深化逐渐形成，教学—科研—师范综合体（учебно—научно—педагогический комплекс）就是其中之一。这种模式包括了整个地方教育机构体系：学前教育机构、普通教育学校、重点实科中学和古典中学、高等教学机构和教师进修学院，它由传统师范院校的各系与师范类专科、文化艺术、医学、中等职业技术等类学校、各类普通教育学校积极协作，将本科课程压缩至三年，按联合型教学大纲和教学计划施教，培养中小学各科目教师。2003 年前后这类综合型学校已有 80 多个，莫斯科国立师范大学以及伏尔加格勒、罗斯托夫、雅库特师范大学等许多传统师范大学都开办了这种类型的学校，而且取得了较好效果。[①]

　　在师范院校和教师进修学院约有上百个专门的系，专门向具有高等教育学历的学员实施各种师范专业（如教育社会学、实用心理学等）的再培训。所有的师范教育机构都开设专业定向的专训班和选修课程班。具体内容和课程由学校根据地方特点自行确定。莫斯科国立师范大学教育工作者技能提高系在教师职业进修和再培训方面处于权威地位，来自全国各地的骨干教师、校长、地方教育行政领导在这里接受培训后，一般都会获得更高一级的职务任命或更大的教学管理、领导权限。与以往不同的是，这里的培训现在已经不仅仅是日后工作升迁资本的外在形式，而且增加了许多适合形势发展需要的知识、技能内容，如"实用学校商务学""职业心理咨询""索洛斯基金的申报与使用"（美国向俄罗斯提供的最大教育资助基金项目）等等。许多地方学校的教育管理人员在经费紧张的情况下，不惜自费报名参加有关的专训班或课程班。

　　全俄教育基金会莫斯科州分支发展个性中心为教育工作者提供的课程包括：（1）德语教学，主要面向德语教师；（2）初、中级大纲，包括领导学校——建立内部管理和监督机制、制定学校工作的分析和计划，主要为学校的领导者开设；（3）怎样在教师集体中取得成就，也是为学校领导者开设；（4）19世纪80—90年代俄罗斯文化的精神原则（在文学、艺术、宗教、师范科学中的品德问题），是为高中教师开设的；（5）为班主任开设的赞可夫教育体系、马诺夫斯卡娅科学领导体系；（6）为学校领导开设的赞可夫教学体系。[②]同时，全俄赞可夫中心（发展教学实验）还为教师提供信息—咨询服务，包括组织提高教育技能、个体计划。

　　为保证青年人在师范教育系统顺利就业，地方师范院校和教师进修学院开设了一系列特设系，受过高等教育的学生能够在此获得其他资格，如"青年事务社会工作者""实用心理学—职业定向师""实用心理学—就

[①]　肖甦、王义高：《俄罗斯教育10年变迁》，北京师范大学出版社2003年版，第123页。

[②]　梁忠义、罗正华：《教师教育》，吉林教育出版社2000年版，第274页。

业服务社会工作者"等。还有一些进修学院准备研究、制定指导学生职业定向、青年迈向社会、解决心理问题等方面教师的培训计划。

归纳俄罗斯师范教育在其教育课程设置方面的改革,大致有三个方面明显的变化:(1)为适应终身学习需要,满足宽专业面人才培养需求,将原来划分过细的专业变为范围更广的"大"专业;(2)为适应俄罗斯社会实际情况的需要,将一些原来单一型的专业细划为多种具体的专业,如由于俄罗斯残疾儿童数量的增加,需要大量特殊教育专业师资,所以增加了很多特教专业;(3)考虑社会的需要、劳动分工及人才职业技能结构整合的实际情况和前景,增加了信息学、博物学、经济学等专业。

四、师范教育的政策保障

国家的教育质量决定其国民的素质,教育质量则取决于教师的素质和师范教育的质量。这个环环相扣的教育链条,决定了一个国家注重教育发展必定重视其师范教育的发展。关于这一点,无论是 20 世纪运行数十年的苏联教育体系中,还是经过社会转型与改革并仍在不断改革的俄罗斯教育体系中,我们都能发现其鲜明且一贯的共同取向。而且,俄罗斯在推进师范教育的政策保障与制度保障方面一直不断努力着。

(一)宏观政策保障

进入 21 世纪,俄罗斯为顺应教育国家国际化发展趋势以及国内社会转型的多方面需要,陆续出台了多项国家级的发展师范教育的重要政策,以此保障俄罗斯连续师范教育体系完善的意义不言自明。

1.《俄罗斯 2001—2010 年连续师范教育体系发展纲要》

2001 年 4 月 24 日,俄罗斯教育部颁布的《俄罗斯 2001—2010 年连续师范教育体系发展纲要》(以下简称《纲要》)是普京总统任职以来国家政策中针对师范教育所实施的一个重要文件。《纲要》是以《俄罗斯联邦国民要义》《俄罗斯联邦教育法》《俄联邦教育发展纲要》等条款内容为基础制定的，并专门为新世纪师范教育的发展确定了明确的目标。

作为国家教育政策在师范教育方面的实质性体现形式，《纲要》开宗明义地指出，师范教育在俄联邦教育系统中处于优先发展的地位，是一个有机的、连续的体系，具有多层次、多水平、多功能性和灵活开放性特征。制定和实现《纲要》的目的在于，在祖国传统和现代经验的基础上提高师范教育的质量及更新师范教育的内容，保证专业教学与品德教育的统一以及连续师范教育体系中国家、社会、个人三者优先地位的平衡，提高师范教育机构在完成国家和社会在新的经济和社会文化条件下所面临的任务中的作用。[①] 尽可能创设法律上、经济上、组织上的条件，以便培养有业务能力、社会积极性和创造性个性的教师，进而发展和完善师范教育体系，提高师范教育质量，并在不断变化的社会文化条件下优化师范教育的管理体制。

《纲要》主要包括以下几方面的内容：

（1）强调全方位、大幅度提高师范教育质量

提高对师范教育体系的质量要求，是连续师范教育体系得以发展的根本条件，必须在奠基性、普及性、整合性、多样性、衔接性及其实践性等原则的基础上推动师范教育内容的更新。提高师范教育质量，不仅包括师范教育内容与结构的更新与完善（即未来教师的职前培训的质量提高），也包括各级教育机构在岗教师的职业技能提高（即教师的职后专业培训和社会适应性学习）。

（2）打造真正意义上的现代连续师范教育体系，以适应时代发展的新需要

这个方面包括建立健全连续师范教育体系的法律机制；保证连续师范教育的不同阶段在教育内容、教学形式、方法以及手段等方面的衔接性和连贯性；加强国家和社会对连续师范教育体系的支持、恢复和巩固教育职

---

① 肖甦、王义高编译：《俄罗斯转型时期重要教育法规文献汇编》，人民教育出版社 2009 年版，第 472 页。

业的声望；完善连续师范教育体系各类人员（在校生、毕业生、各级教师和普通员工）的国家社会保障制度；形成和确立连续师范教育体系发展的经济机制；巩固和发展该体系的物质技术基础和资源保障。

（3）完善师范教育体系的管理

为了对连续师范教育体系的状况进行现代化的管理和监控，并完善该体系之发展的预测方法及其机制，将同时进行有关理论依据方面和科学方法保障方面的研究，还要监控连续师范教育体系在教学用书、多媒体、其他教学手段上的保障状况，力求建立连续师范教育体系管理结构最优化的构想方案。

（4）《纲要》实施预期效果

连续师范教育体系发展纲要的实施应保证提高师范院校毕业生在劳动市场上的竞争能力和职业应变性，达到师范教育的预定质量；完善师范教育的内容，保证各个层次上的衔接性，深化师范教育内容，加强职业的针对性；为向 12 年制普通中等教育过渡、实行侧重专业性教学、深化教育的多样化和个别化而培养现代化师资队伍；采用现代教学工艺技术，包括信息技术，尽可能实现教学的集约化和个别化；恢复并增强教育职业的威信，加强对连续师范教育体系工作者及其学生的国家和社会支持；扩大对连续师范教育体系的教育机构和科研机构及其工作人员和学生的多渠道财政拨款。

综上可见，《纲要》反映了俄罗斯重视发展师范教育的优先传统，确立了师范教育作为俄联邦教育领域之优先而成体系的部门，明确了新世纪头 10 年俄罗斯师范教育主要朝两个方向发展：一是大幅度、全方位提高师范教育的教育教学质量，包括各级师范教育内容与结构的更新与完善（即未来教师职前培养质量的提高），以及各级教育机构在岗教师的职业技能提高（即教师的职后专业培训和社会适应性再学习）；二是打造真正意义上的现代化连续师范教育体系以适应时代发展的需要，包括建立健全连续师范教育体系的法律机制，保证连续教育不同阶段在教育内容、教学形式、方法及手段等方面的衔接性和连贯性等。

当然，该《纲要》目标的达成不可能一蹴而就，需要随着俄罗斯社会整体发展节奏以及俄罗斯国民教育发展总体战略的调整而变化。因此，有些目标任务经过 10 年左右的时间得以逐步落实，比如，师范教育的内容更新与质量提高都有明显变化；而有些目标则不了了之，如，俄罗斯普通教育学制改革没有向 12 年制过渡，在 2013 年版《联邦教育法》中仍然保持 11 年制完全中等教育学制，这就使得师范教育为 12 年制过渡培养新型师资的任务无从落实了。

2.《俄罗斯师范教育现代化纲要》

2003 年 4 月 1 日，俄罗斯教育部颁布的第 1313 号文件《俄罗斯师范教育现代化纲要》指出，师范教育的目的是在实施俄罗斯教育现代化的条件下，创建有效的师范教育动态运转机制，师范教育现代化的最终成果应该是创建一个更新的、符合社会对师资干部要求的教师培养、再培训和业务进修体系。《师范教育现代化纲要》是《俄罗斯 2001—2010 年连续师范教育体系发展纲要》的继续与补充。

《师范教育现代化纲要》指出了俄罗斯师范教育现代化的几个基本方面：教师职业培养结构的最优化及其组织的完善；完善教师培养的内容和形式；建立师范教育赖以更新的科学保障和教学方法保障。

2004 年 4 月，在莫斯科召开了全俄高等师范学校、师范专科学校和中等师范学校副校长联席讲习会，会议以"师范教育现代化纲要实施进程"为主题，讨论了师范教育现代化纲要 2003 年的完成情况及 2004 年的前景。讨论过程中强调了完善教师培养质量的措施的及时性和迫切性。会议向俄罗斯联邦教育和科学部提出了 11 条改革建议，随后获得了俄罗斯教育和科学部师范司的认可。

（二）对不同类别教师的具体倾斜政策

1. 为农村教师提供优惠政策

俄罗斯地广人稀，其农村学校在分布上极具特殊性，这也使得农村教师的数量和质量保证一直是一个棘手问题，尤其在苏联解体后的最初十余年。当时其农村学校在分布与结构方面呈现出如下特点：首先，农村学校学生总数远少于城市学校学生总数，但农村学校总数又远多于城市学校总数，因此农村学校的师生比高于城市学校。2001 年全国共有农村学校 4.5 万所，学生 590 万人，教师 68 万人，分别占全国普通教育学校总数、学生总数以及教师总数的 69.8%、30.6% 和 40.7%。其次，农村学校布局分散，但生源相对固定，当地居民一旦向外流动，学校生源几乎无从补充，这就直接影响到学校的生存与维持问题，从 1991 年到 2001 年俄罗斯一共减少了两千多所农村学校。由于农村人口流动带来的生源流失，导致农村学校在学生人数上的差异非常大，不少学校的学生总数已经少到无法正常进行教学的程度。与此同时，俄罗斯的经济一直处于严重滑坡阶段，国家教育经费的投入不仅得不到保障，就连正常的教师工资也无法按时发放，而首当其冲的受害者当属农村地区的学校和教师。于是农村学校的师资配备普遍呈数量不足、质量不高的状况。不但在师范毕业生以及现职教师中改行者增加，愿意到农村执教者更少。有统计表明，现在高等师范院校毕业生只有 60% 选择教师职业，而且其中半数以上留在大中城市任教，真正能担任乡村教师者凤毛麟角。[1]

另一项来自俄罗斯农村教育试验区的调查表明，在俄罗斯农村学校中，有 85% 的工作人员是教师，其中，35% 的教师要做班主任，6.8% 的教师要负责教务工作，3.9% 的教师从事社会教育。从教龄上看，2% 的教师工作不足一年，10.3% 是工作 1—5 年的年轻教师，17.6% 的教师工作了 5—10 年，67% 的农村教师已经在自己学校工作了 10 年以上。[2] 不难看出，教师工作量大、年龄结构不合理，生活水平不断下降，优质师资流失等现象成为俄罗斯完善农村教育需要解决的重要内容。

农村教师的开销主要集中于购买住房及医疗福利。因此，为防止农

---

[1]　肖甦、姜晓燕：《俄罗斯农村学校结构改革评述》，《比较教育研究》2003 年第 12 期，第 65 页。

[2]　于海波：《俄罗斯农村教育现代化及其启示》，《外国教育研究》2007 年第 12 期，第 35 页。

村优质教师资源的流失，俄罗斯一直为农村教师提供住房等生活方面的优惠政策。以《联邦教育法》为主导，俄罗斯制定了许多政策为农村教师提供更多额外保障与优惠。1992 年的《联邦教育法》第五十五条规定，远离市中心的教育机构以及国家权力机关和管理机关认定的同类机构的教育工作者有权享受当地为农业专家提供的优惠；为农村教育机构的教师提供用以购置家具什物的一次性补助。1996 年《联邦教育法》进行第一次修改，除保留了以上的优惠条件外，还规定，为在农村地区工作并留住当地的教师免费提供带有供暖和照明设施的住宅，并具有优先获得住宅的权利。①2004 年，联邦政府对《联邦教育法》作出修改，给农村地区的教育工作者以生活条件和公共服务方面的优惠，并采取资金的方式予以补贴。

为改善农村教师的生活条件，俄联邦国家杜马在 2010 年 1 月 14 日讨论通过法律草案《关于教育工作者社会保障措施俄联邦法案修正案》，进一步完善农村教师社会保障制度。该法案明确规定：① 在农村地区生活和工作的教师，享有免费的住房及照明、供暖等社会保障措施。② 各项措施将惠及教师的所有家庭成员，不论其劳动能力如何。③ 各项措施的经费支出由俄联邦政府保障，在任何情况下，各俄联邦主体都不能降低为农村地区的教师所提供的福利待遇。④ 在农村地区工作不少于 10 年的教师将获得联邦政府发放的养老金。一直以来，农村教师的社会保障措施经费由各联邦主体承担，但实施过程中出现了推卸责任等问题，因而国家杜马讨论由联邦政府保障经费。俄罗斯一直根据现实情况的变化，通过对法案的不断修改，以保障教师的福利与优惠。

除了保障农村教师的福利和待遇，政府还致力于提高农村教师的信息技术水平。2001 年，俄罗斯联邦教育部启动了《发展统一的教育信息环境（2001—2005 年）》联邦专项纲要，为农村学校的教育信息化优先发展提供了保障。本纲要核心内容包含四个部分：硬件配置、教学资源开

---

① 肖甦、王义高编译：《俄罗斯转型时期重要教育法规文献汇编》，人民教育出版社 2009 年版，第 165、254 页。

发、师资培训和建立信息化环境及技术保障体系。该纲要分为三个阶段建立统一的教育信息环境，第一阶段的任务即为在 2001 年给农村的 30000 余所中小学和 15000 余所小型学校提供硬件设备和相应的应用软件，同时组织农村中小学教师进行信息技术培训。该纲要总计投入 560 亿卢布开展教育信息化工作。[①]

2. 特殊教育师资保障政策

2010 年，在《国民教育现代化方案》的框架下，俄罗斯总共拨款 700 亿卢布用来资助孤儿和残疾儿童。这笔资金将首先用于特殊儿童远程教育方案。总理普京指出，该方案将为特殊儿童接受完全合乎现代标准的教育提供机会，并帮助他们彻底地适应社会，为他们的成长创造有利的条件，使他们能够从事一项工作，挣钱养活自己，并认为自己是一名合格的社会成员。

此后，"我们的新学校"创新项目也提出，应特别注重创造条件保障下列儿童接受教育和完成社会化：包括残疾儿童、问题儿童、孤儿、难民或被迫迁移家庭的儿童、贫困家庭儿童和其他生活困难儿童等。该项目中还指出，建立特殊学校需要新的教师，而且特殊学校的教师需要拥有深厚的心理学和教育学的知识，了解学生的发展特点，而且是某一其他领域的专家，有能力帮助孩子们发现自己的未来，成为独立、有创造性和自信的人。关心学生、善于发现学生的兴趣、对新事物具有敏感性和开放态度。

3. 支持年轻教师的专项政策

俄罗斯教师队伍一直面临老龄化严重的问题，为改善此状况，并从根本上提高教师队伍素质，俄罗斯一直致力于扩充年轻教师队伍。在 2011 年 11 月召开的高等师范院校论坛上，教育部长富尔先科指出，要想切实改善教师队伍的状况，专业对口的青年教师数量每年应提高 5%，也就是 4—5 万，而最近几年青年教师的数量每年增加 2 万。有数据表明，毕业后从事本专业的师范生只占 15%，[②] 其余的大学生来上大学为的就是

---

① 李雅君：《俄罗斯基础教育信息化最新进展述评》，《中国电化教育》2006 年第 12 期，第 92 页。

② 据俄罗斯普通教育门户网，2011 年 11 月 25 日。

获得高等教育文凭。因而，必须选拔那些有意愿从事教师工作的人到师范学校上学。

全俄罗斯共有超过 100 万名教师，但教师岗位需求却不足 4000 个。实际上，师范毕业生在市场上难以找到空缺的职位。在大城市中教师行业的竞争尤为激烈。近年来 35 岁以下的年轻教师数量增长了 10%，即 27000 人。[①] 部长认为，俄罗斯年轻教师就业困难的问题与年老教师不愿离开岗位有关。根据相关规定，教龄超过 25 年的老师，无论教师本人年龄高低，都有权同时获得工资和退休金。同时领取工资和退休金的教师普遍在学校工作相当长的时间。教龄超过 25 年的教师，只要还有能力教学，都不愿离开岗位使自己的收入减少。富尔先科表示，应该为受工作所累的年老教师创造条件，使他们不要因为退休就意味着失去经济来源而担心，为老教师提供教学法专家的职位是十分必要的。这样，老教师既能够获得工资，同时也为年轻教师腾出了工作岗位。此外，福尔先科还强调要为年轻教师在工作的头几年提供一定的工资以外的补贴，支持他们的工作。

2011 年 9 月 21 日，俄罗斯教育部副部长列莫连科访问北京师范大学时讲道：教师培养和培训水平是教育质量的重要保证，不能忽视。师范教育拥有广阔的视域，在俄罗斯大学生中，师范院校学生占 1/6，毕业后充实教育工作的 1/3，由于师范院校毕业生听、讲、说等交流能力强，所以毕业后多从事人际沟通方面的工作。为社会提供人才是好事，但保证教师队伍的数量和质量也是艰巨的任务。

（三）制度保障

1. 教师考核与评定制度

1993 年 6 月 17 日，俄罗斯颁布了《关于评定俄罗斯联邦国家、地方教育机构和组织教育工作者及领导干部命令的一般规定》。规定明确，进行评定的目的在于刺激师范教育和管理工作效能的提高，促进教师职业技

---

① 教师岗位不足，俄罗斯《教师报》2012 年 2 月 22 日。

能的发展和创造潜力的提高，其任务是有目标地、连续地提高教育和领导工作者的职业水平，建立工作质量和劳动工资之间的对应关系，对教育质量进行管理。

为完善教师考核体系，俄罗斯教育和科学部制定了有关教师考核的条例，旨在通过考核的相关规定以及教师相应的劳动收入细则保证教师职业技能的提高及其他权益与义务。教师的考核主要从两方面进行：(1) 对教师和领导干部的活动结果进行总结，考核的形式包括座谈、创造性汇报、科学教学法或实验研究报告的答辩等，由此来评定教师对所教学科知识、教育工作方法及教育理论的了解；(2) 对教师和领导干部实际活动的专家鉴定，通过各种形式的心理与教育诊断以及对职业活动效率的研究来实现。①

教师的考核工作一般遵循教师自愿、公开的原则，但如果教师的工作不称职，则经区国民教育部门的批准，行政部门有权决定对该教师进行评审。

针对教师考核体系有三级评审委员会，即校评审委员会、区评审委员会和州专家委员会。校评审委员会主要研究本校教师工作，对其工作进行评价并有权授予二级教师的职称；区评审委员会是对学校进行考核，对授予一级教师和高级教师职称的教师及不称职教师的工作进行检查，并有授予一级教师职称的权利，对于不能完全胜任本职工作的教师和领导在一年后复审；州专家委员会主要对考核工作进行总的监督并有权授予高级教师职称，批准对教师或领导干部不称职的决定。

对教师业务水平的考核是与教师工资挂钩的，即教师工资的高低取决于其学历、工龄、工作量和教育技能水平，根据学历与工龄（不经考核）将教师的工资分为 7—11 级，根据师范教育技能水平的高低将教师的工资分为 12—14 级。

教师工作考核所依据的指标首先是质的方面，包括学生的知识和教

---

① 陈永明：《国际师范教育改革比较研究》，人民教育出版社 1999 年版，第 223 页。

养水平，以及教育教学过程的质量。量的指标一般不作为确定教师成绩好坏唯一的依据，不允许仅仅根据成绩的百分比或考入大学、职业技术学校、中等技术学校的人数或直接参加工作的人数来评价教师的工作。

2010年2月，俄罗斯国家教育创新项目《我们的新学校》经梅德韦杰夫总统签署生效。该倡议确定了俄罗斯普通教育发展的主要目标：向新教育标准过渡；发展天才儿童支持体系；提高教师队伍素质；更新学校的基础设施；保持和加强学生身体健康；扩大学校自治。[①] 其中在提高教师素质、促进教师发展方面的措施包括：吸引具有非师范专业背景的人才进入学校教师队伍；建立新型的教师培训、再培训、技能提高的组织形式与融资方式；充分利用现代信息和通信技术；建立互动网络和教师社会活动网络，用于教育内容的更新和教学方法的相互交流；建立新的教师和普通教育管理者的资格认证模式，尽可能定期对其专业水平进行认定。在"我们的新学校"框架内，俄罗斯出台了新的教师考核条例，建立了新的教师培训平台。

为提高中小学教师的业务水平，激励教师掌握现代化的教育技能，由俄罗斯联邦教育与科学部部长安德烈·富尔先科签署的新《国立和市立教育机构的教育工作者考核条例》于2011年1月1日起生效。根据新的考核条例，俄罗斯将对中小学教师进行每5年一次的素质考核，在此之前所获得的教师资质证明一律失效。新的教师考核将分为强制考核和自愿考核两种形式。强制考核每5年进行1次，以评估教师能否胜任其所担任的工作。自愿考核则按照教师的自愿原则，确定教师的专业技能水平所能达到的等级，技能等级认定的有效期限为5年。[②] 考核条例规定，可以不参加强制考核的教师包括：任职教龄低于两年的教育工作者；孕期妇女；休产假或年假的妇女；正在休假的未满3岁儿童的父母。如果教师考核结果

---

① 赵伟：《我们的新学校——俄罗斯国家教育倡议解析》，《外国中小学教育》2011年第4期，第26页。

② 冯相如：《俄教师每五年进行一次资质考核》，《基础教育参考》2011年第2期，第23页。

不合格，聘用单位应给予他们参加专业技能提高培训的机会，或者建议他们选择其他等级的岗位。如果教育工作者不能找到其他合适的岗位，那么根据俄罗斯联邦《劳动法》的第3编第1章第81条，聘用单位和教师的劳动合同将予以解除。新的教师资质考核制度的制定，是俄罗斯建立教师公开考核体系的第一步，也是重要的第一步，这为教师按照自身需求和自身工作特点持续提高业务技能提供了动力和机会。

2. 教师职后培训制度

注重教师的职业培训和业务提高是苏联时期就形成的良好传统，俄罗斯独立后依然保持了这一传统，并在不断的变化过程中有所创新。目前，俄罗斯的教师进修体制向着多样化和灵活性方向发展，在进修内容上，逐步与普通学校的标准和新的经济条件下社会对教师的要求相适应。教师进修体制打破了苏联时期的统一组织、统一时间、统一形式、统一内容的特点，朝着更加灵活和符合现代要求的方向发展。

1992年《联邦教育法》将各级各类教育划分为普通教育和职业教育两大块。职业教育包括五个职业培训层次：初等职业教育、中等职业教育、高等职业教育、高校后职业教育和补充教育。其中，补充教育由普通教育机构、职业教育机构和补充教育机构实施，目的在于不间断地提高工人、职员、专业人才的技能，全面满足公民、社会、国家对教育的需要。补充教育机构包括进修机构、培训班、职业定向中心、各类音乐、美术、艺术学校、各类儿童之家、少年活动站等。也就是说，从体系上看，以前相对独立的（属各级教育管理部门）教师培训进修机构，被明确划归到补充教育机构，成为补充教育，进而成为职业教育体系的有机组成部分。

这种变革实际上提高和扩大了教师培训进修机构的地位和职能。随着一批传统的教师进修学院先后由地方政府和管理部门进行重组，教师职后培训内容及形式在保持原有职责的同时又增加了其他功能，向施教、办学机构多样化方向发展。出现以下一些新型机构：教育技能大学、教育工作者业务提高及再培训学院、地方教育发展中心等，使补充师范教育系统成为一个覆盖面宽、机构多样、形式灵活、注重时效和社会需求的网络。

2003 年左右，全俄有 90 所此类补充教育教学机构及 12 个分校，13 个国际和地方师范教育中心承担教师的继续教育和业务技能提高工作。①

俄罗斯任何一所学校的教师都要定期参加脱产进修课程的学习。师范大学的教师每 5 年都要到大学或科研机构接受一次职业再培训，深入研究高校的教育学问题和教学心理学，熟悉自己学科领域的最新研究成果，以及进行自己所选题目的科学研究。为保证中等学校教师的继续教育，俄罗斯在中央和地方层次构建了"教育工作者进修和再培训学院（中心）"，为教师进行定期课程学习（脱产学习 3 个月），包括相应学科的发展状况、教育学、心理学、学科教学法（包括公开课）的学习及教育经验的交流，对教育创新、新的教科书和教学资料有所了解等。

除了比较正规的教师进修和再培训体系，师范大学、综合大学、城市教学法研究室和联合会还定期为教师组织讲座、讨论和问题答疑、国际会议和教育讲演会，以便教师了解新的教学法著作、优秀教师的经验，吸引教师参加教研室的科学研究和副博士学位论文的写作等。不间断的远程教育形式也是提高教师专业技能的重要形式之一。"9·1"出版者之家与莫斯科罗蒙诺索夫国立大学师范教育部联合组织的函授"师范大学"就是这方面的一项成功创举。② 同时，通过出版和发行大量有关科学教学法、教学、科普读物和期刊，为边远地区的教师得到有关科学、教育理论和教师实践方面的新信息创造条件。

与 2011 年 1 月 1 日起开始生效的《国立和市立教育机构的教育工作者考核条例》相对应，俄罗斯也进一步完善了教师的培训制度。2010 年 7 月 27 日，俄罗斯总统签署命令，对《俄罗斯联邦教育法》第 55 条第 5 款进行了修订，在此部分增加了新内容：中小学教师有权每 5 年参加一次及以上的职业培训或进修，以提高自己的专业水平，新法修订法案从 2011 年 1 月 1 日起生效。在"我们的新学校"创新项目框架下，许多州建立了

① 　肖甦、王义高：《俄罗斯教育 10 年变迁》，北京师范大学出版社 2003 年版，第 122 页。
② 　朱小蔓、[俄] H.E. 鲍列夫斯卡娅、В.П. 鲍列辛柯夫：《20—21 世纪之交中俄教育改革比较》，教育科学出版社 2006 年版，第 409 页。

教师进修与培训的新平台。如，车里雅宾斯克州获得 1.8 亿卢布用来组织
进修平台的建设。该平台的任务是为乌拉尔联邦区所有学前和普通教育机
构的教师进行技能素养培训。进修平台先以 3 年为一个周期，计划目标是
至少对 700 名学前教育工作者和 3000 名普通教育机构工作者实施培训。[①]
当然，在新的进修平台中，教师培训将按照新的教育标准进行，教师的技
能培训也将更加符合教育现代化的要求。

3. 俄罗斯中小学教师工资制度

（1）从转型初期统一工资表制度向新工资制度的改革

1992 年 10 月，俄罗斯联邦出台《以统一工资表制度为基础区分预算
内劳动工资水平》的决议，正式实施统一工资表制度（Единая тарифная
сетка）。统一工资表制的主要指标包括等级工资、职务工资、等级工资标
准、等级系数等，所有劳动按照复杂程度与专业技能水平分为 18 个等级，
每个等级的等级系数不同，月工资标准也不同。[②] 所有的职业被分为三大
类：技术人员、专业人员、管理人员，每个种类的人员分别占据 18 个工
资等级中的不同等级范围。教师属于专业人员的范畴，占据其中的从 6—
13 级不等的位置。[③]

统一工资表制的缺陷是忽略了不同行业不同部门的劳动特征，等级
之间、等级系数之间的差异都不明显，容易导致各行业劳动者在工资收入
上的平均主义，影响劳动积极性和工作质量。具体到教育行业，随着信息
化时代和教师专业化进程的深入，教师的角色和工作性质都已发生很大改
变，依旧与其他领域人员无区分地实施统一工资表制度，已然造成了普通
教育机构教师工资水平偏低、职业威信下降、工作积极性受挫、队伍建设
不完善等现实问题。

新世纪以来，俄罗斯政府推进教育现代化的力度不断增强。2005 年 9

---

① 《车里雅宾斯克州建立教师培训新平台》，俄罗斯普通教育门户网，2011 年 11 月 28 日。

② *Единая тарифная сетка*，2010 年 11 月 7 日，见 http://ru.wikipedia.org/wiki/.

③ Правительство российской федерации：*постановление от 14 Октября 1992 г. N 785*，
1992 年 10 月 14 日，见 http://www.mnogozakonov.ru/catalog/date/1992/10/14/923/.

月普京提出国家优先发展教育、健康、住房和农业四大民生工程，随即在教育领域出台《教育优先发展项目》，将提高普通教育质量列为工作重点之一，改革教师工资制度、提高教师地位、改善教师待遇成为重点任务。2007 年下半年起，伴随全国性的工资改革，俄罗斯教育科学部批准《教育工作者新劳动工资制度——俄罗斯联邦主体国立及市立普通教育机构工作者激励性工资制度形成的模型化方法》（以下简称《模型化方法》），为各地区和各学校制定具体的教师工资制度提供了依据和示范。中小学教师的工资开始统一工资制向新教师工资制过渡。

（2）新工资制度的明显特质

① 教师工资构成中引入激励性工资

在保留基本工资、补偿性工资的同时，新工资制引入了激励性工资。后者根据教师的工作成果和效率确定，其具体指标既包括学生发展方面的，如学生的考试成绩、心理测评成绩、德育状况、培养天才儿童和辅导迟智儿童、培养统一考试高分者和奥林匹克竞赛获奖者等；也包括教师自我提高方面的，如参加教学法实验，参加创新活动项目等类型。激励性工资的发放可以由学校根据欲达成的激励教师目标而自主设定。

② 教师工资额影响因素范围扩大

在新教师工资制中，教师的基本工资取决于班级学生数量、教学课时量和课外活动时间，而且课外活动范围大幅扩展，如准备教学材料、班级管理、教学设施设备管理、与学生家长的交流等工作形式都被列为教师有偿工作量计算范围。这种扩展无疑有利于鼓励教师更常组织课外活动、师生交流活动，对于师生关系的改善、学生的发展都有良好的促进作用。

③ 固定工资核算方式模型化

固定工资是指教师每月获得工资额的固定部分。在新教师工资制下，教师固定工资等于教师的基本工资，采用每生每课时价值为计算单位。"每生每课时价值"是指根据教学计划一名学生 1 课时公费教育服务的价格。每生每课时价值的数额由每个教育机构根据教育部颁发的《模型方法》确定的公式、在确定的教师课内工资基金的范围内自行计算。

　　教师固定工资计算公式为：固定工资＝每生每课时价值 × 班级学生数量 × 每月课时量 × 课程特征提高系数 × 职称提高系数＋课外活动津贴（如果教师在不同班级同时教授几门课程，那么他的工资额将是每个班级每门课程的工资额的总和）。这里，课程特征提高系数和职称提高系数是公式中的重要变量。

　　课程提高系数是指由教育大纲确定的课程的特点、复杂度和优先度所决定的提高系数，其确定包括以下成分：1）终结性测验（包括国家统一考试及其他自主测验等）中包含的课程。2）与备课相关的额外教学任务，包括检查作业、准备教具和教学资料、实验室管理、储存并经常更新课程内容的相关信息等。3）教师额外教学负担，包括由损害自身健康的情境（如化学、生物、物理）所造成的负担，以及由学生年龄（如小学低年级）特征带来的额外工作量。4）教师根据学校教育大纲特点所实施具体课程时的投入。

　　另一个系数、即教师职称等级提高系数的确定规则为：具有二级职称教师的提高系数为 1.05；一级职称教师的提高系数为 1.10；高级职称教师的提高系数为 1.15；同时还规定，在俄罗斯联邦主体新教师和校长资格认证考核制度的适应期结束后，各俄罗斯联邦主体可为合格者采用更高的系数（一级教师增至 1.15，高级教师增至 1.4）。

　　在教师新工资制的实施过程中，各联邦主体有自主选择不同模式的自由，因此地区间没有划一性、甚至可比性，有些地区同时实施其中两种模式，如沃罗涅日州同时实施基本工资模式和每生每课时价值模式；有些地区的实施模式还处于变化之中。

　　教师工资制度的改革与实施需要各方面条件的保障和支持，其中，政策保障是起基础性作用的前提条件，专门项目的实施尤其是其资金支持则是使改革收到实效的关键。

（四）师资队伍建设与保障

教师人才的培养是教师队伍建设的首要环节，教师队伍的建设要求新生力量的不断补充，因而，关注教师教育的完善与发展，对教师队伍建设具有重要意义。俄罗斯十分注重对教师教育的保障与支持。

1. 重视提高教师地位

教师队伍建设的重中之重就是提高教师社会地位，在现代法制化社会中，教育领域的立法任务之一就是准确界定教师的权利和义务，为教师的正常工作提供有效的法律和社会保障。俄罗斯一直以来十分重视教师权利及社会地位的保障，《俄罗斯联邦教育法》规定教师享有以下权利：① 有权参加教育机构的管理；② 维护自己的职业荣誉和人格尊严；③ 有权自由选择和运用教育教学方法、教学参考资料、教科书以及评价学生所学知识的方法。① 教育的基本法保护了教师的基本权利，保障教师的职业自由和学术自由。

《俄罗斯联邦教育法》还为教师提供了一系列社会支持：教师每周的最大工作量不超过 36 小时；教师工作每满十年可以享有一次为期一年以内的长假；教师每年规定有带薪休假的最低时限；教师到退休年龄时可领取退休金；在农村地区、城镇工作的教师享有供暖和照明设施的免费住宅；教师具有优先获得住宅的权利等。② 社会支持诸项目的补偿费额度、条件和程序由各联邦主体规定。此类规定为教师的工作与生活提供良好的社会保障，利于提高教师的社会地位。

2. 提高各级各类教师的薪资待遇

（1）新教师工资制大幅提高中小学教师收入

工资水平是教师劳动积极性和行业流动的直接风向标，俄罗斯一直注重提高教师的工资水平。俄罗斯教育拨款的大部分都用于支付教师工资，基础普通教育预算的 65%—70% 都用于支付教育工作者的工资。因此，一方面，政府不断努力增加教育拨款；另一方面，通过不断改革工资

---

① 肖甦、王义高编译：《俄罗斯转型时期重要教育法规文献汇编》，人民教育出版社 2009 年版，第 699 页。

② 肖甦、王义高编译：《俄罗斯转型时期重要教育法规文献汇编》，人民教育出版社 2009 年版，第 699 页。

制度，提高教育支出效率，改善教师工资状况。从统一工资制向新教师工资制的改革，是其中一个有力举措。

新教师工资制度从三方面增加了中小学教师的收入。首先是将教师工资区分为基本工资和激励性工资两大部分，并规定激励性工资基金要占据教师工资基金的 20%—40%。这与原来教师奖金占工资基金的 1.5% 的比例相比，有了质的提升。其次，引入了每生每课时工资计算模式使教师的工资主要由学生数量、课程的复杂度和优先度、教师的职称、课外活动量等决定，这就使教师工资基本上由课时量和工龄等因素决定的情况发生了改变。最后，引入对课外活动工作量的计算，将课外活动、班级活动、德育、教育方法活动等教师的所有工作形式都作为其基本工资的一部分计入有偿工作量的范围。

根据工作质量确定激励性工资的多少，并以此促进教师提高自身技能和工作质量、促进创造性教育活动发展的这些措施，一方面提高了教师的工资额及工作积极性，另一方面保障了教师工资水平不低于本地区经济部门的平均工资水平。[①]2011 年普京提出《区域普通教育体系现代化项目》，明确 2011—2013 年拨 1200 亿卢布专门款项用于改善教师地位，以保障教师工资提高 30% 的硬性指标或达到联邦主体经济部门平均工资的水平。在这一框架下，教师工资制度得到不断完善，教师工资水平得到本质提高。2011 年 10 月，50 个联邦主体教师的平均工资超过了所有经济部门的整体平均水平，1 个地区达到了平均水平，31 个地区教师平均工资水平与第一季度相比增加了不低于 30%。

(2) 为高校教师增加补贴

新世纪以来，俄罗斯政府颁布了一系列政策推进高校教师队伍建设。《2010 年前俄罗斯教育现代化构想》规定了教师必须进行关于教育现代化方面的进修和再培训，以提高教师团体的科研能力。《俄罗斯 2001—2010

---

① Абанкина И., "Новая система оплаты труда первые результаты в регионах", *народное образование*, 2008 (2)：122.

年连续师范教育体系发展纲要》《师范教育国家标准》等政策法规的颁布与实施，对发展连续师范教育体系、提高师范教育质量、鼓励高校教师进修与再培训等进行了进一步的说明与指导。自 2009 年起俄罗斯开始实施《2009—2013 年"创新俄罗斯科学与科教人员"联邦目标纲要》，其中一项重要的任务在于建立激励青年选择并留在科学、教育和高新技术领域工作的体系，建立科学和科教人才革新机制体系。

《俄联邦社会经济发展中期纲要（2006—2008)》强调，为保障创新经济的增长，必须提高科研人员的地位，使创新人才资源成为创新经济增长的主要源泉。为了支持重点大学培养具有全球竞争力的教授和教学人才，俄罗斯联邦政府的首要任务就是将从事具有全球竞争力研究活动的重点大学的教授和教师们的工资水平提高到国际标准，为此要在联邦财政拨款中确立差异化标准，给予从事全球竞争性研究活动的大学教师额外津贴。

为提高高校教师社会地位，防止人才流失，俄罗斯政府于 2006 年通过《俄联邦高等及大学后教育法》修正案，为高校中拥有博士、副博士学位的教师大幅增加津贴。拥有副博士学位教师的津贴由每月 900 卢布增至 3000 卢布，拥有博士学位教师的津贴则由每月 1500 卢布增至 7000 卢布。拥有博士和副博士学位的教师是高校教师队伍中的中坚力量，增加其津贴反映了俄罗斯政府对于高端人才的重视。近年来俄罗斯经济的复苏也为提高高校教师工资待遇提供了必要的条件。虽然高校教师工资有所增加，但与其他行业的同龄人相比，高校教师生活依旧清贫。各地区间教师工资水平也有较大的差异。2012 年俄罗斯政府再次提出增加高校教师工资的动议，在 2012 年底前高校教师工资提高到了各地区平均水平，2018 年前达到了当地平均工资的两倍。

3. 建立教育工作者竞赛机制

开展社会主义劳动竞赛是苏联时期就形成的、在各行各业都普遍开展积极向上的传统性活动。为了鼓励先进、以典型影响全体、以荣誉激发职业热情、以经验与互惠合作提升教师专业化素养，全国性教师竞赛评比活动苏联时期就广泛存在。进入新世纪，在师范教育和师资培养激励方面，俄罗斯不仅仍保留乌申斯基奖章等荣誉称号，还不断增加新的教师荣誉称号，注重从精神层面鼓励教师的个人成长，激发社会对教师职业的尊敬和支持，如建立了全俄年度教师竞赛机制和全国校长年度竞赛项目，并且俄罗斯教育主管部门将此类活动进一步完善和制度化。

（1）全俄中小学年度教师竞赛

1989 年，苏联《教师报》编辑部组织读者讨论，征询将教师竞赛办成年度项目的意见。1990 年和 1991 年曾举行过覆盖苏联全境的大规模教师竞赛。从 1992 年开始，俄罗斯联邦普通与职业教育部正式宣布将全俄教师竞赛设为年度项目，由教育部直接负责。竞赛目的在于发现、支持和鼓励先进中小学教师，推广他们的教学经验，以及提高教师的职业声望。所有在实施普通教育大纲的教育机构工作的教育工作者都可以参加年度教师竞赛，在中小学兼职的高校教师也可以参加竞赛。

竞赛分学校、市区、联邦主体和全国决赛四个阶段进行。竞赛设总组委会，每个阶段的竞赛组织机构设竞赛组委会。组委会负责确定比赛的程序和日期，组建评委会及确定其工作规则等。每个联邦主体只能有一名参赛者参加全国决赛，通常情况下，第三阶段比赛的冠军即为决赛候选人，但如果第三阶段比赛的冠军因某种原因不能参加决赛，则第三阶段比赛组委会有权提名第二名进入决赛。全国决赛包括两个阶段：第一阶段是教学法测试，包含互联网资源和论文两个测试，互联网资源包括对教师的个人网页、博客、社交网站的个人主页等信息和资源考查，以内容的丰富性、方法和结构的完整性，更新的频率，互动性，用户欢迎程度等作为评价标准。论文测试根据竞赛主办方随机抽取的主题，在五个小时内根据自己对教学活动的理解对现代社会的文化和教育问题发表自己的看法、提出解决方案。第二阶段是面试，面试包括两轮，第一轮是讲课和课外活动，第二轮包括大师课堂和教育项目。大师课堂由教师展示自己的授课讲演和创新方法；教育项目由参赛者经抽签分成小组，共同解决一个给定情境下教育问题。每年竞赛的具体流程和形式会略有不同。竞赛的官方标志是展翅高飞的鹈鹕。决赛的获奖者将获得水晶鹈鹕奖杯，决赛的冠军获得"年度最佳教师"奖章、证书和奖品。

"俄罗斯年度教师—2010"竞赛吸引了全俄20多万名中小学教师参加了预赛，有来自76个联邦主体的76位教师进入决赛，在克里姆林宫举行的颁奖典礼上，俄罗斯总统梅德韦杰夫亲自为最终胜出的两位教师颁发了水晶鹈鹕奖杯，并在讲话中要求关注教师的社会保障问题、为教师科研活动建立完善的信息技术基础设施。[①]2011年政府拨出2亿卢布资金用于奖励最佳教师。[②] 俄罗斯各州都组织教师竞赛，奖励优秀的教师，为获胜的教师授予"俄罗斯联邦普通教育荣誉工作者"称号，颁发奖杯、俄罗斯联邦教育与科学部荣誉证书以及可观的奖金，获胜者还可以有机会和政府部门、教育部门的领导者交流教育领域的问题，接受总统的当面祝贺。这对于教师来说，都是精神上的褒奖，它们作为一种至高的荣誉，彰显着教师的社会地位，激励着教师的积极性。

（2）全俄中小学校长年度竞赛

这是专门针对普通教育机构领导的全俄性比赛。2010年开始举办第一届，至2019年已经举办了十届，并且设有竞赛官网（https://konkurs.direktor.ru/），随进程发布赛事消息和参赛者们的经验交流。举办年度校长竞赛的目的在于：发现和研究中小学校长的成功经验，并总结有价值的管理经验以在其他学校和地区推行；树立中小学校长的正面形象，并公开承认他们对于俄罗斯教育体系发展的个人贡献。所有持续担任某一普通教育机构校长职务不少于一年的人都可以成为竞赛参与者，儿童补充教育机构负责人除外。评价标准包括：结合所分析的问题给出教育机构活动的背景；在给定问题的框架内，描述管理活动中的问题和解决这些问题的管理行为；描述所作出的管理决策及其根据，并给出所获结果的评论性分析；

---

① 俄罗斯教育新闻：《总统为2010年度教师优胜者颁奖》，http://www.vvprf.ru/news/page4727.html.

② 俄罗斯新闻网：《俄罗斯将拨款2亿卢布奖励最优秀教师》，《世界教育信息》2011年第2期，第7页。

有作者的个人立场，对个人管理活动进行不同角度的反思，思维的批判性；所呈现材料具有原创性，以生动形象的专业语言进行描述，无须过强的学术性。

竞赛共包含两轮，第一轮是材料筛选形式的选拔赛，第二轮是面试形式的决赛。参赛者首先需在竞赛官网注册并提交资料，资料初审合格后，进入复审，进入复审阶段的参赛者按要求提交补充材料，复审通过者名单会公布在官网上，允许进入第二轮比赛。竞赛在每年的3—11月举行，决赛于10—11月在莫斯科举行。竞赛最终评选出三名获胜者，第一名获"年度最佳校长"称号。

年度教师和校长的评选已经成为在俄罗斯普通教育领域的大事，既有长期固定的网页宣传参赛者的优秀经验与先进事迹，也有参选期间各种媒体的集中采访与报道。无论是进入哪个阶段的年度竞赛参赛者，都是其所在学校、所在地区的骄傲，都会被同事们视为竞赛的获胜者，由此成为很有激励意义、并增强荣誉感与团队意识的教育活动。

4. 保持高校师资队伍规模

20世纪90年代，随着政府在科技、文化、教育领域的投入大大降低，高校教师工资待遇随之相应降低。高校教师为维持生计不得不身兼数职，无暇顾及教育质量及业务进修。国内教学科研设备和条件的短缺也限制了高校教师的专业发展，许多优秀的一流学者选择到国外寻求发展，以获得更好的工作条件和物质回报。[①] 因此，20世纪末俄罗斯高校教师队伍出现了年龄结构老化、中青年教师人数减少、高水平师资缺乏等问题。

现在俄罗斯科研人员的动态特点是总数在减少，所幸的是近年来减少的速度在减缓。科学和技术领域人力资源的变化情况可以通过三个重要指标来核算：能够完成世界水平科学研究的科研集体的资源集中程度、切合实际的任务安排以及学者个人的积极性。

近些年俄罗斯采取了一系列措施吸引年轻学者从事科学研究。

---

① 高凤兰、曲志坚：《俄罗斯高等院校师资状况分析》，《外国教育研究》2004年第11期。

《2009—2013 年"创新俄罗斯科学与科教人员"联邦目标纲要》在培养和留住科研人员上扮演着重要角色，其措施之一就是资助青年学者教师参与短期科研项目，提高科研水平，鼓励科技创新。为此，联邦财政投入共 7.5 亿卢布每年挑选约 500 个历时 6 个月的科研项目，由科教中心青年学者和教师领导，每个项目资助约 3 万卢布。2012 年俄罗斯继续制定了《2014—2020 年"创新俄罗斯科学与科教人员"联邦目标纲要》。除政府资助外，俄罗斯部分基金会也积极参与到高校教师队伍建设当中。如弗拉基米尔·波塔宁基金会（Благотворительный фонд Владимира Потанина）自 2001 年起每年实施俄罗斯国立高校青年教师资助项目，旨在支持将科研与教学活动相结合的天才教育工作者，促进其个人成长与职业发展。

在俄罗斯采取积极建设高等学校教师队伍措施的背景下，2000—2001 学年至 2018—2019 学年俄罗斯高校教师总数量逐年增加，从2000—2001 学年的 2.36 万人增长至 2018—2019 学年的 23.41 万人，且具有副博士及以上学位的教师占教师总数的 74% 以上。①

总体而言，20 世纪整个 90 年代，俄罗斯处于全方位的社会转型期。在国家政治经济体制迅速转轨的条件下，俄罗斯教育经历了巨大磨难，市场经济铺开、经济危机持续、政府监管失衡等一系列因素导致教育威望、教学质量、教师地位受挫严重。进入 2000 年后，普京政府在全面加强宏观调控的同时，开始注重对教育领域的实质性改革，俄罗斯教育由此进入推进现代化变革的新阶段，政府对教师队伍的发展建设进入全新时期。处于社会转型时期的俄罗斯政府及最高教育管理部门对改革与发展师范教育的意义有着清醒的认识，其在师范教育方面的一系列做法基本上是符合世界发展的普遍趋势及本国现实需要的。当前其最现实的矛盾就是因教育经费不足导致的教育改革整体上的缓步前行，使得其师范教育领域的改革无法进入良性循环轨道上，严重影响了改革的实效。但值得肯定的是，苏联

① Боровская Н.В., Гохберг Л.М. & Кузнецова О.К., *Образование в цифрах：2019：краткий статистический сборник*，М.：НИУ ВШЭ，2019：52，69.

70 多年所建立起来的国民教育体系，不仅为国家的社会主义建设成功培养和输送了大批人才，而且其所构建的完整的师范教育网络培养和造就了一支思想素质、个性修养、业务水平都很高的教师队伍。俄罗斯继承苏联绝大部分主权的同时，也继承了这笔无价的财富。正是这些力量在社会转型之不断动荡、衰退的特殊时期，使得学校教育与其他领域相比，总体上保持了健全和稳定的体系和机制。

第九章 俄罗斯的补充教育

自 1992 年《联邦教育法》颁布起，俄罗斯教育体系中新添加了一个"补充教育"系统。这是结合终身教育理念、将各级各类的校外教育规范化、系统化所构成的一个与普通教育大纲和职业教育大纲并行的大纲系统。

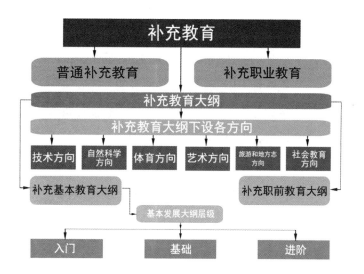

图 9–1 俄罗斯补充教育体系图①

① *Структура дополнительного образования*，2020 年 7 月 16 日，见 https：//madk.mskobr. ru/info_add/additional/

一、补充教育的目标及机构类型

根据《联邦教育法》，实施补充教育的宗旨和任务在于：全面满足公民个人、社会和国家对教育方面的各种需求；在职业教育阶段配合各级教育标准的提高而逐步提高各类专业人员的业务水平。

（一）补充教育的目标

俄罗斯 2001 年《补充教育联邦法》规定，补充教育（дополнитель-ьное образование），乃在基本教育大纲之外，为了个人、社会、国家的利益，通过实施补充教育大纲、提供补充教育服务、落实教育信息化活动而开展的目标明确的教育教学过程。补充教育包括普通补充教育和职业补充教育。

普通补充教育（общее дополнительное образование），旨在发展人的个性，帮助人按照普通补充教育大纲提高其文化和智力水平，帮助他吸收新知识。职业补充教育（профессиональное дополнительное образование），则旨在按照职业补充教育大纲及对职业和职务的技能要求来不断提高获有职业教育的人们的技能等级和职业再培训水平，它能促进这些人们的业务能力和创造才能的发展，促进其文化水平的提高。职业补充教育包括技能等级提高和职业再培训。

补充教育大纲亦分成各种专业方向的大纲，作为正规教育大纲之外的补充内容，它既在普通教育和职业教育机构中实施，也在各种专门的补充教育机构，如进修学院、职业定向中心、各类音体美学校、各种儿童课外活动站等场所实施。与苏联时期的各种校外活动机构相比，补充教育大纲一般都是有偿教育服务。①

---

① 肖甦、王义高编译：《俄罗斯转型时期重要教育法规文献汇编》，人民教育出版社 2009年版，第 686 页。

（二）补充教育的机构类型

根据俄罗斯《联邦教育法》，能够实施补充教育纲要的为补充教育机构和补充职业教育机构。此外，有权利进行补充教育的还有学前教育机构、普通教育机构、职业教育机构以及高等教育机构。据统计，2017年俄罗斯共有 56302 个教育机构实施补充教育大纲，比 2015 年增加了24226 个。[①]

补充教育机构是补充教育系统的重要组成部分。不同类型的补充教育机构的所有权形式、部门隶属关系、制度结构特征以及教学内容、教学方法各不相同。从这方面来说，俄罗斯现代补充教育机构体系是苏联课外教育体系的直接继承者。

真正的课外教育机构最初是在苏联时期形成的，其组织结构和目标任务各不相同。一方面，它以一种转型后的形式继承了革命前俄国的补充教育实践，在革命前的俄国补充教育不论在社会层面还是在商业层面均得以实施；另一方面，课外教育机构的创建与父权制家庭解体挑战的回应有关。在课外教育机构的框架下，苏联可确保不同年龄环境中的青少年社会化。几十年来，在课外时间内组织学生进行实习和接受培养一直是苏联课外教育机构的主要目标。

苏联在创建课外教育机构的第一阶段，尽管课外教育系统属于国有，但并没有正规化和集中化。这一时期存在各种兴趣小组、俱乐部、具有网状组织（儿童剧院、博物馆等）元素的协会以及一些业余自由行动者。直到 20 世纪 30 年代之后，苏联课外教育机构的正规化和系统化水平不断得到提高，出现了代替俱乐部专门开展课外教育的基础设施，比如少先队员和学生之家、年轻技术工作者、博物学家及旅游者站点、青少年体育学校、儿童音乐学校等。但与此同时，俱乐部形式的组织机构依然继续存在，在 20 世纪 50 和 60 年代出现了回归自主开展课外活动和社会自主开

---

① Кузьминов Я. И., Фрумин И. Д., *Российской образование：достижение，вызовы，перспективы*，М.，Национальный Исследовательский Университет «Высшая Школа Экономики»，2018：27.

展课外活动的倾向。

在苏联课外教育发展的全盛时期，课外教育系统既包括属于不同部门的课外教育机构（教育部、文化部、通信部、滨海舰队和企业），还包括职能范围更广的机构（儿童部分、工会文化宫、儿童教育部门）下属的课外教育机构。

20世纪90年代，由于课外教育制度开始向补充教育制度转变，补充教育机构的命名方式开始发生变化，同时其正规化程度逐渐增强。这一过程持续了将近15年。1995年俄罗斯颁布《关于儿童补充教育机构示范条例》，补充教育机构正式获得国家教育机构的地位。1999年俄罗斯颁布《关于对儿童补充教育机构认证的方法建议》，以此加强国家对补充教育机构活动的监管。

大多数儿童补充教育机构均属市政府所有，与市政部门相比，国家（区域和联邦）下属的儿童补充教育机构在教师人员配备、工资发放、物质基础等方面均更胜一筹，因为联邦和地区拥有更好的融资条件从而为机构提供更多的资金支持。

此外，大多数儿童补充教育机构从属于教育部、文化部和体育部。俄罗斯文化部下属约5000个儿童补充教育机构，包括音乐、艺术、舞蹈等艺术类学校。俄罗斯教育部和体育部则平分剩下的儿童补充教育机构。通常，要归属体育部和文化部统一管理的补充教育机构需要经过竞争性选拔。2017年，俄罗斯非国立补充教育机构达到363个，还存在一小部分机构从属于一些特殊部门，比如青年政策部，或者其创建者是某些大城市的地区行政部门。

教育经济监控（МЭО，мониторинг экономики образования）框架中对儿童补充教育机构领导者的调查表明，不同部门下属的不同儿童补充教育机构在学额、师资、物质资源等方面存在一些差异。因此，在体育部下属的儿童补充教育机构中通常有高中生就读，而教育部下属的机构里许多成员是残疾儿童。

具体而言，在绝大多数儿童补充教育机构中，女孩比例占大多数为

60%，但在隶属于体育部的机构中男孩占一半以上。文化部下属的儿童补充教育机构中男孩的比例最小约为 30%。就基础设施配备情况与筹集的预算外资金情况而言，体育部下属的儿童补充教育机构最有优势。

同时，不同部门的儿童补充教育机构可以进行组织转型。比如自 2009 年以来，不断有俄罗斯教育科学部下属的儿童和青少年体育学校转移到俄罗斯体育和旅游部，根据新的法律，它们的定位将由培养体育人才变成提供体育服务。

补充教育机构的一大特征是其特殊命名法，体现了沿袭苏联时期的类型多样性的特征。在 2012 年法令修改之后，不再使用"类型"这一概念，但是以教育机构命名的方式保留了补充教育机构的活动特征。据统计资料显示，有 64% 的机构以学校（школа）命名，23% 以活动中心（центры）命名，8% 以活动之家（дома）命名，3% 以活动站（станции）命名，2% 以青少年宫（дворцы）命名。①

可见，目前俄罗斯最常见的儿童补充教育机构类型为"学校"（包括体育学校、艺术学校等）和"中心"（儿童创造力发展中心、儿童技术创造力培养中心、儿童短途游学中心等）。通常而言，"学校"是文化和体育部下属的传统类型机构，而"中心"和"站"则是教育科学部下属的主要类型机构。教育部下属很小一部分区域级别的机构是旨在发展儿童或青年创造力的、培养中小学生或少先队员等的"宫"和"家"。但实际上，在现代条件下特定称谓并没有严格的教学和管理意义，也无法起到帮助享受教育服务的消费者的作用。

---

① Кузьминов Я. И., Фрумин И. Д., *Российской образование：достижение，вызовы，перспективы*，М.，Национальный Исследовательский Университет «Высшая Школа Экономики»，2018：3.

二、补充教育的内容

（一）补充教育大纲

补充教育大纲是规范所实施的补充教育内容的完整系统，分为普通补充教育大纲和职业补充教育大纲。普通补充教育大纲下进一步细分为普通发展补充大纲和职前补充大纲，职业补充教育大纲下分技能提升大纲和职业进修大纲。

2013 年俄罗斯联邦教科部规定了普通教育补充大纲下教育活动的目标和特点。实施普通教育补充大纲的目标范围非常广泛，包括促进能力的发展、增强健康体质、促进学生的德育、支持天才儿童的发展、提供未来职业规划、促进学生的社会化、帮助学生形成文化认同感。在普通教育补充大纲的具体实施方面，应注意以下特点的体现：根据年龄特点分别编组，制定包括假期在内的年度教学方案，根据不同学生的个人学习计划安排教学，比如加快学习进度等。

职业补充教育大纲依从于对学员职业教育层次的要求而划分为高等职业教育补充教育大纲、中等职业教育补充教育大纲、初等职业教育补充教育大纲。

学员必须具有高等职业教育程度才能按高等职业教育补充教育大纲进行修业，学员必须具有中等职业教育程度才能按其修业的补充职业教育大纲，属于中等职业教育补充教育大纲；学员必须具有初等职业教育程度才能按其修业的补充职业教育大纲，属于初等职业教育补充教育大纲。

在职业补充教育实施过程中，用以提升已有职业训练人员的技能技巧水平，属于职业训练补充教育大纲的内容。但是，旨在提升个人素养、促进学员掌握社会文化知识、发展个人才能和职业定向的教育教学培训活动，是被包括在普通补充教育内的，不属于职业补充教育大纲的补充教育内容。

儿童补充教育的补充教育大纲，可以有各种不同的方向——科学技术方向、运动技术方向、体育运动方向、绘画艺术方向、旅游方志方向、生态—生物方向、军事爱国主义方向、社会—教育学方向、社会—经济学方向、自然科学方向及其他更多丰富细化的方向。

根据《补充教育联邦法》，补充教育大纲不应该宣传暴力、社会优越地位、种族优越地位、宗教优越地位、语言优越地位以及性别特征歧视等内容。

（二）补充教育的内容结构

俄罗斯现行国家法令规定了补充教育的六大领域内容，分别是技术、自然科学、体育、艺术、旅游区域研究和社会教育。其中，最受欢迎的是艺术领域的课程，占一般发展和职前教育课程学生总数的 32%；其次是体育领域，占 24%；排在第三位的是社会教育方向，占 22%；而技术领域的学生仅占 8%。[①]

不同所有制形式的补充教育机构实施补充教育大纲的方向也有所不同。在国家型机构中，通常实施与艺术有关的补充教育大纲，而技术类大纲则一般在大学中实施，对于私立补充教育机构而言，通常实施体育和社会教育（包括外语学习）方向的教育大纲。

同时，在补充教育内容的选择方面，受众群体所表现出的年龄差异比较明显。比如，与其他年龄层次的群体相比，高中生最常参加学校的学科研究、入学准备、体育以及与志愿服务有关的教学项目，而少年段的孩子们则更多是参加工程、科学和手工类的学习项目或培训计划。年龄较小的学童主要参加艺术、社会教育方向的活动课程（包括各类艺术、手工艺、外语课程）。而在学龄前儿童中最受欢迎的，是各种类型的艺术课程以及与入学准备相关的各类初级学习课程。

此外，不同居住地的人们所倾向选择的补充教育内容也有所不同。

[①]　статистическое наблюдение ФСН No 1-ДОП，2019 年 7 月 18 日，见 https：//blanker.ru/doc/forma-1-dop-0609500.

在小城市、城镇和乡村地区，选择外语课程的比例几乎是首都和其他百万人口以上大城市居民的两倍。同时，城镇和乡村地区的儿童相对较多地选择体育方向和手工艺方向的课程。这种差异与不同区域的社会结构中人口群体的文化资本水平和收入差别有关，而且在小城镇和农村地区由于缺乏资源和师资，开拓新的补充教育方向（比如机器人技术）更难实现。不仅如此，城市和农村基础设施的差异也对补充教育内容结构产生了重大影响，比如在城市有大学、专业艺术学院等等。

尽管目前在俄罗斯并没有针对补充教育的统一国家标准，但国家依旧拥有对补充教育的内容结构施加影响的手段。近年来，俄罗斯表现出更多的国家对补充教育机构内容提出战略性要求的倾向，并且主要集中在技术方向的课程内容方面。俄罗斯教育部、经济部以及战略计划局都在该方向启动了相应计划，旨在发展技术领域的新内容，比如机器人技术、3D原型设计、编程等等。同时俄罗斯联邦各主体政府开始采用竞争机制支持这一方向的发展。尽管目前这些措施的成果不多，分析表明从2014年至2017年俄罗斯技术方向的补充教育机构所占份额的增长未超过1%。

三、补充教育的保障体系

（一）财政保障

国家在财政方面给予补充教育充分的支持。补充教育机构、实施补充教育领域活动的组织，享有俄罗斯联邦法律、俄联邦各主体法律、地方自治机关法规文件为实施相应基本教育大纲的机构所规定的税收优惠和其他优惠。

不同部门隶属关系的补充教育机构的财政收入和支出的特点也各不相同。在国家财政预算资金占补充教育机构财政收入比例方面，教育部和文化部下属的补充教育机构相较于体育部下属补充教育机构略高，其中教育部下属补充教育机构为91.4%，文化部为89.6%，而体育部为82.5%。而体育部下属补充教育机构的财政收入中来自创收活动、捐赠以及参与各级教育目标计划所获资金所占比例较高，而文化部下属补充教育机构中来自居民支付补充教育服务的收入比例较高。①

近年来，为完善补充教育领域的财政机制，提升政府财政资金的透明度、目标性和有效性，并吸引更多财政外资金投入，俄罗斯政府从三方面着手进行改革：首先，引入规范的人均筹资机制；其次，引入个性化融资机制；最后，确保不论补充教育机构的组织形式和部门隶属关系如何，补充教育计划的所有参与者按照统一的标准平等地获取财政资源。

俄罗斯财政部于 2016 年 2 月 16 日颁布第 9 号令，规定自 2017 年起引入特殊财政预算分类法。而 2016 年前传统的以预算均等补贴的形式支持补充教育的预算拨款既没有针对性，也没有提供追踪支持补充教育资金动向的机制。

为了确保补充教育的所有参与者能平等获取财政资源，俄罗斯政府于 2016 年 7 月 3 日颁布第 313—Φ3 号法令，该法令对 2013 年生效并实施的第 273—Φ3 号俄罗斯联邦法令《联邦教育法》进行了修订。尽管相关的变化允许联邦各主体可以拥有将用于支持补充教育发展的财政资金划拨给州一级、市一级、私立补充教育机构以及个人企业家的权力，但事实上，规则的变化并未解决市政当局能真正拥有这项权力的问题。而缺少这项权力使它们无法从市政预算中拨出补贴或专项款，用来支持私立补充教育机构，加强其物质和技术基础的完善、提高其雇员和管理人员的资质水平，尽管这些机构所实施的是已普遍得到认可的、满足社会导向的各种补充教育框架内的教育教学活动。

目前，俄罗斯联邦各主体已经批准了提供公共服务标准费用的程序以及为实施补充教育计划而提供市政服务标准费用的程序，但还存在诸多方面的问题。如《补充教育联邦法》总则中规定，补充教育系统中每种类型和方向的教育大纲均应按人均工时来计算费用。但是在俄罗斯一些地区

---

① Кузьминов Я. И., Фрумин И. Д., *Российское образование：достижение，вызовы，перспективы*，М.，Национальный Исследовательский Университет «Высшая Школа Экономики»，2018：143.

本没有真正按照这个规定执行；也并不是所有地区都实现了为残疾人实施特殊教育计划而提高财政预算拨款。

此外，由于补充教育课程的方向、规模、持续时间、级别各不相同，因此相较具备明确标准的学前和普通教育而言，在补充教育领域实施人均筹资机制要复杂得多。一些地区和市政当局在制定相应监管支持和财政资金计算方面也都存在一定困难。

基于2016—2020年教育发展目标纲要的框架，俄罗斯政府自2016年起开始试点个性化融资机制。个性化融资机制作为一种工具能确保家庭获得一定数量的资金（国家提供一年金钱数额或小时数的补充教育费用额度），然后家庭通过报名参与补充教育学习的形式将其转交给实施补充教育的该机构。2018年以来，这个个性化融资机制逐步在更多地区得以推广。

（二）师资保障

师资队伍是体现补充教育质量的最重要的指标。对于父母而言，高质量的补充教育首先需要能够引起孩子兴趣的合格教师，这样能激发起孩子继续上课的愿望，并且教师要真正关心孩子所取得的成绩和个人的成长。

目前在俄罗斯，尽管除技术方向外教师短缺的现象已经不十分明显，但是随着接受补充教育的人数的增加，该领域对教师的需求大大增加。尤其是俄罗斯政府优先制定技术方向的补充教育计划，对相关方向的师资人才的需求尤为强烈。

自从将"活动小组指导者"（Руководитель кружка）职位更名为"补充教育教师"以来，俄罗斯便开始对补充教育教师进行相关职业培训。而在此之前，活动小组指导者的培训是在中等职业教育机构进行，包括文化学校（学院）、师范学校（学院）。在对教师进行培训的高等（职业）教育机构中，在公共职业学院学习1—2年可获得"活动小组领导"证书。

自2007年以来，师范大学开设了"补充教育学"专业。自2011年以来，俄罗斯已经在联邦新一代中等职业教育标准的实施框架内，许可并开始实施"补充教育学"专业的教学大纲（级别——中等职业教育，资格证书——补充教育教师（相应方向））。目前在俄罗斯的中等职业教育体系中，有 23 个地区的 39 所师范学院依据《补充教育学》联邦国家教育标准培养师资。

在高等教育体系中依据《师范教育》和《心理—师范教育》国家教育标准中的儿童补充教育方向培训本科和硕士生。教育学（心理—教育学）学士学位的培养大纲有以下几种方式：培养期限为 4 年的单专业学士学位以及培养期限为 5 年的双专业学士学位。

大学所提供的这类本科课程通常与通识教育课程（数学、外语、技术、语言学、物理学、历史等）以及学前班和小学通识教育课程相融合。在双专业学士学位培养方面，《补充教育》可以作为主专业，占有更多的学时，也可以作为第二专业，相应学时数较少。目前在俄罗斯共有 30 个地区的 42 所大学进行相应培养，大学数量较 2014 年相比增加了 9 所。就具体方向而言，在艺术方向（声乐、舞蹈、音乐、视觉艺术、艺术和审美教育等）的教师培训项目数量最多。在社会教育学方向中，师范大学的相应课程比综合性大学要多些。但是能提供"技术创造""旅游区域学""生态""生物学"等课程领域师资培训的高教机构还比较缺乏。

在硕士生培养方面，俄罗斯通常在管理、辅导、创造性人格发展、儿童公共联合体活动、教育工作等领域提供教育学及心理—教育学培训。通常这些是由综合大学来开发的专门性计划，因为这更能反映出其相关专业领域储备的学术潜力以及在开发和应用领域所积累的经验。

进入补充教育领域担任教师的途径比普通学校教师更加多样化。调查显示，在补充教育机构中，只有一半的教职员工在申请这项工作前在高等或中等职业教育机构接受过教育学专业培训，大约有四分之一的教职员工曾在普通教育机构或学前教育机构工作，有 11% 的教职员工曾从事其他行业的生产劳动，不到 10% 的教职员工曾在大专院校、技术学校或科学机构工作。

总体上看，俄罗斯的师范院校尽管都有专门针对补充教育的师资培养项目，但这仍然还是无法满足日益增长的补充教育市场对于师资的迫切需求，因此吸引非师范教育专业的人才进入补充教育领域担任师资，已经开始成为俄罗斯补充教育领域补充师资力量的另一大路径。

（三）基础设施保障

苏联时期大多数课外教育机构均位于19—20世纪上半叶建造的建筑物中，与普通教育机构和学前教育机构相比，补充教育机构并没有进行标准化建设。直至20世纪80年代，苏联开始在许多中心区建立少年宫网络，其中包括当时原创且先进的建筑项目。但人们仍然感到房屋十分破旧，无法对儿童进行相应的补充教育。俄罗斯补充教育体系承继于苏联，而20世纪90年代初苏联解体时，补充教育物质基础薄弱这一状况依旧在持续。即使在后来国家经济状况良好的时期，补充教育的基础设施建设仍然不被国家重视。与那些加强普通和学前教育机构的物质基础设施项目相比，补充教育领域的基础设施项目迟迟未被提上日程。唯一例外是在体育方向，无论是联邦规划还是地区规划中，均对其基础设施建设进行了支持。

总体而言，俄罗斯补充教育体系的物质和技术基础形成于20世纪，并且长期以来一直未得到有效投资。缺乏相应的教学设备标准，缺少完善的设备和培训材料采购系统，会对补充教育课程的教学质量产生负面影响，并会限制高新科技领域的部署。许多市政下属的补充教育机构的培训条件不符合现代要求，阻碍了人的现代化发展。此外，破旧的建筑物和落后的教育环境也对教师的自尊和职业幸福感产生了负面影响。

然而，在信息化时代，高质量的补充教育与安全且现代化的教学空间、数字化教学设备和教学材料紧密相关。补充教育基础设施的特殊性决定了在大多数情况下并没有专门的场所来实施各种项目计划，尤其是技术方向和自然科学方向。在过去的一个多世纪中，这种情况并没有明显地引起人们的注意。但是随着科学技术的发展和教育设备行业的发展，拥有专门的场所显得至关重要。而且，与学前教育和普通教育不同的是，在补充教育系统中，没有形成配备教育设备和材料及其支持系统的标准、需求分析和定期采购的做法，因此改变旧有的物质基础势在必行。

在21世纪第二个10年，俄罗斯首先在地区层面，随后在联邦层面实施了不同规模的补充教育机构的建筑物和设备的重建工作。目前俄罗斯在补充教育领域所进行的物质和技术基础设施的完善主要集中在技术创造方向。比如创建具有高标准的技术园区"кванториум"，在莫斯科和圣彼得堡地区开发补充教育技术方向基础设施建设项目。此外在喀山、乌里扬诺夫斯克等许多地区"创造中心"教育环境都已经实现现代化。但是在许多市、小城镇和乡村地区，大多数补充教育机构的基础设施水平都不符合现代标准的要求。

近年来，在现代教育环境中俄罗斯补充教育机构的建筑物改建数量正在逐渐增加，但这个过程或多或少地影响着机构的组织形式及隶属关系。在这种情况下，最有利的部门是大城市中专门从事技术创造项目的补充教育机构和体育学校。

除硬件改善外，加强补充教育领域的数字化进程也是俄罗斯未来努力的重要方向。迄今为止，补充教育体系的数字化进程仅对技术创造方向产生了重要影响。但是在未来"数字化"将会为改善教育过程、提高教育管理水平等提供巨大的机会。目前而言，俄罗斯政府在这一领域的举措不仅缺乏资源的投入，也缺少系统的措施。

第十章　俄罗斯国家教育政策
总体走向与教改趋势

　　1991 年末，俄罗斯作为独立的民族国家取代苏联在联合国常任理事国的合法地位，直接进入世界核心舞台，在首任总统叶利钦带领下开启了20 世纪最后 10 年复杂艰辛的国家整体转型。新世纪前夜，普京受命接替叶利钦出任俄罗斯联邦第二任总统，在继续保持俄罗斯国家独立、社会制度转轨资本主义模式、全面进入社会转型的同时，也在执政理念、国家思想以及社会各领域改革政策的制定与推行方面，显示出与其前任叶利钦不同的治国韬略。他以强国为本、振兴经济为中心，强调爱国主义是民族复兴的精神根基，坚持走自己的"市场和民主"发展道路，提出建立"有行为能力的国家"不做附庸的大国等一系列战略思想，把"强国意识"与科技成就联系起来，与完善人才培养体系联系起来，并在国民教育领域开启教育现代化改革与发展的新阶段。

一、叶利钦时代对苏联教育的继承与变革

　　对于开启俄罗斯历史先河的叶利钦来说，如何引领刚刚从苏联僵化制度下独立的国家前行，是一个全新而艰巨的任务。全方位的社会转型，多舛的国内外时局、根深蒂固的传统观念与新意识形态的碰撞给这个古老土地上的新国家带来无数不稳定因素。在国民教育发展战略上，新俄罗斯

继承了苏联时期重教、兴教的传统。苏联解体前夕，1991 年 7 月叶利钦先成功当选俄罗斯共和国唯一一任总统后，颁布的第 1 号总统令便是《关于俄罗斯苏维埃社会主义联邦共和国教育发展的紧急措施》，强调首先必须确保教育领域发展的优先地位。5 个月后苏联解体，叶利钦正式就任俄罗斯联邦总统。1992 年在由其亲自签发命令颁布的俄罗斯《联邦教育法》中，"俄罗斯联邦宣布，教育领域为优先发展领域"的表述作为头款头条，明确延续了这种发展教育的国家立场。在随后的教育改革中，俄罗斯继承了苏联时期通过法律、法规发展和管理教育，即"发展教育，立法先行"的传统，仅 1992—1997 年的 5 年间，所颁布的联邦一级的教改法令法规就多达 250 余个，尽显出新政府对教育发展在法律和法规层面上的重视。

20 世纪 90 年代在艰难中运行的俄罗斯教育体系在基本结构和外在形式上，也基本延续 80 年代后期苏联的教育模式和教改思路，全然不像十月革命彻底否定并推翻了旧教育制度那样，而只是陆续进行了部分调整。从国家教育管理机构的保留和整合，到普通中等教育大纲的划分、再到对 1988 年业已开始的高等教育多级结构改革的具体化，俄罗斯国民教育最初几年所呈现的仍然是苏联时期的基本骨架，是在原有的教育师资、教材教法、教学形式得以保留的基础上，陆续添加新的成分。

1992 年颁布的《联邦教育法》是俄罗斯独立后第一部教育基本法。从客观上看，这部教育法在总体思想上继承了苏联解体前夕奉行的教育政策，是一部既兼顾教育传统、延续变革理念，又突破僵化形态、追求多样化定位，更面向未来发展的国家法律。而该法与以往教育政策法规所呈现的不同之处或曰首开先河的内容，实际上反映了叶利钦时期教育的"变革"所在。

首先，俄罗斯国民教育领域的最大变化是意识形态方面的变化。由戈尔巴乔夫开始倡导的"政治民主化""公开性"社会政治改革涉及各个领域，到叶利钦时期已经演变到对原有意识形态的全盘摒弃。如果说当时国民教育的制度形态尚保留了苏联的主体模式，那么教育的意识形态领域已经全然放弃了苏联时期的主流观点。《联邦教育法》明文规定："在国家和地方教育机构及教育管理机关中，不得建立政党、社会政治和宗教团体的组织机构，不允许它们在教育机关中进行活动。"①

其次，根据终身教育的理念调整国民教育体系的划分。《联邦教育法》以普通教育大纲和职业教育大纲的两分法取代了苏联时期四分法（学前、普通中等、中等职业和高等教育）的国民教育体系，理由是受教育者在普通中等教育阶段之后接受的教育都以获得职业为目的，所以统称为职业教育阶段，这也使得传统意义上的高等教育学段被称为高等职业教育学段。

第三，确立了办学主体的开放机制和教育机构的市场机制。《联邦教育法》一改苏联时期教育机构只有国立、公立形式的单一模式，规定教育机构的创办人还可以是境内外各种所有制形式机构、国内各类社会组织和宗教团体、本国公民或外国公民，亦允许联合创办教育机构。此外，允许教育机构从事一定范围内的经营性活动及获取补充资金的非经营性活动，包括有偿向学生和社会提供教学大纲以外的补充教育服务等。

第四，与之前各版《苏联和各加盟共和国教育立法纲要》相比，《联邦教育法》在教育管理体制方面从单一的中央集权走向多级管理形态，规定了从联邦到地方、再到具体教育机构的管理权限和职责划分。

就《联邦教育法》的指导思想、相应政策取向及改革措施落实几个方面归纳而言，叶利钦时期的教育改革政策呈现如下特点：学校教育的去意识形态化；教育教学管理的去集权化；教育体制的多样化；教育内容的个性化、人道化和人文化。这些特点之下形成的积极的教育变化和负面教育问题交织于一体，使这一时期教育改革如履薄冰，处境艰难。如教育机构中政治组织的被取缔，使各类学校在减少了许多形式主义的同时也形成了学生思想道德教育的真空；教育管理权的下放使地方有了更多自主权，但整体经济形势的滑坡令各级学校难从任何一级获得实质性财政支持；教材的多样化、教育机构的非国有形式迅速涌现的事实，在打破以往教育形

---

① 肖甦、王义高编译：《俄罗斯转型时期重要教育法规文献汇编》，人民教育出版社 2009年版，第 149 页。

式划一、单调、僵化的同时，给教育公平、教育质量的合格与提升带来严重威胁。凡此种种，导致学生、家长、社会对教育现状的质疑与抱怨远大于支持和赞美之声。

难怪时任教育部长的福尔先科在总结 20 世纪 90 年代俄罗斯教育改革曾坦陈：整个 90 年代，俄国教育没有带来任何好处，实际上陷入了放任自流的状态。只是从 2000 年开始国家才重新转回学校，教育体系才开始康复，站稳脚跟后才开始了真正变革。的确，由于众所周知的政治、经济、社会各种矛盾与困境，叶利钦政府没能真正顾及教育变革的落实，教育法令的失衡失范，政府缺乏监管力度和实质性财政支持，教改措施的落实缺乏一定的系统性、连续性和有效性是 20 世纪整个 90 年代俄罗斯教育发展的总体特征。因此，或许可以说，叶利钦时期的俄罗斯教育应该是退步大于进步。

二、普京时代教育改革的务虚与务实

在跨入 21 世纪前的最后一夜，已近两届任期的俄罗斯总统叶利钦过于突然地宣布提前辞去总统职务，同时钦点总理普京接掌帅印。由此，俄罗斯进入为期 8 年、而实则影响远不拘于 8 年的普京时代，或者说开始进入普京时代的第一个阶段。

与俄罗斯首任总统叶利钦效仿资本主义发达国家积极推进西方民主化有所不同，普京在新世纪上台伊始，就为俄罗斯的社会转型进程增加了不违背民主化进程、但更符合俄罗斯国情和民族文化认同的"俄罗斯思想"内容。考察普京时期的教育改革政策走向，同样需要与俄罗斯当时的国内外政治经济形势紧密联系起来分析问题。

从当时的社会大环境来看，普京接手的是一个由 8 年社会转型阵痛导致的政治混乱、经济瘫痪、社会无序、民心涣散、矛盾重重的乱摊子，用其前任叶利钦自己的话说是"整个国家机器失灵"和"无政府的状态"。就此国情，普京上任伊始确立的执政目标是追求稳定与秩序；因循的执政理念是恢复国家作用和强国意识，构建"可控民主"体制；采取的执政策略是发展中央可控的自由经济，重振民族爱国主义精神。经过随后的强权政治的打造和统领，外加彼时国际能源价格持续走高的天时相助，普京在第二任总统任期之初已经如约实现了政治上从"无政府状态"到"可控民主"的转向，经济上完成"GDP 翻番""消除贫困"两大任务。而普京第一任期所取得的奠基性成就，又成为其在第二任期展开各个领域的针对性极强的具体改革的实质性基础。到 2005 年底，俄罗斯的国民经济总量重新恢复到 20 世纪 90 年代初期的水平；2006 年俄罗斯 GDP 总值已达11206 亿美元，跨入世界十大经济大国的行列；2007 年俄罗斯人均 GDP已接近 9500 美元。[①] 在这 8 年时间里，国家经济不仅摆脱了以往的危机，而且实现了跨越式增长，有足够理由成为"金砖四国"主要成员之一。

在这样的社会大背景下再看普京时代的教育发展，我们不难发现，俄罗斯教育领域的发展与变革紧密伴随其国家政治经济改革的进程展开，亦循由动荡到逐步稳定的轨迹前行，前期受政局、经济及意识形态的冲击大于受体制变更的冲击。普京两个任期内的教育改革政策是一条从务虚转向务实、从解决遗留问题到寻求实质性进步的展开轨迹，由此也使其两个任期具有相对独立的特点。

第一任期内在"保证政局稳定、政令畅通、政权正常运转"的"第一要务"之下，国家级教育政策的制定、颁行是与教育具体层面的危机化解同步进行的。

此间国家对教育领域的掌管亦是密集制定多项重量级的教改法令法规，强化国家对发展教育的责任、教育对国家发展的意义，如：2000 年4 月普京签署《俄罗斯联邦教育发展纲要》，明确了 2000—2005 年的教育发展方案；同年 10 月俄政府批准《俄罗斯联邦国民教育要义》，再次强调教育在国家政策中的优先地位、确立教育发展的战略和基本方针；2001年 4 月颁布《俄罗斯 2001—2010 年连续师范教育体系发展纲要》，期望

---

①　肖甦：《评俄罗斯三位总统的教育政策与改革特征》，《比较教育研究》2011 年第 10 期。

在传统和现代经验基础上更新师范教育内容、提高师范教育教学水平，借以保证国民教育整体质量的提升；而 2001 年岁末颁布的《2010 年前俄罗斯教育现代化构想》，足可被视为普京时代教育政策的核心指南，该文件清晰确定了俄罗斯未来十年教育改革总方向，明确强调把以往的"教育改革"表述换成"教育现代化"，指出俄罗斯教育现代化的任务是保持教育的奠基性和时代质量，必须符合个人、社会和国家当前与长远需要，而且教育现代化不能作为一个部门性的方案来实施，必须提升到国家政治层面并成为全民族的任务。与此同时，在教育领域内部主要致力解决叶利钦时期积淤的众多矛盾和危机问题，处理抚平堵漏事宜，即便一些新的改革举措启动，也大多是在初级起步阶段。

如果说，普京的第一任期是"把转轨的重点由叶利钦时代主要摧毁旧制度转向主要是建设新制度"①的话，那么到 2004 年其第二任期开始后，他更多的是转向重监管、抓落实方面。起码在教育领域，是从务虚向务实转向。

在政府机构改组中，将教育与科学部合并成为教育科学部，体现教育科学一体化的创新理念。在理顺管理体制、完善监管机制、整顿"乱摊子"的过程中，教改开始向具体的、实质性措施完善和寻求内容与模式创新的方向展开，多项教育教学改革从启动试行、艰难推进，到此间陆续有了结果。比如，① 国家统一考试改革从 2001 年起步在局部试点，历经质疑、抵触，艰难铺开的 8 年缓慢推进，到 2008 年底完成了普及、2009 年实现了全国普通教育学校的统一施行；② 完全中等教育向 12 年学制过渡的改革原计划从 2000 年起用 10 年时间逐年推进到 2010 年实现 12 年学制，但由于这项改革开始试点后一直备受争议，所产生阻力和虚无性使得它最终在 2006 年前后被终止；③ 作为俄罗斯新时期最重要的普通教育教学改革，高中侧重专业式教学改革旨在"通过调整教学结构、内容和教学组织形式，促进高中教学的个别化和细分化，为学生铺建个性化教育轨道提

---

① 陆南泉：《普京执政的前四年与后四年》，《上海财经大学学报》2006 年第 1 期。

供可能性"，其推进力度从 2003 年开始试点，到 2007 年的 59% 的学校不同程度普及、其余41% 学校的起步参与，① 亦是一个后期开花结果的流程；④ 2003 年加入博洛尼亚进程，高教多级教育体制的改革举措缓步向纵深和与国际接轨的各具体环节过渡，2007 年 5 月，国家杜马通过《关于引入两级高等教育体制的法律草案》，从法律层面上明确正式实施两级高等教育体制。

此外，谈及普京时代的治国重教策略，必须提及期间两度颁布的（2001—2005 年，2006—2010 年）《俄罗斯联邦国家公民爱国主义教育纲要》。在普京决意以新俄罗斯思想振奋民族精神作为国家发展战略重要元素的背景下，教育领域中加强思想道德教育得到空前重视。由爱国主义、强国意识、国家作用、社会团结几部分构成的新俄罗斯思想体系，爱国主义是其中的基础要素。作为思想道德教育严重缺失的重灾区，俄罗斯学校尤其需将爱国主义教育重新切实地贯穿于学校教学教育过程。应当说，落实这项旨在从精神层面影响一代新人的教改举措，其重要意义绝不亚于完善物质基础设施、提高知识教学质量的意义。

普京时代使教育领域的物质基础和精神面貌都有了很大的改观，亦堪称是从摆脱危机到正轨运行的艰难时世。但这远不是说俄罗斯教育已经能风调雨顺地发展。事实上，在观念更新、制度保障、师资建设、质量保证、物质基础改造等许多方面都还存在相当多的问题。而欲使俄罗斯教育重新回到世界一流版块，增加教育的软实力更为重要，这一意图在普京执政后期有明显体现。正如他在 2006 年的《国情咨文》所强调的，俄罗斯需要有竞争力的教育体制，否则就会遭遇教育质量与现实社会要求脱节的危险。由此，也为新一届政府的施政路线定下了教育发展的主旋律。

---

① 肖甦：《新世纪俄罗斯普通高中的教育改革：政策、措施与特点》，《比较教育研究》2010 年第 7 期。

三、"梅普组合"时期的教育传承与创新旋律

遍览历史与现实，古今中外，似乎没有第二个国家的政权交接与政府更迭会如俄罗斯政坛所为。在其他国家，即便有政府总理继而"荣任"国家总统者，也鲜有随后再从总统"屈就"政府总理者。21 世纪初的俄罗斯，55 岁的普京成就了这样一个事实：2008 年 5 月，两任总统届满的普京，被俄罗斯第五届总统、42 岁的梅德韦杰夫任命为俄罗斯总理，"梅普组合"时期旋即开启。这一举动既实现了总统和总理的角色对调，也为普京路线的继续延伸铸就了绝对屏障。如此的国家与政府首脑格局，使俄罗斯的施政方针理所当然呈现出延续性的特点。显然，"梅普组合"并不意味"普京时代"的结束，而是另一种形式的继续。在科教领域，国家政策的延续性同样明显。

如果说普京时期科教兴国的政策目标是推进教育现代化进程、将改革措施定位于化解危机、抓有效落实上，那么，梅普组合时期的教育改革已经使推进教育现代化具有了更为明晰的任务特征，那就是追求教育创新，打造能够有效服务于创新经济的创新型教育。

事实上，国家创新的命题自普京第二任期之初已经开始。2005 年 8 月俄罗斯政府批准了《至 2010 年俄罗斯联邦发展创新体系政策基本方向》，它既是指导俄罗斯国家创新体系建设的基本文件，更是普京科教兴国战略的重要导向。梅德韦杰夫 2005 年底出任俄罗斯第一副总理，建设国家创新体系成为他最为重要的领导职责之一。2008 年底，联邦政府颁布《2020 年前国家社会经济发展长期构想》，进一步明确了俄罗斯从能源型经济转向创新型经济转型的发展战略，计划先用 4 年的时间做好经济转型前的物质技术准备，再从 2012 年起用 8 年的时间集中发展创新型经济。而 2008 年末的《教育和创新经济的发展：2009—2012 年推行现代教育模式的国家发展纲要》和 2009 年初的《2020 年前的俄罗斯教育——服务于知识经济的教育模式》作为与之配套的重要政策文本，比较清晰地确认了

"作为创新发展必要条件的创新教育"的短期和中期发展规划，其中甚至列出了为打造现代教育模式所必需的前期指标。如，将使用互联网技术的教育机构从 10% 提高到 100%；将毕业一年后仍对所接受的基础教育感到满意的公民比例从 40% 提高到 60%；将享受学前教育服务的儿童的比例从 61% 提高到 65%，创建数所进入国际 500 强、具有国际竞争力的大学；等等。

在此科教创新规划框架下，"梅普组合"时期的教育改革，除了继续将之前的一系列教改举措，如国家统一考试、侧重专业教学、教育标准更新等项目进一步落实完善之外，还有两大突出的教育创新亮点。

之一是普通教育领域颁行"我们的新学校"国家教育创新方案。

早在 2008 年末，梅德韦杰夫总统就提出实施"我们的新学校"国家教育创新方案，强调创建新学校的实质和意义是发掘每个儿童的个人潜力；培养他们的学习兴趣；帮助他们拥有健康心灵和健康的生活方式；为国家创新发展培养合格的青年才俊。2010 年初，经过各方讨论审议的"我们的新学校"方案经总统签署后正式启动。该方案主要解决向新教育标准过渡，支持、挖掘天才儿童，教师专业发展、中小学生健康体魄和现代学校基础设施五方面的问题。鉴于所涉及的问题不可能短时间内妥善解决，所以这是普通教育领域内一项长期的改革任务，政府初步计划拨款 150 亿卢布用于实现该方案的落实，并每年向总统提交关于该方案落实情况的综合报告。方案被认可后，各地相继开始了不同规模的任务落实，对教育标准的讨论、一系列关于发现、支持"神童"的措施、对教师待遇的提高和专业化培训、学校体育课时的增加、电子设备的更新等显示出俄罗斯普通教育界的活跃变化。

之二是职业高等教育领域的创新型大学建设。

在不同版本的世界大学排行榜上，俄罗斯进入一百强的只有莫斯科国立大学，最好的排序成绩大致位居第 65—75 位。俄罗斯独立以来，高等学校数量虽不断增加，但公认的优质学校相对匮乏，在人才培养质量、规格等方面尤其显现出对社会创新经济发展的不适应性。这使提高大学的国际竞争力和创新能力成为高教改革的战略任务，也使建设国际一流的研究型大学、组建国内领先、主导区域发展的联邦大学被提上议事日程。根据 2008 年 5 月梅德韦杰夫签署的组建联邦大学总统令，联邦大学应同时肩负"培养具有高等专业知识与技能的国家级优秀人才"和"在区域经济及社会发展中承担战略性责任"的使命。俄罗斯计划到 2020 年重点支持两类大学，一类为学生数量为 3—5 万人的多学科联邦大学，数量在 10 所左右；另一类为中等规模但须有重点学科的研究型大学，要通过竞争方式从现有国立高校中评选出 30—40 所，以提升这些院校的国际竞争力。

联邦大学与普通大学的不同主要表现在，前者可以享受特殊拨款、具有更大的自主权，采用新的组织管理体系。为支持这类大学的发展建设，国家预算以三年为周期每年额外划拨超过 10 亿美元的资金。按照创新型大学的建构设计，俄罗斯高校的层级结构将形成"金字塔形"。莫斯科大学、圣彼得堡大学既属于研究型大学之列，又同时具有联邦大学的法律地位，因此占据金字塔顶层，其下一层是联邦大学，再往下一层是研究型大学，然后是俄罗斯各联邦主体设立的其他大学，最底层是以培养学士为主的学院。应该说，围绕这一目标的落实，从梅普组合时期开始，已成为俄罗斯高等教育改革的中长期任务。

此外，在梅普组合时期，提高师资质量与待遇工程也是顺延并持续展开的重要内容。2008 年俄罗斯完成了《教师专业化标准（草案）》《教育工作人员及领导人员鉴定程序（草案）》，以此推动教师培养、进修和鉴定体制；建立成熟的教育机构管理人员和教师评估（考核）体系，保证师资队伍整体质量的提高。在师范教育职前培养上，逐渐改变原有教师培养体系，在综合大学里增加教育学硕士层次培养；尝试师范大学的转型建设，或将师范学院校纳入传统大学，或改为保留师范专业的人文大学。为了稳定师资队伍、吸引更多优秀青年加盟，俄罗斯政府在改善教师社会地位、提高工资待遇方面不断加大力度。2011 年 4 月，联邦政府会议通过实施《区域普通教育体系现代化项目》的决议，旨在为联邦主体促进普通教育体系现代化提供支持。该项目总预算拨款为 1200 亿卢布，主要用于提高教师工资、保障高质量教学和物质—技术基础、解决农村地区小型学校问题、建立远程教育中心、开展教师和校长培训等方面的支持，目标之一是能通过这个项目的实施，使教师平均工资水平增加 30%，或者达到经济部门的平均工资水平。而据 2011 年 10 月的统计，通过《区域普通教育体系现代化项目》的落实，教师工资水平已得到实质性提高，有 50 个联邦主体的教师平均工资超过了经济部门的平均水平，一个地区达到了平均水平，31 个地区的教师平均工资水平与第一季度相比增加了 30% 以上。[①]

四、普京新任期教育政策及实施的走向

尽管结束两任总统之后，普京于 2008 年在新任总统梅德韦杰夫的任命下重新出任联邦政府总理，使俄罗斯在新世纪第一个 10 年之交阶段穿插了短暂的梅普组合时段，但这 4 年间俄罗斯的大政方针丝毫没有改变先前的治国路线，所以 2012 年普京再度宣誓就职俄罗斯第五任总统，与其说是普京重新赢得大选，不如说是梅普再度顺利实现国家最高权力的交接和转换。毫无疑问，普京作为新任总统的回归，为俄罗斯持续实施方向一致、节奏稳定的国家发展政策提供了坚实的保障。因此，俄罗斯联邦的国家发展战略、各个社会领域发展战略、包括国民教育改革的政策与措施，都明显呈延续性特点。

（一）普京新任期教育政策与法律的颁行

在 2012 年 5 月 7 日宣誓就职当天，普京总统签署了一系列关乎国家发展走向的重要政策文本或命令，其中 599 号命令是有关国民教育发展的《关于教育科学领域实施国家政策的措施》政策文件。该项政策所涉及

---

① 肖甦、刘楠：《俄罗斯中小学教师新工资制度改革：原因、内容及实施保障》，《比较教育研究》2012 年第 8 期。

的内容，不仅是对俄联邦之前教育发展战略的继续，亦是部署和落实新阶段教育现代化战略的具体化任务，其中的主题词"创新发展""人才、包括天才儿童的培养""加大教育投入""集中完善学前教育物质基础"等内容，既是本年度的主要任务，也是前后一段时间内俄罗斯教育改革的重要方面。

这份政策文件为国民教育领域近期发展规定了具体任务，其应当达到的指标包括：1.2016年前实现3—7岁儿童100%接受学前教育；2.2020年前至少有5所大学跻身世界大学100强排行榜；3.通过技能训练与职业培训提高25—65岁就业人口的比例，2015年前实现这一年龄段在经济领域就业的人口份额达到37%；4.2020年前实现5—18岁儿童青少年中70%—75%接受补充教育规划，并且其中50%享受联邦国家预算拨款；5.2020年前中等职业学校和高等职业学校的份额增加，为残障学生提供的上学机会从3%提高至25%。关于科学领域近期内应达到的目标包括：1.2018年前国家科研基金达到250亿卢布；2.2015年前随着高等职业教育机构的支出达到国内生产总值（GDP）的11.4%，将用于研究和开发的支出提高至国内生产总值的1.775%；3.2015年前俄罗斯研究人员发表在被收入"科学网"的世界学术期刊的文章总数达到2.44%。①

在普京2012年开始的第三任期里，国民教育领域的政策运行与发展比较积极。一方面，继《关于教育科学领域实施国家政策的措施》颁布之后，联邦政府又陆续颁发了数项重要的中长期教育政策和科技政策，引领国家教育与科学的近期走向，如《俄罗斯联邦2013—2020年国家教育发展纲要》《2013—2020年俄罗斯联邦国家科学技术发展纲要》《2014—2020年"创新俄罗斯科学和科教人才"联邦目标纲要》等；另一方面，注重加强教育科技领域国家政策目标的落实，保障各项任务有序推进，如在每年的教育科学部年度工作报告中都可以看到教育任务目标具体达成

---

① 北京师范大学国际与比较教育研究院：《国际教育政策与发展趋势年度报告2013》，北京师范大学出版社2015年版，第158页。

情况。

　　新版《联邦教育法》的颁行，当属普京第三任总统开启后国家教育发展的最重要事件。这是 2012 年 12 月 26 日经俄罗斯联邦会议通过、12 月 29 日普京总统批准正式颁布的国家教育大法。作为俄罗斯联邦国民教育唯一基本法，该法于 2013 年 9 月 1 日正式生效，与此同时，1992 年颁布的《联邦教育法》和 1996 年颁布的《俄罗斯高等职业教育和高校后职业教育法》一并失去法律效率。

　　其实，自 1992 年俄罗斯历史上第一部教育基本法《联邦教育法》颁布实施以后，对其的修改与完善一直不断。由于当时社会环境恶劣，加之人们在思想和观念方面未做好充分准备，使得《联邦教育法》在实施的过程中出现了很多问题，违法现象屡见不鲜，个别条款甚至与俄联邦宪法矛盾。联邦政府于 1996 年对《联邦教育法》进行了第一次修订，主要是规范教育私有化尺度，遏制自由主义在教育领域的干扰，逐步恢复国家对教育的责任。同时，第一部《俄罗斯高等职业教育和高校后职业教育法》也于 1996 年颁布。

　　普京新世纪就任总统后，随着俄国社会环境的逐步稳定，要求政府每年都对这两部法律进行补充完善。继 2004 年、2007 年对《教育法》两次重大修改之后，2010 年 5 月又开始迄今为止对《联邦教育法》的最大规模的修订，颁布了新版《教育法草案》供全民讨论。时任联邦总统梅德韦杰夫亲自委托俄罗斯联邦教育科学部组织对新法案的社会讨论。人们广泛关注的问题主要集中于免费教育、家庭教育的概念，家长对学校教育的参与，学生助学金数额等。经过社会各方的讨论和建议，修正后的第二版草案于当年 12 月公布。2011 年 7 月教育与科学部在官方网站上公布了《教育法草案》的第三版，供社会各界讨论商榷。经由 46 个俄罗斯联邦主体的同意，34 个主体给出了自己的修订意见。[①]2011 年 10 月俄罗斯联邦国

---

① 　Фурсенко：*закон об образовании должен быть принят весной*，2011 年 12 月 27 日，见 http：// www.kommersant.ru/news/1847213/rubric/7.

家杜马召开《教育法草案》听证会，该法的制定者以及有关专家就教育基本法的新方案等有关问题进一步商讨①，2012 年 5 月，教育科学部颁布正式的《教育法草案》。2012 年 12 月联邦会议正式通过新版《俄罗斯联邦教育法》，经总统普京签字发布命令，批准该法正式颁布并于 2013 年 9 月 1 日正式生效。

从以下对新版《联邦教育法》的主要内容及变化的简要辨析，我们或可进一步了解普京时代持续推进教育改革的制度完善、理念延续、法制建设以及国家管理等多方面的变化。2013 年新版《联邦教育法》较 2007 年旧版《联邦教育法》有较大的修改补充，它将原来的 6 章拆分，进一步细化，并添加大量的新内容，形成了由 15 章组成的新格局。

头两章是该法性质与功能的总体规制。第一章为"总则"。确定本法调节对象，国家对教育权利的保障和实现。删除原来有关教学语言、教育标准等内容的条款，首次添加法律术语和法律概念，明确教育法体系、法律适用范围，划分联邦、地方、自治市属机构的教育权限。第二章为"教育体系"。这一章删掉过去的入学要求、学历证书以及各级教育大纲的实施要求等几个方面的规定，首先确定了教育体系的结构，并明确了联邦国家教育标准和教育大纲要求，及实施大纲的组织形式。该章第一次提到对教育体系中教法、教学资源的保障，并规范教育领域中的试验创新活动。

从第三章起开始对教育活动参与的主客体人群的规范。第三章为"教育活动参与者"。该章首先对教育活动作出界定，对创建、重组和取消教育机构作出规范，还规定了教育机构的各种类型及机构管理问题。该章第一次提到教育机构的信息公开，以及教育组织机构的权限、责任和义务。最后，该章还对教学组织和个人从教活动作出规范。第四章为"学生及其家长"。这一章的内容是旧版《教育法》第五章公民教育权利的社会保障部分。这章首次添加了教科书和参考书的使用、生活必需品和住宿条

---

① *В Госдуме обсудят проект нового закона об образовании*，见 http：//school.edu.ru/news.asp？ob_no=89810.

件的保障、延长科研假期、提高教育组织领导的法律地位等内容，明确了学生、家长和教师的权力、责任和义务。第五章为"教师、领导及其他工作人员"。该章首先明确从教的权利，进而确定教师的法律地位、义务和责任，规范了教师的鉴定、教师的技能提升和再培训等问题，对教育机构中科研人员、领导的权利和责任也进行了规范。第六章为"教育关系的变更与终止"。在旧版《教育法》中，有关这方面的规定没有单独成章，而是寥寥几笔散落在不同章节中。新版《教育法》第一次提到教育关系发生改变和终止的问题，并对学生的入学及毕业文凭作出了规定。

国民教育体系各级各类教育的规制与特性用随后的五章分别表达。第七章为"普通教育"。这一章对学前教育、初等、基础和中等教育作出规定。本章第一次明文提到国家统一考试的规定，原来教育机构条例中的很多内容也都被添加到这一章中。第八章为"职业教育"。首次将初等职业教育从职业教育中剔除，目前的职业教育只包括中等职业教育和高等教育。该章明确了应该对掌握学士、专家和硕士教育大纲的学生进行总结性评定，规范研究生院的招生及论文答辩准备等一系列问题，还首次特别规范了高等教育中教育和科研一体化的形式。第九章为"职业培训"，第十章为"补充教育"。此版《教育法》将旧版《教育法》中的这些内容单列成章，并进行了细化。第十一章为"实施某种教育大纲和个别学生获得教育的特殊性"。该章首次明确了在奥林匹克竞赛中展现非凡才能的公民接受教育的问题，并单独阐述了实施宗教、文化体育、艺术、医疗制造等专业的教育大纲的特点。

最后四章是关于国民教育的国家监管内容。第十二章为"教育系统的管理，教育活动的国家调节"，它是旧版《教育法》的第三章"教育管理"。这一章第一次提到教育管理的信息保障问题，企业主联合会参与教育领域国家政策和管理的制定及实施。同时，这一章还包括教育活动的国家调节、许可、认证、监察和教育质量的客观评价等内容，还增加了国家对教育法律执行情况的监察，职业社会组织对教育大纲和教育机构科研组织的认证等内容。这是《教育法》第一次提到社会中立机构对教育的认证问题，体现了教育管理中的开放和民主。第十三章为"教育领域的经济活动"，即旧版《教育法》的第四章"教育经济"。这一章首先阐明教育领域经济活动的原则，将"依靠联邦、主体和地方预算体系拨款的控制数招生名额的分配"单独作为一条进行阐述，还首次添加了教育机构的智力活动成果、教育投资和教育贷款等条款。在原来的有偿教育服务的规定中，添加了"有偿教育服务的惩罚条款"。第十四章为"教育领域的国际活动"，首次对国外教育文凭的认证进行规范。第十五章为"过渡性及终结性条款"，首次对现行联邦法律的条款的实施保障以及对终止的法律条款作出规定。

　　分析新版《联邦教育法》颁行原因，主要可以从两个方面来看。一方面是源于俄罗斯公民对教育民主需求的提高。随着国家整体状况的不断好转，俄罗斯教育事业也获得了快速发展，公民对教育的需求不断增长、分层。公民要求教育公平，提高教育质量、实现教育权利的渴望愈发强烈。而教育实践中，公民对教育公平和教育权利诉求的提高与教育机构人才培养能力和教育质量的落后之间凸显出许多矛盾。旧版《联邦教育法》和《高教法》已不能满足公民日益提高的教育民主化、教育多样化需求，现实需求与法律保障之间已经出现明显的差距。修订法案的另一方面原因是俄国教育法律体系本身存在的缺损和矛盾日益明显，《联邦教育法》和《高教法》在技术性上亟待提高：旧版教育法对"教育"等概念没有作出阐述，以致在其执行中产生歧义，甚至部分法律条款还出现了相互矛盾的现象；此外不仅在整个教育法律体系中，旧版教育法与高教法以及其他教育法令之间存在规定重复的情况，而且在俄罗斯整个法律体系中，旧版教育法的某些规定与其同位阶的《民法》《财政法案》之间也存在矛盾。这一切矛盾的累积和复杂化，使这部国家教育大法的修订势在必行。

　　总之，相比旧版《教育法》，新版《教育法》有非常大的改变，结构和内容都做了很大调整。很多内容都是教育基本法所应具有、而过去又缺少明确规定的内容。新法不仅承载了提升教育质量的目标和任务，也体现了国家创新发展的联邦战略目标诉求，适应并推进了俄罗斯联邦 2020 年前社会—经济长期发展方案之下教育与科学中长期发展一系列国家教育优先发展规划的生成。这部法令的不断更新完善从不同角度展示着普京时代在俄罗斯教育领域中国家的价值取向和政策取向。

（二）普京第三任期教育发展的阶段性成效

涉及普京新任期国民教育发展的实质性推进，我们可以从联邦政府阶段性总结报告中获得一些详细数据。

在《俄罗斯联邦教育科学部 2016—2018 年主要工作方向及预期成果报告》① 中，可以看到以下方面的教育发展具体情况。

在学前教育方面，俄罗斯各州两年内新建了近 1000 所现代化的幼儿园；2013—2014 年俄罗斯政府对学前教育的财政拨款为 1000 亿卢布。2014 年，3—7 岁孩子入学人数为 5489660 人，其中包括克里米亚联邦区 75420 人，平均入学率达到 93.65%。2014 年俄罗斯有 83 个地区实现网络排队入园，确保了入学资格审核的透明度。

在基础教育方面，政府继续加大对国家历史和语言教育教学的投入，财政支持力度达到了近 44 万卢布。俄罗斯国家队成功参加了综合科目国际比赛，俄罗斯中小学生已经赢得了 19 金、16 银和 3 枚铜牌；俄罗斯在参加国际奥林匹克竞赛的历史上，第一次获得化学科目的金牌。

在儿童补充教育方面，5 岁到 18 岁的儿童接受补充教育的比例 2013 年达到 58.5%，2014 年达到 62%，如此年度提升节奏，到 2020 年实现既定目标 70—75% 应该不是问题。在补充职业教育方面，按照 2012 年颁布的《工程技术人员培训计划 2012—2014》，2012—2014 年共培训 16582 人，其中 5752 人在俄罗斯的工厂或工程中心接受培训，2087 人在国外接受培训。

在高等教育方面，2014 年俄联邦继续对俄高校进行优化和重组，继

---

① 北京师范大学国际与比较教育研究院：《国际教育政策与发展趋势年度报告 2016》，北京师范大学出版社 2018 年版，第 212—213 页。

续推进 40 所领先大学发展计划。在 2014 年 QS 世界大学排行榜上，俄罗斯高等院校从 2011 年的 13 所上升至 21 所，最高排名是莫斯科国立大学，排名 114 位。在 2014 年《泰晤士报》世界大学排行榜上，两所俄罗斯大学进入前 400 名，莫斯科国立大学排名 196 位，新西伯利亚国立大学排名 301—350。在 2014 年《泰晤士报》大学的自然科学排行榜上，莫斯科国立大学排名 56 位，新西伯利亚国立大学排名 85 位，莫斯科物理技术学院排名 95 位。在 QS 金砖国家大学排行榜上，俄罗斯入围前 100 名的大学，从 2013 年的 19 所发展到 2014 年的 20 所。

而根据 2019 年俄罗斯政府公布的《关于 2018 年教育领域国家政策执行情况年度报告》[①]，我们还可以了解能体现关于俄罗斯教育周期性、阶段对比性变化的教育发展最新数据，这些数据反映了普京第三任期、也就是截止到 2018 年末在教育发展方面的主要成绩。

据 2018 年联邦调查统计，俄罗斯教育体系覆盖了各级各类学生约 3000 万人，其中，学龄前儿童 760 万，普通教育阶段学生 1610 万，职业教育类学生 300 万，高等教育阶段 410 万；约有 400 万教育工作者在州和市级教育组织工作，其中包括约 250 万名一线教师。

根据俄罗斯教育部最新监测数据，截至 2019 年 1 月 1 日，在学前教育方面，俄联邦全境 2 个月—3 岁儿童的学前教育覆盖率为 83.6%（2017 年是 79.81%），处于稳步上升的状态。其中，有 8 个联邦主体实现了 2 个月—3 岁儿童 100% 接受学前教育的指标；另有 19 个主体进步突显，从 50% 陡升至 93%；尚有三个地区未达到半数，即达吉斯坦共和国（44.79%）、克里米亚（43.15%）、印古什共和国（32.85%），需要重点攻坚。与此同时，全国 3—7 岁儿童的学前教育覆盖率为 99.08%（2017 年是 95.61%），同样处于稳步上升的状态。其中，73 个联邦主体实现了 100% 接受学前教育的指标；尚有较大提升空间、需加强力度的五个地区是：印古什共和国（70%）、达吉斯坦共和国（83.4%）、克里米亚（85.8%）、布里亚特共和国（88.5%）和后贝加尔边疆区（94.7%）。

俄罗斯普通教育学校的质量有明显提升。随着俄罗斯联邦教育部普通教育标准的更新，基础教育的教学内容也在不断丰富，体现新教学理念"社会研究""生命安全基础""体育""艺术""技术"等学科领域得以通过设立项目的形式展开。在确定基础学科内容的基础上还将陆续引入相近的普通基础教育计划，同时保障俄罗斯联邦内的母语教育。此外，面向儿童青少年开展的职业指导规模不断扩大：从2018年开始，在6—11年级学生范围内推行了早期职业指导项目"通往未来的入场券"，该项目每年覆盖至少10万名适龄学生。再有就是令俄罗斯教育圈自豪的是，最新的PIRLS数据表明，就小学毕业生阅读素养水平而言，俄罗斯与新加坡并列第一；俄罗斯小学毕业生在自然科学领域的成绩仅次于新加坡和韩国。

在高等教育方面，2014年以来的6年，无论是国家财政的力度加强还是不同类别学校实力与规模的扩大都比较明显。普通中等教育毕业生进入高校能获得国家预算资助的比例已达到50%，高校大一新生每100人中有57人可以获得国家预算资助。在重点大学学习的学生比例从2013年的14.2%增长到了2017年的17%。2018—2019学年，俄罗斯高等学校国家预算内总学额数达到54万。

重点大学（Ведущие университеты）的发展动力不断增强。2013—2018年，在提升高等学校国际竞争力的"5—100"项目框架下内，俄罗斯资助重点大学建设的财政投入为601亿卢布，其中2018年用于支持21所高校的财政投入为99亿卢布。2018年11所俄罗斯高校进入TOP—100排行榜，18所高校进入世界机构、学科和行业排行的TOP—200。

在国民教育整体优先发展的既定方针之下，政府对教育的投入也保持比较稳定的水平。据2012年5月7日俄罗斯联邦总统令确定的增加教育工作者工资的任务，俄罗斯联邦政府采取了一系列措施以稳步提升教师工资，保障教师薪酬稳步上升。2018年，所有学段的教师工资都得到了一定提升，其中普通教育、儿童补充教育领域的教师实现了全国各地平均月薪提升100%的目标值。在具体薪酬涨幅对比上，学前教育教师从2.9万卢布增至3.17万卢布，普通教育教师从3.49万卢布增至3.84万卢布，儿童补充教育工作者从3.23万卢布增至3.6万卢布，职业教育老师从3.22万卢布增至3.65万卢布，为缺乏父母照料的孤儿和儿童提供社会服务的教学人员从3.39万卢布增至3.70万卢布，高等教育教师从6.38万卢布增至8.25万卢布，教育科研人员从6.34万卢布增至10.01万卢布。

2018年俄罗斯联邦用于实施"教育发展"项目的预算内资金原定为5023亿卢布。截至2019年1月1日，俄罗斯联邦用于该项目的总体预算拨款为5600.96亿卢布，其中俄罗斯教育部拨款约合960亿卢布。2018年，"教育发展"项目框架下，俄罗斯联邦提供各联邦主体的预算外转移支付共计约737.91亿卢布，其中俄罗斯教育部支持额度为736.8亿卢布。

在此我们有必要注意到，普京从第三总统任期开始，在形式上与前两任最大的不同在于，任期时长由之前的每届4年可连任两届变为每届6年可连任两届，当然每届总统任期结束，仍然需通过总统竞选人产生新一届总统。这个改变是梅德韦杰夫就任总统不久，就宣布进行联邦宪法修订时所做的合乎程序的改变。这意味着，普京的总统新任期理论上可以从2012年持续到2024年。事实上，2018年的总统大选中，普京有惊无险地再度赢得大选。因此俄罗斯联邦的第六届总统、也就是普京的第四个总统任期的开启，使普京时代政策纲领的延续没有任何悬念。

（三）普京第四任期首度国情咨文中教育与科技发展思路

2019年2月20日，俄罗斯总统普京在莫斯科克里姆林宫发表2019年度国情咨文。这是他2018年连任总统后首次发表国情咨文，也是他执掌俄罗斯近20年来第15次发表国情咨文。从内政外交到俄罗斯经济、文化、教育、医疗、环境等关系民生的各个领域，普京总统无不一一进行论述，咨文大量篇幅涉及俄罗斯国内问题，普京十分详细地介绍了在人口下降趋势下，政府拟定的鼓励民众生育，减轻民众负担的计划，以及发展国内各项事业的具体要求。新任总统力求让各界清晰认识到俄罗斯在过去发展中的经验教训、当前发展过程中出现的问题以及未来需要努力的方向。国情咨文中涉及教育与科技发展重点任务主要体现于以下内容。

1. 教育与科技发展的社会背景

教育的发展依赖于社会政治、经济、文化等各个领域的发展，因此，在新时期俄罗斯如何重建世界大国地位、如何发展国家的各个领域、如何提高国民生活水平对教育有重要影响。

（1）持续坚守的政治道路

俄罗斯 2018 年《五月法令》中规定的均为重要的国家纲要，这也是俄罗斯在未来需要重点努力的方向。这些长远任务尤为复杂、困难但极其重要，需要全力以赴去完成，丝毫不能降低标准。俄罗斯政府公务人员需要抵制官僚主义、破除繁文缛节、简化公务手续、杜绝对民众漠不关心的现象；此外，各级行政部门应当齐头并进、充满活力和朝气，这是在政府机关应当出现的氛围。俄罗斯政府不应重蹈过去的错误、不能空等"理想社会"的到来，而应该从当下做起，将改善民众的生活放在首位。

此外，还应该强调和重申的是，俄罗斯的各类国家项目不仅仅属于联邦政府、也不仅仅针对某个部门，而是整个俄罗斯都要努力去完成的项目。这些项目需要在全国每个联邦主体、每个城市中开花结果。

（2）消极发展的人口趋势

对俄罗斯社会而言，生儿育女、建立家庭、尊老爱幼是延续社会道德价值观的重要途径，因此，支持民众建立家庭、繁衍后代是俄罗斯国家、公民社会、宗教组织、政党和媒体的共同目标。

然而，俄罗斯出生率的大幅下降已进入到非常困难的人口时期。出生率的下降固然与俄罗斯在伟大卫国战争期间以及苏联解体后所经历的巨大损失等客观因素有关，但同 2000 年初人口消极发展趋势开始被扭转一样，我们坚信，在 2023 年至 2024 年之间，俄罗斯能够再次恢复人口的自然增长。

为了恢复人口的自然增长，俄罗斯政府将实施一系列措施：首先，自 2020 年 1 月起将每个家庭成员的最低生活标准线提高两倍；其次，自

2019 年 7 月起将残疾儿童补助从 5500 卢布提高到 1 万卢布；第三，减少家庭赋税，孩子越多，交税越少；第四，政府和中央银行需按照《五月法令》的要求将抵押贷款利率降低至 9%、8% 乃至更低，政府可为三个及以上孩子的家庭偿还 45 万卢布的抵押贷款；最后，解决托儿所问题，需增加至少 270 万个新托儿所，包括非公立类托儿所。

此外，就解决人口问题而言，提高寿命、降低死亡率同样十分重要，而解决贫困问题对提高寿命大有裨益。在俄罗斯，多子女家庭、单亲家庭、鳏寡孤独家庭、失业人群将更有可能陷入贫困的境地。因此，国家应形成相应扶贫机制，比如帮助就业、提高职业技能等等。

（3）机遇明显的经济前景

目前，俄罗斯对于工业和高科技产品需求非常强烈，这对于俄罗斯的机器制造、微电子、IT 等行业来说都是巨大机遇。这些行业需要大胆创新，不断推广新的产品和服务。应当坚信，技术创新的浪潮能够引领这些行业的成长，捕获市场。因此在经济领域，俄罗斯面临着四大优先发展事项：首先，基于新技术和数字化的应用来提高劳动生产率，形成竞争性产业，六年内实现非资源出口量增加超过一倍半；其次，改善商业环境，提高国家管辖权，2020 年投资额增加 6% 至 7%；第三，完善基础设施建设，提高地区发展潜力；第四，培养现代化人才，以此为经济发展提供科技人力资源。

2. 教育与科技发展的专项内容

无论是政治方向、还是人口状况、抑或是经济发展前景均对教育与科技的发展方向产生重要影响。在国情咨文中，教育与科技发展的内容比重依旧很大，足见俄罗斯政府对该领域的重视程度。

（1）人口恢复计划下的学前教育

俄罗斯已经实现了幼儿园的普及，但在 2021 年前，俄罗斯必须解决托儿所的问题，至少增加 27 万所新托儿所，包括非公立托儿所，其中，2019 年计划建设 9 万所。在未来三年内，俄罗斯将从联邦和地方预算中拨发 1470 亿卢布用于新托儿所的建设。

（2）促进提升状态中的普通教育

俄罗斯中学教育质量在逐渐提高，比如在最好的俄罗斯大学中来自偏远地区的学生人数逐渐增加、普通教育阶段学生在国际人文科学和自然科学竞赛中取得了良好的成绩等等。但普通教育阶段的学校在校园硬件设施、软件设施、教育内容、师资、教育文化环境等方面还存在问题，需要加大措施力度解决。

在校园硬件设施方面，具备现代学校条件的普通学校比例从 2000 年的 12% 增加到 2018 年的 85%，但仍有大约 20 万儿童就读的学校没有正常的供暖、供水和排水系统，这样的学校占 1.5%。政府需要在未来两年内彻底解决这一问题。

在校园软件设施方面，俄罗斯所有普通学校都应接入高速互联网。这将使儿童有机会远程观看知名教师的课程讲座、观看各类竞赛比如奥林匹克竞赛、与国外的同龄人进行在线项目的合作等，这将大大发展儿童的综合能力。

在教育内容方面，应当对其加以更新，增加更多反映俄罗斯科学和技术发展的内容，并将最佳出版物作为联邦普通学校的指定教科书。

在师资方面，同已经开展的"乡村医生"（земский доктор）计划类似，2020 年俄罗斯将开启"乡村教师"（земский учитель）计划。基于该计划，国家将为愿意到乡村和小城镇工作的教师一次性资助 100 万卢布，以此提高乡村教师的数量和质量。

在教育文化环境方面，政府将不断加强教育文化共同空间的建设。截止到 2023 年，政府将在加里宁格勒、克麦罗沃、符拉迪沃斯托克和塞瓦斯托波尔建立文化教育中心。这类中心将使用总统补助基金在这些城市向当地民众展示博物馆、剧院甚至创造性大学的分支机构，并大力支持当地文化活动和民间艺术的发展。此外，在国家"文化"专项计划中拨款 170 亿卢布建设乡村俱乐部和文化宫，拨款 60 亿用于支持小城市文化中心的发展。

（3）新型科技计划下的人才培养战略

俄罗斯已经在许多科技领域取得了成就，甚至在国防领域实现了高科技突破，比如制造"先锋"导弹，这不仅提高了国防能力，更发掘了俄罗斯的科学潜力。同时，俄罗斯在国防领域进行的创新也同样应用在民用领域中。现在，俄罗斯开始实施新的科技计划，尝试在人工智能领域开展大规模活动，力求能在接下来的十年内成为这一科技领域的领导者。

为了支持科技研发，俄罗斯正在一些地区建立科研教育中心，旨在综合各级教育院校、科研机构和商业机构的潜力。2019 年，位于秋明州、别尔格罗德州和彼尔姆边疆区的三大科研教育中心应投入运行。

在职业教育领域，有必要广泛引入更新后的课程，以培养能够从事高级生产、创造和使用突破性技术解决问题的专家，同时，应当为新兴行业的从业专家提供培训以此提高专家技能水平。计划 2019 年 8 月底，WorldSkills 世界技能大赛在俄罗斯举行，这能为俄罗斯职业教育的发展提供难得的机遇和平台。

在补充教育领域，未来三年内扩大儿童科技园、量子馆、数字和自然人文科学发展中心的数量，使所有儿童均有机会享受补充教育，以此培养儿童对于创造性活动的兴趣和热情。比如位于索契的"天狼星"教育中心，预计到 2024 年基于此模式的天才儿童教育中心将出现在俄罗斯的各个地区。普京强调，年轻人的才能、精力和创造力是俄罗斯最强大的竞争优势之一，为了让每个青年都有机会展示自己，俄罗斯创建一系列促进个人成长的竞赛，比如"未来职业项目""我的第一桶金""我是专家""俄罗斯领导人"等等，希望年轻人能够努力利用这些资源，实现自己的梦想，为自己、家人和国家创造价值。

俄罗斯总统普京在 2019 年国情咨文中不同侧重地论述了俄罗斯社会各个领域取得的成就、存在的问题以及未来发展的方向，其国民教育领域发展的努力分析和重点亦已显见其中。具体而言，国家大力鼓励生育扭转人口消极发展趋势进一步推动了学前教育的发展与完善；普通教育的质量直接关系到职业教育生源的质量，俄罗斯需在软硬件设施、师资等各方面进行支持；经济的创新发展方向对现代化创新性人才的需求大大增加，这也成为国家大力创新职业教育、补充教育的直接原因。教育和科技领域与社会其他领域的发展紧密相关，尤其是政治、经济、人口领域，同时，教育领域与科技领域又相互作用、相互影响。可以看出，普京新任期内坚持教育兴国的意图明确而坚决，其力求通过教育培养更多创新性人才、借以实现俄罗斯国家发展、民众生活水平提升以及国家的国际地位提升的国家教育政策与发展路线不会改变。

第十一章　俄罗斯与中国合作的基础、经验与挑战

　　《中俄总理第二十四次定期会晤联合公报》指出，"两国贸易额继2018年首次超过1000亿美元后继续保持增长，农业、航空、航天、交通运输、科技创新、海关、环保等领域合作取得积极进展。双方愿继续挖掘合作潜力，进一步扩大双边合作规模。"① 当今世界面临百年未有之大变局，国际秩序和全球治理遭遇严峻挑战，中俄作为地缘毗邻的两个世界大国，加强彼此之间的交流与合作，提升两国间的理解与互信，对于稳定世界形势，造福两国人民具有极其深远的意义。而教育合作是两国之间政治互信、经贸合作和文化交流的重要基础和平台。

一、中俄教育合作历史源远流长

　　作为国土毗邻的两个世界大国，中俄都非常重视两国之间的政治、经济、军事、文化交流和合作。近百年来，世界政治、经济格局风云变幻，中俄关系几经波折，两国之间的教育合作也深受影响。两国教育领域的合作历程、经验与教训，是新时期两国进一步深化教育合作，推动教育

---

① 《中俄总理第二十四次定期会晤联合公报》（全文），2019年9月18日，见http：//www.xinhuanet.com/2019-09/18/c_1125007195.htm.

合作走向高水平、可持续发展的重要基石。

（一）中苏教育合作的简单回顾

20 世纪 20—40 年代，我国大批仁人志士和进步青年奔赴苏联，寻求救国救民的真理与道路。作为社会主义阵营中的"老大哥"，苏联为我国培养了大批革命领袖和优秀人才，如刘少奇、任弼时等。

新中国成立初期，由于我国国力相对赢弱，而苏联作为世界上第一个社会主义国家已取得了举世瞩目的成就，于是我国开启了全面向苏联学习的阶段，在国民教育领域尤其突出。这一时期，我国不但介绍、引入和践行苏联教育理念，也从学制设置、教育管理、专业设置、教材编写、教学大纲、授课模式、考评办法等方面全方位模仿苏联教育模式。同时，我国大规模向苏联派遣留学生，学习苏联先进的管理经验和科学技术；苏联也陆续向我国派驻各类专家、教师和技术人员，从不同层面指导我国各级各类的教育教学实践。1952 年，中苏两国签订了《关于中华人民共和国公民在苏联高等学校学习之协定》，细化了对留苏学生的遴选和管理工作，并成立留苏预备部，加大对留苏学生的语言、文化培训。1950—1960 年间，我国共向苏联派出 8163 名留学生（约占我国同期出国留学生人员总数的88%)[1]，这些赴苏留学的学子绝大多数都学成归国，后来大多成为我国各行各业的专家人才，为我国社会主义现代化建设作出了突出贡献。不过，由于当时两国国力的悬殊，来华留学规模极小，反差极大，1954—1960 年间，苏联只有 136 名学生来华留学。[2]

20 世纪 60 年代初期起，两国关系开始恶化，中俄之间的教育合作也因此几近中断，直到 80 年代初期才逐渐恢复正常。1987 年，两国政府签署了《中苏 1988—1990 年教育合作计划》，对两国互派留学生、专家、教师及促进两国间学术交流等举措作出了规定。1990 年，两国又签署了

---

① 顾宁：《冷战年代中苏教育交流的启示》，《世界历史》2004 年第 4 期，第 79 页。

② 李滔主编：《中华留学教育史录（1949 年以后)》，高等教育出版社 2000 年版，第 286 页。

《中苏1991—1995年教育合作计划》。但总体而言，受两国政治关系和我国外交政策重心调整的影响，我国派往苏联的留学生大大减少，1989年我国派到苏联、东欧国家的留学人员只占留学人员总数的14.5%。[①]

总体来说，中苏教育合作虽然是世界两极阵营对立下的产物，但中国从苏联那里获益良多，客观上为新中国成立初期的教育发展、人才培养和国力恢复起到了非常重要的作用。在国际封锁与敌对的大环境下，苏联给予的人才和物质支援帮助新中国从废墟上重新站立了起来。苏联无偿或半无偿为我国培养的专家和技术人员，成为新中国建设过程中各行各业的佼佼者，其中既有党和国家领导人，也有其他高级行政管理人才；既有高端科技领域的专家学者，也有社会科学和艺术领域的优秀人才。新中国的教育学理念、教育制度、教学机制乃至教材体系都深受苏联模式的影响。这些毫无疑问都为新时期我国与俄罗斯的交流与合作奠定了厚重基础。

（二）中俄新时期教育合作的线索梳理

苏联解体后，世界两极对立局势终结，继承了苏联绝大部分领土和主权的俄罗斯抛弃苏联时期的政治、经济体制，开启西方模式的发展道路，实行总统制，三权分立和市场经济。普京上台后，则重新强调政府和国家在宏观调控中的重要性，走上了俄罗斯特色的"主权民主"发展道路。而中国也在改革开放的大潮中逐步敞开国门，加强市场在经济要素配置中的主体地位，强调政府的宏观调控功能。客观地说，两国在经历了冷战思维下的保守、僵化与教条模式之后，都异曲同工地选择了基于本国和民族历史文化传统的发展模式，既强调国际交流与合作，也注重本国历史文化传统的保护、发扬和传承。摒弃保守与偏见之后的两个邻国在政治、经济、军事等领域的合作一路向好，1996年两国建立了"战略协作伙伴关系"，2001年签署了《中华人民共和国和俄罗斯联邦睦邻友好合作条约》，2011年两国升级为"全面战略协作伙伴关系"，2019年两国政府宣

---

① 顾宁：《冷战年代中苏教育交流的启示》，《世界历史》2004年第4期，第79页。

布建立"新时代中俄全面战略协作伙伴关系"。两国交流与合作的深化发展，需要大量精通俄语和专业技术的复合型人才支持，中俄两国在教育领域的合作也迅猛发展。

早在 1992 年 12 月，中俄两国政府就签署了《中华人民共和国政府和俄罗斯联邦政府文化合作协定》，该协定提出要增强两国间的人才流动性，要互派专家学者，为留学生提供奖学金，签订学位学历互认协议，建立高等院校间直接联系，互换教科书，互相学习对方语言等。

1995 年，中俄两国签署了《中华人民共和国政府和俄罗斯联邦政府关于相互承认学历、学位证书的协议》，约定两国互相承认对方高校颁发的学位证书，双方学生有权报考对方国家的高校进行学习亦可以申请参加科研工作。

1996 年，中国教育部成立国家留学基金委，细化了中国学生赴俄罗斯留学的相关规定。基金委设有"中俄艺术类人才联合培养项目""赴俄罗斯专业人才培养计划""在俄优秀毕业生支持计划"等项目，从国家层面对留学生给予支持。

2000 年，在中俄总理定期会晤机制框架下，副总理级的中俄教文卫体合作委员会正式成立，下设教育、文化、体育和卫生四个分委员会。该委员会的成立有助于加强两国间的人文合作，深化两国间的相互理解和支持，两国教育合作机制也更趋规范化和制度化。随着两国间人文合作的扩展和深化，2007 年 7 月，中俄教文卫体合作委员会改为中俄人文合作委员会，扩大了委员会管辖与协调的领域和范围。

2005 年中俄两国签订了《关于在俄罗斯联邦学习汉语和在中华人民共和国学习俄语的合作协议》，为两国语言人才的培养提供专家（教师）、教材、竞赛和教学经验支持。

2006 年中俄两国教育部达成《中华人民共和国教育部与俄罗斯联邦科学教育部教育合作协议》，确定了两国教育合作的具体内容与形式：互派留学人员、教育机构直接合作、深化俄语汉语教学合作、推动人文、自然科学和工科项目合作、建立数据库、交换教育改革信息等，同时也对留学人员的数量、财政支持以及学习年限进行了具体规定。

中俄各自面向全球化的教育国际化进程也是推动两国教育国际合作的重要动力。改革开放以来，我国逐步融入国际教育体系，2001年加入世贸组织后，国际服务贸易规则成为我国教育国际化的重要标准。《中华人民共和国中外合作办学条例》（2003年）则进一步规范了中外办学主体的行为，为促进合作办学事业发展创造了条件。俄罗斯在20世纪90年代初就开始实施面向西方教育模式的改革，如1992年俄政府通过了《关于俄罗斯联邦建立多层次高等教育的决定》，拟以世界通行的多层级教育结构替代俄罗斯传统的五年一贯制教育结构。2003年俄罗斯加入"博洛尼亚进程"，逐步实行"本科—硕士"两级学位制度，教学评价实行"学分制"，进一步向国际教育结构和标准看齐。2012年，俄罗斯正式加入世贸组织，这也为两国在国际服务贸易规则下开展教育合作提供了更广阔的空间和平台。

2013年我国提出建设"丝绸之路经济带"和"21世纪海上丝绸之路"两大倡议，合称为"一带一路"。"一带一路"倡议旨在利用沿线国家与中国悠久的交流合作基础，构建"政治互信、经济融合、文化包容"的新型国际合作关系。"一带一路"倡议与俄罗斯倡导的"欧亚经济联盟"具有高度契合性，中俄总理定期会晤联合公报多次提出要促进"一带一路"同欧亚经济联盟的对接。随着"一带一路"倡议逐步推进与落实，中俄两国间的经贸合作深化发展，两国全方位、深层次、多领域的合作需要大量高质量、复合型人才支持，这进一步促进了两国在教育领域的深化合作，并使合作形式不断丰富，如互派留学生、联合办学、举办高端国际学术交流会议、高层及高校教师进行互访、举办中俄青年友好交流会等。

近年来，俄罗斯通过实施"教育出口"国家优先项目等举措，大力促进教育服务出口；2019年我国政府提出了《中国教育现代化2035》战略，这也为两国进一步深化教育领域的合作提供了新的契机。

二、中俄人文交流机制下的教育交流与合作

经历世纪之交的社会转型与调整，中俄两国在政治、经济、外交、文化等各个领域的各自发展都取得明显成效，双方的实质性合作领域也逐步扩大。在两国的共同努力下，尤其是中俄人文交流机制的助力，教育领域的合作成果显著，并越来越向着高层次、多渠道、高成效的方向发展。

（一）中俄留学生教育发展与规模

1983 年我国与苏联恢复中断近 20 年的互派留学生项目。从 1992 年起，中俄两国教育主管部门定期签署《中俄教育合作协议》，规范两国教育领域的交流与合作。随着两国战略协作伙伴关系确定、升级和经贸合作的深入发展，中俄两国留学生教育领域整体发展态势积极向好。

2013 年中俄教育合作分委会第十三次会议研究通过"中俄 10 万人留学计划"实施方案指出，要扩大双方留学生交流规模，到 2020 年中俄双方双向各类留学人员总数要达到 10 万人次。[1] 中俄两国政府都制定了系列旨在促进双方留学生规模增长的政策措施。我国设立了"赴俄罗斯专业人才培养计划""俄罗斯互换奖学金""与莫斯科国立大学互换奖学金""与圣彼得堡国立大学互换奖学金""上海合作组织大学奖学金""俄罗斯艺术类项目""在俄优秀毕业生支持计划"等不同类别的政府奖学金。俄罗斯每年提供给中国约 1000 个公费名额（每年俄罗斯提供的面向国际的公费留学总学额 1.5 万个）。俄罗斯驻华使馆信息显示，2016—2017 学年，俄罗斯向中国提供了 1168 个国家奖学金学额，2020 年俄罗斯将为中国留学生提供 940 个公费名额。[2]

---

① 中俄教育合作分委会第十三次会议在北京召开，2013 年 8 月 12 日，见 http：//old.moe.gov.cn//publicfiles/business/htmlfiles/moe/moe_1485/201308/155580.html。

② Игорь Поздняков, *Эпидемия не остановила российско-китайское сотрудничество в сфере образования*，2020 年 7 月 20 日，见 http：//www.russia.org.cn/ru/news/epidemiya-ne-ostanovila-rossijsko-kitajskoe-sotrudnichestvo-v-sfere-obrazovaniya/.

苏联解体后，俄罗斯的教育服务市场因海外留学生规模的扩大而缓慢升温，其中，中国留学生数量的跳跃式增加非常明显。这一方面是由于中国学生对俄罗斯国际教育市场服务的性价比认可度增高，另一方面也从客观上证明了两国关系尤其是教育合作利好局面逐步扩大。据统计，1995年我国共有 1300 多人赴俄留学，2000—2001 学年，中国在俄留学生人数为 6100 人。2005 年中国赴俄留学人员达到 12458 人。2006 年，我国在俄留学人员达到约 1.5 万人，其中 90% 以上为自费留学生。[①]2017 年，在俄罗斯学习的中国留学生约为 3 万名，2018 年中国在俄留学生数超过 3.5 万人，2019 年超过 4 万人，其中约 3.65 万名为自费生，约 3500 名学生为公费生，就留学生规模而言，中国已经成为俄罗斯留学生输入的第二大国。[②]

近年来，随着我国经济实力的提高和综合国力的增强，中国文化教育吸引力也不断提升，俄罗斯在华留学人数呈现增长态势。1997 年，来华留学人数仅为 557 人，2007 年这一数字增加到 7261 人。[③]2017 年俄罗斯在中国的留学生人数超过 1.7 万人，2019 年俄罗斯在中国的留学生约为 2 万人。[④] 另一份数据则显示，俄罗斯留学生占我国外国留学生总数的排名从 2000 年的第 9 名上升到了 2017 年的第 6 名。[⑤]汉语是俄罗斯留学生的首选专业，其次是经济学、商务、贸易、管理、文化艺术和教育学专

---

① 王加兴：《新世纪以来的中俄教育合作与交流：现状与前景》，《中国俄语教学》2020 年第 1 期，第 77 页。

② Игорь Поздняков, *Эпидемия не остановила российско-китайское сотрудничество в сфере образования*，2020 年 7 月 20 日，见 http://www.russia.org.cn/ru/news/epidemiya-ne-ostanovila-rossijsko-kitajskoe-sotrudnichestvo-v-sfere-obrazovaniya/.

③ 王加兴：《新世纪以来的中俄教育合作与交流：现状与前景》，《中国俄语教学》2020 年第 1 期，第 77 页。

④ Игорь Поздняков, *Эпидемия не остановила российско-китайское сотрудничество в сфере образования*，2020 年 7 月 20 日，见 http://www.russia.org.cn/ru/news/epidemiya-ne-ostanovila-rossijsko-kitajskoe-sotrudnichestvo-v-sfere-obrazovaniya/.

⑤ 王加兴：《新世纪以来的中俄教育合作与交流：现状与前景》，《中国俄语教学》2020 年第 1 期，第 77 页。

业。与此同时，中国赴俄留学生在专业选择方面也发生了明显的结构性变化，学习俄语专业的学生比例大大下降，而更多的学生开始选择艺术专业、教育学、社会人文科学、金融、经济管理及工程技术专业。

（二）中俄校际间伙伴关系与联合培养项目

中俄人文交流机制极大地推动了中俄高校间的合作。目前，在人文交流机制框架下，中俄两国高校间合作大幅增长，合作领域不断扩大，合作内容更加丰富。据俄罗斯的统计数据显示，目前有 150 所俄罗斯高校与约 600 所中国高校建立了伙伴关系，签署了 950 项合作协议，仅莫斯科一地的高校就与 200 多所中国高校建立了伙伴关系，合作专业涉及音乐、美术、化学工艺、计算机专业、土地资源管理、金融学、工商管理、农林经济管理等。[①]

为加强中俄两国高层次人才培养的国际合作与交流，根据 2001 年中俄两国政府"教、文、卫、体合作委员会"第二次会议精神，在我国教育部的推动下，北京大学—莫斯科大学联合研究生院于 2002 年成立。这是两国重点大学间建立的高层次人才联合培养国际合作机构，也是两国在教育领域的重点国际合作项目。根据协议，双方每年互派插班研究生（研修一学年）和攻读博士学位的研究生（研修四学年）若干名。成立后的 5 年间，双方各派研究生 30 多名。

2006 年，黑龙江大学—远东国立大学联合研究生院正式成立，这也是继"北大—莫大联合研究生院"之后，中俄两国的第二个联合研究生院。该院根据两校现有学位授予权确定硕士、博士招生专业，采取"2 + 1"联合培养模式，由双方共同制定教学计划和教学内容，两校导师共同授课并指导，按照两校有关规定进行研究生学位论文答辩，答辩通过后获得双方教育部承认的相应学位证书。2006 年，黑龙江大学派出首批 13 名学生赴远东国立大学攻读博士学位。

---

① 姜晓燕：《中俄教育合作现状与愿景》，《光明日报》2019 年 6 月 13 日。

2011 年黑龙江大学成立国家级重点试点学院——中俄学院。该学院是与新西伯利亚国立大学联合建立的，其人才培养特色为"专业＋俄语"。目前，学院共开设化学工程与工艺、应用物理学、生物技术、数学与应用数学、金融学和法学等 6 个本科专业，在校本科生 700 余名。中俄学院采取中俄联合培养的方式，本科在读期间前一至三学期重点强化俄语，开设的课程有《俄语实践》《俄语阅读》《俄语口语》《俄语视听说》《俄汉互译》等，通过精讲多练的方式培养学生用俄语进行听说读写译的能力。从第二学期开始开设专业课程，其中 50%—70% 的专业课程引进俄罗斯的师资、教材和课程体系，由俄方教师来华授课、指导实践，每年来华授课俄方教师达 80—100 人 / 次；中方教师均为校内相关学院优选骨干教师；中俄双方教师以教授、副教授为主。中俄学院采取小班制授课，每班平均 18—20 人，实行一周六天授课制，坚持晨读和晚自习答疑。学院注重拓展学生的国际化视野，定期举办中俄专家讲座。中俄学院学生在三年级时，成绩优异者可以获得国家留学基金管理委员会"对俄专项人才培养"项目或其他项目奖学金资助，赴新西伯利亚国立大学学习。2013 年以来，共有 6 批 445 名学生公派出国留学。中俄学院学生在四年级时，可择优保送中俄联合研究生学院或国内其他高校攻读硕士研究生，同时也可直接申请各类奖学金项目赴俄罗斯及独联体国家攻读硕士学位，学制 2—3 年。中俄学院学生毕业时如修满专业课学分、成绩合格，可获得黑龙江大学本科毕业证书、所在专业学士学位证书；俄语课程成绩满足相关条件，可获得"应用俄语"第二学士学位证书。目前中俄学院 4 届毕业生总计 679 人。①

"江苏师范大学圣彼得堡彼得大帝理工大学联合工程学院"（简称江苏圣理工学院）成立于 2016 年，系非独立法人中外合作办学机构，现有"机械设计制造及其自动化""工业设计""电子科学与技术"和"电子信息工程" 4 个本科专业和"机械工程""光学工程" 2 个硕士专业。学院目前有全日制在籍本科生 1196 人。2009 年以来赴俄罗斯学习学生共 312 人，

---

① 中俄学院官网，2011 年 6 月 30 日，见 http://srje.hlju.edu.cn/xygk.htm。

目前有 88 人在读，6 人在本科阶段获得俄罗斯国家政府奖学金，28 人获得中俄学院资助出国留学。赴俄罗斯学习的 224 名毕业生全部获得俄罗斯高校颁发的学士学位证书，其中 76 人在俄罗斯高校继续攻读硕士学位。①

就培养形式而言，中俄联合培养项目本科阶段多采取"2＋2""2＋1＋1"或"3＋1"等模式。大连外国语大学（俄语系）和远东国立大学于 2002 年开始实施"2＋2"合作项目，2019 年哈尔滨工业大学和莫斯科国立鲍曼技术大学联合创办的哈工大—鲍曼工学院也采取"2＋2"培养模式。大连外国语大学与赫尔岑师范大学硕士研究生培养采取"1＋1"模式，山东大学与俄罗斯人民友谊大学硕士研究生则实行"2＋1"模式。

深圳北理莫斯科大学是国家主席习近平、俄罗斯总统普京达成重要共识而创建的，由深圳市人民政府、北京理工大学和莫斯科国立罗蒙诺索夫大学合作设立的、我国首个具有独立法人资格的中俄合作大学。该校开展本科、硕士和博士层次的学历教育以及非学历教育。学校远期办学规模为 5000 人，本科生与研究生比例为 1∶1。2017 年学校首次面向全社会招生，招收本科生 113 人，硕士生 23 人，还招收了 5 名本科留学生和 3 名硕士留学生，从 2018 年起招收博士研究生。目前学校共有 241 名本科生和 15 名硕士研究生。学校招生采用基于高考的"631 综合评价"模式，考生被录取后，在莫斯科大学和深圳北理莫斯科大学同步注册，同时获得两校学籍。目前学校开设了 7 个本科专业、5 个硕士专业方向和 2 个博士专业，采用中文、俄语、英语三种语言进行教学。该校依托俄罗斯莫斯科大学基础学科和中国北京理工大学工程应用学科的办学优势，面向国家科技发展战略需求和粤港澳大湾区、深圳市科技产业集群需求，有助于推动中俄文化教育科技合作和"一带一路"、粤港澳大湾区的国家级人才培养。②

2015 年北京交通大学与俄罗斯圣彼得堡交通大学合作创建了中俄交

---

① 江苏圣理工学院—中俄学院，2017 年 1 月 30 日，见 http://gjsxy.xznu.edu.cn/_t1534/05/21/c12127a263457/page.htm。

② 深圳北理莫斯科大学官网，2017 年 11 月 7 日，见 https://www.smbu.edu.cn/xxgk.htm。

通学院，开启了中国高校赴俄办学的历史，这是我国高校赴俄开展合作办学的唯一一个机构，也是我国第一次向高等教育强国进行教育和技术输出的境外办学机构。[①]

总体而言，目前中俄高校在联合培养人才方面既有官方办学项目，也有非独立法人办学机构（二级学院），还有独立法人办学机构。三种人才培养模式各有特点，各有侧重，共同致力于为中俄不断扩展的合作培养人才。

三、中俄高等教育领域专业性高校联盟的组建

21 世纪的头 10 年，中俄两国高等教育机构之间的合作模式基本都是一对一校际合作。之后双方的合作不断探究新的形式、扩展合作的力度和规模。2013 年 10 月，中俄总理第十八次定期会晤联合公报指出，双方鼓励中俄高校间开展直接合作，建立同类高校联盟，支持高水平人才联合培养，不断扩大两国教育领域人员往来规模。2014 年，中俄两国签署《中国教育部和俄罗斯联邦教育科学部关于支持组建中俄同类高校联盟的备忘录》，开启了从政府层面引导构建高校间对口合作的新机制。

（一）11 个不同专业类的中俄大学联盟

从新世纪第二个 10 年开始，中俄两国开始以相同类型高校协同合作模式陆续组建专业性联盟。到目前为止，中俄两国已经联合成立了 11 个同类大学联盟。虽然各联盟专业方向不同、规模不等，但是在校际联盟的合作框架下，两国高校合作进入一个新的阶段。

1. 中俄工科类大学联盟

中俄工科大学联盟（阿斯图）成立于 2011 年，由中国哈尔滨工业大

---

① 郭强、赵风波：《"一带一路"战略下的中俄跨境高等教育》，《中国高教研究》2017 年第 7 期，第 56 页。

学和俄罗斯莫斯科国立鲍曼技术大学共同发起，首批成员单位共 30 个，中俄大学各占一半。其宗旨是汇集中俄工科精英大学，培养高素质人才，推进中俄人才交流与科技合作，促进两国创新型经济的共同发展。联盟共吸引中俄两国精英大学 68 所，其中正式成员单位 54 所，观察员单位 14 所。联盟内中方院校含 C9 联盟高校 4 所，"985 工程"高校 16 所、世界一流大学建设高校（A 类）16 所，以及澳门大学、香港科技大学、香港城市大学、香港理工大学。俄方院校含国家研究型大学 16 所，联邦大学 5 所、"5—100"项目高校 12 所。①

2. 中俄艺术类高校联盟

2012 年 8 所中俄艺术类高校在吉林艺术学院宣布成立中俄艺术高校联盟。联盟由吉林艺术学院和圣彼得堡国立里姆斯基—科萨科夫音乐学院共同牵头，旨在通过两国艺术类高校的直接对接，举办多种形式的艺术交流和培训项目，增进对彼此国家历史、文化和艺术的了解，促进中俄艺术教育领域的合作与交流。联盟成员包括 7 所中方高校和 3 所俄方高校。自成立以来，联盟举办了"中俄青年友谊之声""草原之路""丝路华章"等系列展演活动。"携手抗击疫情，共迎美好明天"——中俄艺术高校联盟 2020 年线上主题展演于 2020 年 6 月 19 日晚拉开帷幕，活动分为线上画展和线上音乐会两大部分，以绘画和音乐形式歌颂"战疫"精神，描绘未来的美好生活。

3. 中俄经济类大学联盟

2013 年，中俄经济类大学联盟由对外经济贸易大学与圣彼得堡国立经济大学共同牵头成立，成立之初，联盟的成员高校共 13 所。其宗旨在于，使各成员学校携手培养既精通专业知识又精通外语的复合型高端人才，以满足中俄经贸关系日益深入发展对人才的需求。该联盟除每年轮流在中国和俄罗斯召开"中俄经济类大学联盟"年会外，还举办"中俄青年

---

① 燕山大学加入中俄工科大学联盟，2020 年 8 月 28 日，见 https：//www.ysu.edu.cn/info/5412/15933.htm.

经济精英论坛"和面向在校大学生夏令营和冬令营等活动。随着联盟影响力的不断扩大，到 2017 年，联盟成员发展到 28 所高校的规模，其中 15 所中方高校，13 所俄方高校。

4. 中俄教育类高校联盟

2014 年春，由北京师范大学和莫斯科国立师范大学牵头的中俄教育类高校联盟在北京师范大学正式成立，首批成员单位一共 12 所高校，中俄各 6 所。"中俄教育类高校联盟"致力于凝聚中俄高水准教育类院校的力量，服务推进中俄教育人才交流与科研项目的合作。联盟主要开展中俄教育的比较研究、为中俄两国教育的发展提供建议性意见；组织联盟成员参加教学及科研领域的国际合作；促进中俄两国师生之间的相互理解及广泛学术交流合作；促进中俄两国文化教育的共同繁荣和发展。联盟自成立以来，各成员高校积极发挥联盟的平台作用，深入开展各项交流与合作，合力打造了多个品牌项目，如语言竞赛（如"奔向莫斯科"俄语竞赛）、艺术巡演、国际研究生论坛等。此外，联盟内的中俄各高校还开展教师互访、学生交换、双学位项目、合作科研等多边合作项目。目前该联盟包括 7 所中方高校和 9 所俄方高校。

5. 中俄交通类大学联盟

中俄交通大学联盟成立于 2014 年，旨在落实国家"一带一路"倡议以及中国"高铁"走出去等重大战略部署，推动中俄两国高校在交通领域的交流与合作。该联盟得到了中国教育部、中国交通运输部、中国铁路总公司、中国国家铁路局、俄罗斯联邦交通部、俄罗斯联邦铁路总公司、俄罗斯联邦国家铁路局等两国政府及相关部门的大力支持。该联盟由中方 40 所高校和俄方 6 所高校组成，中方联盟主席学校先后为北京交通大学（2014—2018）和北京联合大学，俄方联盟主席学校为圣彼得堡国立交通大学。

6. 中俄医科类大学联盟

2014 年中俄两国大学间规模最大、参与院校最广泛的合作联盟——中俄医科类大学联盟成立。牵头单位为哈尔滨医科大学和伊·米·谢切诺夫莫斯科第一国立医科大学。该联盟旨在汇集中俄两国主要的医科大学资源，培养高素质人才，推进中俄医学交流与科研合作，加快医学新理论和新技术在疾病预防和治疗中的应用，不断提升两国疾病预防、诊断、治疗和康复水平。该联盟是中俄两国建立的规模最大、参与院校最多的合作联盟，其成员院校在成立之初就有中俄各 46 所、共 92 所医学类高校参加，2019 年参加联盟的中俄医科高校总数已经达 110 所。

7. 中俄文化类高校联盟

2016 年，北京语言大学等 8 所中方高校与俄罗斯文化部所属莫斯科国立文化艺术大学等 18 所俄方高校共同成立了中俄文化类高校联盟，为两国在语言、文化、艺术等领域的国际化人才培养、学术合作、联合办学等方面展开合作搭建了重要平台。

8. 中俄新闻教育类高校联盟

2016 年，中俄新闻教育类高校联盟在中国人民大学成立。该联盟旨在全面促进和深化两国在新闻传播教育领域的交流合作，推动两国新闻学界在高层次人才培养、教师培训、教材开发、学术交流、合作研究、智库建设等方面开展广泛合作，在新闻业务骨干培训、新闻传播业务创新、传媒科技信息分享等领域发挥第三方平台作用。该联盟由 35 所高校组成，其中中方 21 所，俄方 14 所。

9. 中俄农业教育科技创新联盟

2017 年，西北农林科技大学和奥姆斯克国立农业大学共同发起成立了中俄农业教育科技创新联盟。该联盟在"丝绸之路农业教育科技创新联盟"框架下，以弘扬"和平合作、开放包容、互学互鉴、互利共赢"为宗旨，致力于推动中俄两国农业大学和科研机构在人才培养、科学研究、技术推广、人文交流、政策研究等方面的密切合作，进一步探索中俄两国农业教育科技合作新机制。联盟由 16 所大学及科学院组成，中方、俄方各 8 所。

10. 中俄综合性大学联盟

为进一步发挥中俄两国综合性大学在中国"一带一路"与俄罗斯

"欧亚经济联盟"对接中的重要作用，2017 年北京大学与莫斯科国立大学倡议成立了中俄综合性大学联盟。联盟宗旨是，组织中国和俄罗斯综合性大学落实两国战略发展指导下的系统性合作。该联盟框架内共有中方高校 40 所，俄方高校 20 所。

11. 中俄合作办学高校联盟

2019 年 5 月，中俄合作办学高校联盟在江苏师范大学成立。联盟旨在聚集中俄两国合作办学力量，提升中俄合作办学质量，扎实推进"一带一路"教育行动，促进中俄两国文化教育共同发展，开创两国教育文化领域交流合作的新局面。

（二）两大区域性高校联盟

除了上述 11 个同类大学联盟外，还成立有中国东北地区与俄罗斯远东西伯利亚地区大学联盟、中国长江中上游地区和俄罗斯伏尔加河沿岸联邦区高校联盟两个区域性大学联盟，即中俄"两区＋两河"（"东北—远东"地区和"长江—伏尔加河"）两大区域性高校联盟。它们也在中俄两国教育交流与合作过程中发挥着重要作用。

1. 中国东北地区与俄罗斯远东及西伯利亚地区大学联盟

该联盟成立于 2012 年，系由东北农业大学和太平洋国立大学共同发起成立。该联盟的宗旨是：发挥中俄合作的传统和优势，整合中俄教育合作资源，充分发挥区域性的桥梁和纽带作用，致力于中俄两国高端人才的联合培养和高水平科研合作。联盟自成立以来组织了中俄大学校长论坛、中俄大学生文艺巡演、中俄青年论坛等系列品牌活动。这个区域性大学联盟也有不小的规模和影响力，由 63 所中方高校和 27 所俄方高校组成，在本区域内发展及区域合作发展方面发挥着重要的作用。

2. 中俄"长江—伏尔加河"高校联盟

2017 年，中国长江中上游地区与俄罗斯伏尔加河沿岸联邦区高校联盟（简称"中俄'长江—伏尔加河'高校联盟"）正式成立。这是中俄"长江—伏尔加河"区域合作机制在教育领域取得的重要合作成果。联盟的牵头高校分别是四川大学和下诺夫哥罗德国立技术大学。目前，联盟共包括 65 所高校，其中中方 29 所，俄方 36 所。该联盟已成为中俄"两河流域"区域合作的新平台和高端智库。

总之，中俄高校联盟是中俄两国顺应经济全球化和教育国际化发展趋势，积极开展全方位合作，创新合作模式的重要成果。高校联盟是两国大学在自愿基础上结成的非营利性组织，联盟的建立和运行不仅得到了中俄人文合作委员会的支持，也为中俄高校间开展交流与合作搭建了很好的平台。到目前为止，加入中俄同类高校联盟和区域性高校联盟的两国高校已超过了 500 所。中俄高校联盟突破了传统的一对一校际合作模式，联盟将各成员学校的合作资源整合到一个平台，打破原有的合作界限，平台效应和规模效应显著。中俄工科大学联盟内 25 所中俄高校进入 2020QS 世界大学排名前 500，中方 17 所高校进入 2020 US News 世界大学工科排行榜前 100，联盟全球科技人文影响力不断提升。[①] 各种类结构的联盟的建立和运行也从不同角度表明，中俄高等教育领域的合作正不断走向专业化、组织化、集群化，校际联盟的种类和规模不断扩充，合作内容不断细化，而且，随着时间推移，这种多样化交流合作的形式与规模仍会持续扩展。

四、中俄普通中等教育领域及推进语言教学的合作

（一）普教领域教育机构间的合作

中俄两国在普通教育领域的交流合作也在陆续展开，双方普通教育机构层面的交流不断密切。在中俄各类高校联盟平台效应的推动下，"中俄中学联盟"于 2018 年正式成立。这是中俄两国的一些普通中等教育学校在自愿基础上结成的非营利性组织。该联盟旨在推进中俄中学间教育

---

① 燕山大学加入中俄工科大学联盟，2020 年 8 月 28 日，见 https://www.ysu.edu.cn/info/5412/15933.htm.

交流与合作，培养具有中俄双方文化背景的高素质人才。联盟由哈尔滨市第六中学与莫斯科第 1507 学校共同发起，成员包括 12 所中方学校与 18 所俄方学校。中方学校基本囊括了教育部批准的具有保送资格且开设俄语课程的外国语学校，俄方学校是来自于莫斯科、圣彼得堡等 9 个城市的优质学校。联盟通过教师互访、互派任教，举行短期假期游学等方式，实现教学资源共享，探索中俄基础教育学校间交流的新途径，为中俄学生提供预科教育平台和出国留学新途径；探讨预科教育、双语教学、教材使用、教师互派任教、与中俄著名大学合作等问题；定期举办冬、夏令营和短期游学活动，深化两国中学间的实质性合作，推广和传播中俄国家文化。该联盟的成立为中俄两国基础教育领域的沟通交流搭建了高端平台。①

此外，中俄两国也非常重视普通教育领域外语教师队伍的建设。以中国为例，2019 年 6 月 19 日，由教育部区域与国别研究基地北京师范大学俄罗斯研究中心、北京师范大学外国语言文学学院和莫斯科国立大学俄语语言与文化学院组织的"俄语教师联合发展中心"成立大会暨揭牌仪式在京举行。成立"俄语教师联合发展中心"，旨在促进提升中国俄语教学水平，提高中国俄语老师的专业素养，培养优质中俄交流人才、加强两国之间的互识、互信，助力中俄人文交流机制的工作开展，为"一带一路"倡议的落实与推进，为与"一带一盟"的对接培养精通语言及国别知识的复合型人才。2020 年疫情期间，北京师范大学—莫斯科国立大学俄语教师联合发展中心面向中国中学俄语教学开展了"中俄老师聚力战'疫'，服务基层不忘使命"系列线上公益活动（中学俄语教师教学技能提升工作坊），为山东、贵州、内蒙古、河南、东北及其他地区的中学俄语老师提供了课程标准解读、教学法、俄罗斯国情文化等方面的培训。

为深化普通教育领域的合作，中俄两国每年都举办丰富多彩的夏令营和冬令营活动。2001 年，我国教育部派出了中学生代表团一行 22 人参

---

① 联盟简介，见 http：//www.asrms.net/index.php? p=about&lanmu=1&id=6.

加在俄罗斯举办的夏令营活动。同年，我国教育部也邀请俄罗斯中学生代表团一行 18 人来华参加了在中国举办的夏令营活动。2006 年，我国接收在 2004 年别斯兰人质事件中受到伤害的 10 名俄罗斯儿童到三亚市疗养；2008 年中国汶川地震发生后，1500 名来自四川等地震灾区的孩子于 2008 年和 2009 年分两批赴俄疗养。2009 年，胡锦涛主席访俄期间正式邀请 1000 名俄罗斯少年儿童来华参加夏令营活动。2010 年有 500 名俄罗斯中小学生在北京、青岛和大连三地参加了夏令营活动。2011 年，来自俄 26 个联邦主体的 505 名俄罗斯中小学生前往上海和大连两地参加了夏令营活动。2016 年，应俄罗斯政府邀请，中国中学生代表团一行 100 人赴俄参加了为期一周的冬令营活动。①

（二）中俄普及和推进两国语言教学的合作

语言是国际合作的基础。为深化两国在汉语和俄语教学方面的合作，2005 年中俄两国政府签署了《中华人民共和国政府和俄罗斯联邦政府关于在俄罗斯联邦学习汉语和在中华人民共和国学习俄语的合作协议》。2006 年签署的《中华人民共和国教育部和俄罗斯联邦教育科学部教育合作协议》，该协议指出，为进一步完善俄罗斯高等院校汉语教学法和中国高等院校俄语教学法，双方不仅要相互交换供教学使用的教科书和教学参考书，还要共同进行语言学习方面的科学研究，联合举办关于汉语和俄语教学法现实问题的双边研讨会。同时，继续为莫斯科国立矿业大学、圣彼得堡国立大学和远东国立大学的三个汉语中心以及北京外国语大学、上海外国语大学和黑龙江大学的三个俄语中心所开展的各项活动提供积极支持。此外，还要努力创造条件支持中国俄语学家在俄罗斯联邦、俄罗斯汉学家在中华人民共和国提高专业水平和交流工作经验；支持双方的专家、学者编写并联合出版关于汉语语言文学和俄罗斯语言文学的教科书、教学参考书和教学资料；根据各自的需要聘请对方国家的语言教师到本国高等

---

① 联盟简介，见 http://www.asrms.net/index.php? p=about&lanmu=1&id=6.

院校任教。①

2018 年 11 月发布的《中俄总理第二十三次定期会晤联合公报》进一步明确了两国在促进国家语言教学方面的共同意向。一致表示要加强在汉语和俄语研究领域开展合作，巩固在中俄两国开展俄语和汉语教学的基础，"将继续研究并完善《关于在俄罗斯联邦建立并运行孔子学院（课堂）和在中华人民共和国建立并运行俄语中心的备忘录》"，还将在一致协商的基础上建立孔子学院和俄语中心；继续开展"在俄罗斯举办全俄中小学生汉语奥林匹克竞赛、在中国举办俄语奥林匹克竞赛"②的相关活动。

截至 2019 年底，在俄罗斯共设有 19 所孔子学院、5 个孔子课堂；俄罗斯在中国设立了 35 个俄语中心。学习和开设俄语和汉语的学校和学生数量均有所增长。相关统计数据显示，目前中国开设俄语专业的高校有 153 所，开设公共俄语教学的高校约 150 所。在中小学阶段，已有 83 所中学开设俄语课程，6 所小学开设俄语课程。俄罗斯共有 230 所学校开设汉语课程，学习汉语的学生达 2.6 万人，其中包括 80 余所中小学校的 1.2 万名学生。③ 从 2019 年开始，汉语已经进入俄罗斯中等普通教育结业考核体系，并作为第五个外语语种成为俄罗斯国家统一考试的科目之一。

除设置专门教育机构和教育课程之外，中俄两国还通过互办语言年、举办中俄青少年俄语、汉语比赛等形式促进两国语言的推广和普及。例如，2009 年中国的"俄语年"期间，中国有 22 个省、自治区和直辖市参与活动，共举办了 260 余场俄语推广活动；2010 年俄罗斯"汉语年"期间，俄罗斯的 23 个联邦主体共举办了 200 多项活动。俄罗斯于 2016 年首次将汉语列为全俄中小学生奥林匹克竞赛科目。由我国国家汉办 / 孔子学院总部主办的"汉语桥"中文比赛，吸引了越来越多的俄罗斯大中学生积

---

① 中华人民共和国教育部和俄罗斯联邦教育科学部教育合作协议，2006 年 11 月 9 日，见 http://old.moe.gov.cn/publicfiles/business/htmlfiles/moe/moe_858/201005/87635.html.

② 中俄总理第二十三次定期会晤联合公报，2018 年 11 月 7 日，见 http://www.gov.cn/guowuyuan/2018-11/07/content_5338172.htm.

③ 姜晓燕：《中俄教育合作现状与愿景》，光明日报 2019 年 6 月 13 日。

极参加。而我国自 2008 年起就开始举办的"全国高校俄语大赛"已成为中俄两国人文合作领域的机制化项目，每年举办一次，11 届大赛共选拔出近 500 名优秀俄语人才赴俄深造。[①] 北京师范大学、莫斯科国立师范大学联合主办、教育部区域和国别研究基地北师大俄罗斯研究中心、北师大外文学院、中俄师范类高校联盟秘书处共同承办的"奔向莫斯科"俄语奥林匹克竞赛始于 2016 年，已连续举办 3 届；而"奔向北京"中文奥林匹克竞赛从 2019 年起也开始在莫斯科师范大学举办。

这些为促进国家语言教学的交流与合作，无论在规模上还是在影响上都超出了掌握语言技能本身的初衷目标，通过精心设计的体现两国民族文化传统的精彩题目和多样化活动形式，显然已经为参与者增加了国际理解层面的体验与收获，会为增进两国人民的相互了解、促进两国间的世代友好产生积极的、潜移默化的影响。

五、多边框架下的中俄教育合作

作为发展中国家，中俄两国都非常重视国际组织在维护国际秩序与规则，重视开展教育合作和教育发展援助领域的重要作用。同时作为联合国常任理事国，两国在联合国和教科文组织框架下共同推动"全民教育计划""千年教育计划"等项目的宣传、推广和实施。同时，作为亚太地区两大教育强国，两国也非常注重加强区域多边框架下的协同合作，构建区域教育同盟，共同维护和促进区域共同教育空间建设。

（一）上海合作组织大学

上海合作组织是中国、俄罗斯、哈萨克斯坦、吉尔吉斯斯坦、塔吉克斯坦、乌兹别克斯坦于 2001 年成立的永久性政府间国际合作组

---

① 王加兴：《新世纪以来的中俄教育合作与交流：现状与前景》，《中国俄语教学》2020 年第 1 期，第 77 页。

织。2007 年 8 月 16 日，在上海合作组织比什凯克元首峰会上，俄罗斯时任总统普京倡议成立"上海合作组织大学"（Университет Шанхайской организации сотрудничества），得到各成员国的一致赞同。上海合作组织大学旨在构建一个非实体合作网络，搭建成员国间高校合作平台，扩大组织内高校间的学生、教师和科研人员间的学术交流和教学、科研合作，推广先进的教学方法和技术，构建成员国间及与其他国家间对等互认的文凭机制。

目前，上海合作组织大学项目院校有来自上海合作组织 5 个成员国（哈萨克斯坦、中国、吉尔吉斯斯坦、俄罗斯、塔吉克斯坦）的 82 所院校组成，其中中方项目院校 20 个，俄方项目院校 21 所，涵盖 7 个专业方向（区域学、生态学、能源学、IT 技术、纳米技术、经济学和教育学）。① 成员国教育部长会议、成员国大学校长会议和"教育无国界"教育周活动是上海合作组织大学开展交流与合作的重要组织机构。同时，上海合作组织大学下设协调委员会、监察委员会、校长办公室和各培养方向的专家委员会。上海合作组织大学人才培养主要集中在硕士阶段，在我国的大力推动下，2012 年培养层次从硕士研究生扩展到了本科生层面。

上海合作组织大学成员国教育部长第七次会议于 2018 年 10 月 17 日在阿斯塔纳举行。会议期间，重申了上合组织成员国元首理事会 2018 年 6 月（青岛）达成的协议，拟进一步发展双边和多边合作，促进师生学术交流、语言培训、职业教育和青年交流工作。2018—2019 学年，230 多名外国公民参加了上海合作大学的联合教育课程。在上海合作组织大学框架内接受教育的学生，结束学业并通过相关考试后，可获得所在上合大学项目院校颁发的证书和上合大学颁发的学历证书。

（二）金砖国家联盟框架下的教育合作

金砖国家网络大学（Сетевой университет БРИКС）正式成立于 2015

---

① 上海合作组织大学简介，2019 年 12 月 13 日，见 http://www.usco.edu.cn/CHS/dxjj/.

年 11 月，是中国、俄罗斯、印度、巴西和南非五国"金砖国家联盟"框架下加强高等教育领域合作，整合利用各国学术资源、拓展国际交流与合作、提升核心竞争力的共同空间和平台。其目的在于推进金砖国家间的交流与互信，加强大学之间教育和科研合作，提升成员国教育质量，为进一步加深金砖国家的战略合作提供人才和智力保障。

金砖国家网络大学管理架构由三大部分组成：国际管理董事会（IGB），由各国教育部代表和成员高校代表组成，主要负责网络大学活动、发展及绩效评估相关的工作；国内协调委员会（NCC），由各国教育部牵头，负责协调和组织本国各成员高校的活动，成员包括教育部代表、成员高校代表、优先合作领域的专家、企业界代表、民间团体和国际组织代表；国际专题工作组（ITG），由成员国高校相关领域的专家代表组成，负责网络大学优先合作领域的教育、科研等活动。

2017 年 7 月，金砖国家教育部长共同签署的《北京教育宣言》提出，继续支持"金砖国家网络大学"成员开展教育、科研和创新领域的合作，增进金砖国家青年一代的文化沟通和交流等。该宣言强调支持金砖国家网络大学建设，并将网络大学视为高校间教育、科学和创新合作的重要平台。

金砖国家网络大学确定了六个优先合作领域：能源、计算机科学和信息安全、金砖国家研究、生态和气候变化、水资源和污染治理、经济学。目前金砖国家网络大学由 56 所成员高校组成，其中中国 11 所，俄罗斯 12 所。网络大学框架下正在协调和开发的硕士课程共计 20 多个，其中的 7 个项目已经从 2017 年开始招生。①

此外，亚太经合组织、北极大学等也是中俄两国开展区域教育交流与合作的重要平台。虽然由于成员国政治背景、历史文化渊源、教育体系等的差异性和区域教育联盟经费来源的单一性，中俄两国多边框架下的教

---

① *Доклад правительства Российской Федерации Федеральному Собранию Российской Федерации о реализации государственной политики в сфере образования 2018*，2019 年 12 月 13 日，见 http://government.ru/news/32737.

育合作效率相对并不是很高。但在多边合作框架下，中俄两国高层管理部门积极参与区域教育治理，共同协商确定区域内优先教育合作领域和相关标准，有利于发挥资源集中的优势，也有助于扩大区域内高校的整体影响力，提升两国教育品牌效应。

总之，在合作共赢理念下，近年来中俄两国的教育合作不断有实质性发展。2019 年 6 月 5 日，中俄两国元首将两国关系提升为"中俄新时代全面战略协作伙伴关系"，这意味着"两国把双边关系定位提升到一个前所未有的新高度，意味着两国的战略协作步入更高水平，向更广、更深的方向挺进"。① 两国伙伴关系的升级必将带来两国更广泛、更深入、全方位的合作，这也为两国教育合作和人才培养提出了更高的要求，同时也意味着中俄教育合作迎来了重大发展机遇。

一系列最新的统计数据可以成为很好的证明。在 2019 年，俄罗斯高校向中国输出的教育服务贸易额约占俄罗斯对华非能源出口额（145 亿美元）的 4%，占对华出口总额的 1%。俄罗斯 2019 年从中国赴俄留学生教育项目中获得的收益约为 400 亿卢布，约合 5.75 亿美元。②

中俄两国高校间已签署 2000 多项双边合作协议，建立了 10 个同类高校联盟。中俄高校在中国开设了 86 个联合教育项目，开办了 10 所中俄共建学院和深圳北理莫斯科大学。2020 年 6 月，哈尔滨工业大学—圣彼得堡国立大学中俄联合大学开工建设。据统计，中国目前共有约 1100 个中外联合教育项目和 100 所中外共建教育机构，其中中俄项目约占总数的 10%。③

---

①　新华社国际时评：《中俄关系新定位新在哪》，新华网 2019 年 6 月 5 日。

②　*Интервью представителя министерства науки и высшего образования России*，2020 年 6 月 23 日，见 https：//beijing.mid.ru/ru/news/intervyu_predstavitelya_ministerstva_nauki_i_vysshego_obrazovaniya_rossii/.

③　Игорь Поздняков，*Эпидемия не остановила российско-китайское сотрудничество в сфере образования*，2020 年 7 月 20 日，见 http://www.russia.org.cn/ru/news/epidemiya-ne-ostanovila-rossijsko-kitajskoe-sotrudnichestvo-v-sfere-obrazovaniya/.

六、中俄教育合作的经验与面临的挑战

中俄两国 70 多年的教育交流与合作过程，经历过新中国成立初期的"全面向苏联学习"时期，也经历过冷战大环境下的合作中断期，苏联解体后两国教育交流合作走向更加理性的发展轨道，而随着"一带一路"倡议的实施和欧亚联盟的对接，中俄教育合作又迸发出了新的生机，开始向着更大规模、更深层次、更宽领域的方向发展。中俄教育合作既积累了丰富的经验，同时也面临一系列挑战。

（一）中俄教育合作的基本经验

1.高层会晤机制推动，法律政策保障

中俄之间建立的"友好伙伴关系"为两国教育领域的交流合作提供了最宽松友好的政治环境，特别是 2019 年"中俄新时代全面战略协作伙伴关系"的升级定位，为中俄教育合作注入了新的、更强大的驱动力。而"中俄友好伙伴关系"框架下的国家元首、总理、部长定期会晤机制，是推动两国教育合作与交流的指挥棒和第一驱动力。副总理级的中俄人文合作委员会则是对接高层会晤机制所达成共识并推动其落地和实施的重要机构。

同时，在高层会晤机制下，中俄两国制定了一系列旨在协调和规范中俄教育合作的法律法规，如《中华人民共和国政府和俄罗斯联邦政府关于相互承认学历、学位证书的协议》《关于在俄罗斯联邦学习汉语和在中华人民共和国学习俄语的合作协议》《中华人民共和国教育部与俄罗斯联邦科学教育部教育合作协议》等。

2.校际合作为基础，联盟平台更聚力

中俄教育合作的主体是各级各类学校，特别是高等教育学校。截至 2016 年 9 月 28 日，经教育部审批的中俄高校合作办学机构和项目共 123 个，其中合作机构 3 个，合作项目 120 个。中俄合作办学所涉及的专业分布较广，除了传统的语言教学合作外，还包括艺术、医科、金融、化学、物理等多类学科。北京大学同莫斯科大学联合研究生院、山东大学和喀山大学联合研究生院以及黑龙江大学和远东国立大学联合研究生院（2014年改名为黑龙江大学—新西伯利亚大学联合研究生院）等也是高校间直接进行教育合作和人才交流的重要形式。①

从 2011 年起，中俄两国开始在校际合作的基础上，推动两国同类或区域高校联盟建设，到目前为止共建成 11 个中俄同类高校联盟和 2 个区域高校联盟。高校联盟为同类或同区域高校间搭建起了更广阔的交流合作平台，有利于高校间实现资源共享，防止教育合作项目重复性建设和资源浪费，也有助于提升两国高校的国际知名度和国际竞争力，是对校际合作成果的吸收、提升和强化，也是对未来两国教育合作的整体性布局谋篇。

3. 合作层次多样，合作领域宽泛

随着两国交流与合作的深化发展，中俄两国教育合作的层次日趋多样化，合作的领域也越来越宽广。两国教育合作既包括普通中等教育阶段的学习、交流，也包括高等教育和高等后教育阶段的人才培养与流动；既包括普通教育的学习，也包括职业技能的培训和提升；地缘关系为东北、内蒙古、新疆等地区的中俄合作带来了天然区位优势，成为中俄教育合作的龙头区域。随着中俄大学联盟的布局和发展，中俄教育合作开始向本国的各地辐射。

随着两国教育合作的深化，教育合作的领域也日益扩展，学科专业设置分布广泛，从最初占比最多的语言学习，逐步扩展到人文、医学、工程、自然科学等各类专业，并逐步呈现出向自然科学专业倾斜的特点。②

---

① 李国轩：《中俄教育合作问题研究》，硕士学位论文，黑龙江大学俄语学院，2017 年，第 31 页。

② 郭强、赵风波：《"一带一路"战略下的中俄跨境高等教育》，《中国高教研究》2017 年第 7 期。

(二）中俄教育合作面临的挑战

新世纪以来，中俄教育领域的合作，无论是在形式还是内容上，无论在广度还是深度上，都取得了值得肯定的成绩，但是由于复杂的国际形势和各自国内不同的国情，在不少方面尚存在一系列问题与挑战。

1. 国际政治、经济局势动荡影响中俄教育合作大环境

近年来，随着经济全球化的推进与新兴发展国家的崛起，逆全球化潮流、民粹主义和原教旨主义使得我国和俄罗斯所共同面临的国际环境的不确定性大大增加，两国也同时面临着西方国家的制裁和封锁，面临着"三种势力"的侵扰，这给中俄教育合作造成了极大的外部环境挑战。但从另一个方面来讲，中俄两国也只有加强教育领域的交流合作，深化两国间的相互理解与支持，培养更多更优秀的专家人才，才能更好地共同携手应对国际大环境的挑战。

2. 中俄两国教育服务出口规模不对等

虽然中俄两国总体教育服务出口规模逐年增加，但中俄两国的规模是不对等的。就留学生教育而言，2017 年在俄罗斯的中国留学生约 3 万人，而在华俄罗斯留学生只有约 1.7 万人。2019 年在俄中国留学生约 4 万人，而在华俄罗斯留学生约 2 万人。[①] 而且，中国政府无论在支持中国学生赴俄留学还是在接收俄罗斯留学生方面，提供的国家资助明显高于俄罗斯。此外，中俄合作在中国开办了 8 个办学机构（含独立法人机构和非独立法人机构），而在俄罗斯开设的中俄合作办学机构只有中俄交通学院一所。建议适时适度向俄罗斯教育服务市场推出我国优质教育品牌，在孔子学院等语言教育机构之外，逐步形成中俄面向新兴产业和优势产业的国际知名教育品牌。

3. 优质教育资源欠缺，中俄教育合作整体影响力不足

中俄联合人才培养在一定程度上为我国提供了优质教育资源，但根

---

① Игорь Поздняков, *Эпидемия не остановила российско-китайское сотрудничество в сфере образования*, 2020 年 7 月 20 日，见 http://www.russia.org.cn/ru/news/epidemiya-ne-ostanovila-rossijsko-kitajskoe-sotrudnichestvo-v-sfere-obrazovaniya/.

据 2016 年全球三大权威的高校研究机构（USNEWS、QS、THE）的排名来看，综合实力或开设学科专业能进入俄罗斯国内前十强的高校中，截至目前参与中俄合作办学的仅有 3 所。① 中俄合作办学存在优质教育资源欠缺的问题。而且，部分学校受经济利益驱动，盲目追求合作的形式，对教育项目缺乏调研认证，跟风上马，对教育质量缺乏监管，存在低层次重复办学，浪费社会资源甚至损害我国教育品牌形象的问题。在今后的中俄合作过程中，建议要加强顶层设计和政府监管审查力度，充分调动社会力量（企业、社团）参与合作办学等联合教育项目的开展和质量监管，充分发挥高校联盟的集约化优势和行业自律精神，引导中俄教育合作走向优质、高效发展之路。

4. 中俄两国双向人才流动存在人才质量不对等问题

中俄留学生交流为两国民心相通和教育服务贸易发展作出了重要贡献。但两国在人才流动方面也存在人才质量不对等的情况：作为国际学生流入俄罗斯高校的中国学生绝大多数是在国内高考不尽人意情况下选择自费出国留学的，他们虽然规模不小，但整体素质和认真学习态度不尽人意，而我国政府公费派出的留俄学生占比非常少，享受俄罗斯政府奖学金者更是凤毛麟角。相反，源自俄罗斯的国际学生流入，多数是来自他们本国不错的高校并享受中国政府奖学金的俄罗斯大学生。一方面，这些整体素质不错的学生的流入对于提升国际学生的整体素质是个好事；但另一方面，试想一下，双方学生都学成归国后，若都从事中俄交流方面的工作或研究，会有什么样的结果？这些现象应当是我们需要及时关注、系统研究、认真应对的任务。知己知彼，才能有的放矢、谋求平等与双赢性的合作，实现教育交流卓有成效地深入发展。尤其是在"一带一路"框架下，处理好中俄的教育交流，不仅是实现民心相通的重要路径，也可以为与其他沿线国家的教育交流与发展提供经验。

---

① 郭强、赵风波：《"一带一路"战略下的中俄跨境高等教育》，《中国高教研究》2017 年第 7 期。

5. "语言+专业"型复合人才培养严重不足

中俄教育合作需要大量的语言人才，特别是"语言+专业"型复合人才。虽然俄中两国都在加强与推广语言学习方面做了很多努力，但由于两国互相学习对方语言的人才体量较小，远不能满足两国日益扩展和深化的交流与合作需求。以我国为例，由于我国基础教育阶段俄语教学的萎缩，只有极少数学生能够从小学习俄语；大部分开展中俄教育合作的高校，其学生大都是从大学才开始接触俄语的，已错过了语言学习最佳时间，学习效果会大打折扣。而随着"一带一路"倡议的提出和实施，单纯的语言类人才已不能满足中俄两国教育合作的需求。中俄两国务实合作需要大量既精通俄语又具有扎实专业能力的复合型人才。但我国目前的俄语教学存在教学模式偏语言学，学生专业能力不足，或具有专业水平但俄语水平较低的情况。一方面，我国尤其缺乏既精通俄语又懂专业的授课教师，这极大地限制了我国俄语、特别是"俄语+专业"的教学效果。建议合理引进俄罗斯专业教师，增加俄罗斯教师教授俄语和专业课的比例，提升教学质量；另一方面应积极做好我国俄语教师的专业知识培训，培养复合型教师；再者，应加强教学、科研与产业界的融合，将应用型人才放到生产实践的一线，加强俄语人才与产业界的对接，以提升俄语人才的语言实际应用能力。

（三）进一步加强中俄教育合作的十点建议

1. 中俄两国应保持和强化高层对话机制，深化两国间的相互理解与支持，加强两国教育交流与合作的顶层设计，增强两国携手应对国际大环境挑战的能力。

2. 在提升两国间教育交流与合作质量和水平的基础上，应充分利用全球性和区域性国际组织的多边合作机制，合作提升两国的国际教育议程规划能力和水平，提高两国在全球教育治理领域的话语权和影响力。

3. 加强中俄教育交流与合作的区域性或国际性。充分发挥上海合作组织大学、金砖国家网络大学的联盟效应，拓宽网络大学经费来源，提高奖学金名额和资助标准，设立联盟层面的专项教育发展基金，推动成员国高校间高水平合作项目的实施，吸引更多的优秀学子参与联合培养项目。

4. 加强"一带一盟"的对接，在推动中俄教育合作的同时，加强与独联体国家间的教育合作与交流，寻求中、俄、独联体国家在国际和区域教育合作中的共同利益和共同增长点，以联动机制推动中俄教育合作走向更高层次。

5. 注意引进俄罗斯优质教育资源。加强与俄方在基础研究和信息技术、人工智能、航空航天等高新技术领域的人才交流与培养，逐步形成中俄面向基础研究、新兴产业和优势产业的国际知名教育品牌。

6. 充分发挥同类和区域高校联盟的平台与协同创新作用，制定中俄合作的行业（或领域）优先发展方向，充分利用中俄高校优质资源，打造具有国际先进水平的中俄合作优势学科品牌。

7. 加强对中俄合作办学项目的资质审核和过程监管，充分发挥高校联盟的集约化优势和行业自律精神，优化合作办学的流程管理，加强合作办学质量标准建设，引入对合作办学过程与成效的评估、考核和评比机制。

8. 充分调动社会力量（企业、社会团体、智库）参与中俄合作办学等联合教育项目的研判、实施和质量监管工作，充分发挥多元主体在中俄教育合作与交流中的作用，调动社会资源，发挥"民间"力量，引导中俄教育合作走向优质、高效发展之路。

9. 扩展中学俄语教学规模，鼓励高校开设俄语作为外语选修课，加强俄语师资队伍建设。以法律手段保障中俄合作项目的中俄师资力量配比，增加俄罗斯教师教授俄语和专业课的比例。提升俄语人才的语言实际应用能力；加强俄语人才培养与产业界的对接。

10. 应对后疫情的国际教育格局，应出台更具针对性的赴俄留学和人才交流计划。将提升公费赴俄留学生待遇和学业质量监管并举；加强对俄罗斯优质教育资源的宣传和对留学中介公司的引导，吸引更多的优秀人才赴俄留学；制定吸引优秀留学生回国工作的政策和机制，为留俄归国人员就业搭建服务平台。

第十二章　回顾与前瞻：俄罗斯教育改革在路上

教育作为一种社会现象，离不开国家、社会历史发展的大背景，离不开民族文化传统的积淀。俄罗斯国民教育制度所经历的初建、调整、传承、发展、创新的演进过程也说明了这一点。与多数西方国家不同，俄罗斯的教育制度经历了多次大起大落，——从沙俄模式到苏联模式的推翻与重建，从苏联初期到苏联后期的调整与变革，从苏联解体到新俄罗斯独立的传承和创新，——每每社会制度的更迭都势必带来教育制度的重大变革。

一、回顾与小结

俄罗斯 20 世纪 90 年代的教育改革可以说是继苏联后期改革的延续。尽管国家政体及社会制度此时已经发生了根本性改变，但在国民教育领域并没有发生断裂或颠覆性的变革。这一时期改革的主要目标是建立适应俄罗斯新制度国情、并能顺应国际教育改革趋势的教育体制，其具体的调整措施和办法首先体现在法律条文中。整个 90 年代，政府为发展国民教育颁布了众多法律法规，仅联邦级别颁布的各类法律法规就达 250 个左右，这些文件即体现了国家和政府对发展教育的重视，也为教育改革新阶段提供了发展方向。

应该说，颁布俄罗斯历史上首部《联邦教育法》、并在起步实施的过程中不断根据现实修订、完善，这是叶利钦时期为推进国民教育发展所做的最显著举措。这不仅标志着俄罗斯联邦国民教育制度及其指导方针与苏联国民教育制度的完全独立，更为日后国家及地方教育政策法规的制定与落实奠定了明确的法律基础。但是，由于敏感的时代、特定的政局、持续的经济危机和复杂的社会环境，在叶利钦总统执政的10年中，俄罗斯的国家发展与社会转型进程艰难，效果不尽人意。教育领域国家层面的改革大多只停留在政策制定与颁布状态，缺乏行之有效的落实与推进。因此，此阶段国民教育发展的负面特征或可用政策失衡、实施失范、管理失职、质量失控、威信失落作为大致的概括。

进入21世纪以后，俄罗斯国民教育领域的改革与其他领域一样，继续在国家政治、经济变革与动荡之中艰难前行。它既有对传统和制度的继承，又有在意识形态方面的重要改变，还有社会转型中的模式更迭，更有因经济滑坡和虚无民主管理而导致的学校运行不利以及各种恢复调整。无论从国家政策的整体走向，还是各级各类教育的重点改革目标；无论是20世纪90年代社会转型中的教育改革的有效落实，还是新世纪初教育现代化的国家定位，以及第二个10年以来的教育创新发展，俄罗斯国民教育的现代化发展在普京政府领导下缓慢推进，并在调整与变革中努力跟进全球化与国际化的世界趋势。

为了拯救"俄罗斯近200—300年来首次真正面临沦为世界二流国家抑或三流国家的危险"①之局面，普京对过去的政策做了大幅度调整和修正，将治国策略定位于争当独立强国、不做附庸大国；强调国民教育在安邦强国战略中的重要地位：不仅是保障民族安全、国家富强、公民幸福的关键要素之一，而且应竭尽力量使之成为确保经济增长、提高国民经济的效率和竞争力的最强推动力。几年间，俄罗斯从"数百年来最困难的一个历史时期"跨入世界十强的行列，到2007年底，俄罗斯国内生产总值8

---

① Путин В.В.，"Россия на рубеже тысячелетий"，*Независимая газета* 1999年12月30日。

年来增长了70%。①

　　在第一个连续两届总统的任期中，普京政府在推进国民教育领域走过了从务虚到务实的发展过程。一方面，先期出台了一系列重要教育决策，总结叶利钦时期的教改得失，调整不当之策，指导21世纪初期的教育进程，其中2001年颁布的《2010年前俄罗斯教育现代化构想》具有划时代意义，它将以往教育领域的"改革"换成教育"现代化"的表述，开启了发展和完善符合个人、社会和国家当前和长远需要的高质量教育之现代化进程。另一方面，在政策环境与发展秩序逐渐理顺之后，推进教育现代化的重点转向具体落实环节，启动一系列大手笔具体改革举措，用符合时代需求、顺应国际趋势的新制度设计替代原有的制度模式，如国家统一考试改革，高中侧重专业式教学改革，加入博洛尼亚进程及与国际接轨的两级高教体制，启动公民爱国主义教育连续性五年计划等等。改革因循民主与集中的管理理念，由联邦政府出台政策，各级主管部门引导落实，从试点到推广，从小范围到大面积，逐渐着力，最后再由最高主管部门颁布在全国全面推行的政策决定。各项改革举措的实施既在本领域引起巨大变动，多领域的变革又引起交互促进作用，使21世纪头10年教育改革变化明显，并持续深入。当然，在改革过程中，物质基础薄弱、师资队伍缺口大，教育质量区域性不均衡等持续暴露出来的矛盾，很多是冰冻三尺非一日之寒的棘手问题，需要伴随国家经济实力、教育威望、整体发展水平的不断提升而逐步解决。

　　梅德韦杰夫总统的四年任期顺畅而充分地延续了普京路线。在国民教育领域，梅德韦杰夫在保证既定政策和纲领连续性的同时，继续以推进教育现代化促进国家整体的创新发展。需要特别提及的是，2008年末，俄罗斯教育科学部向联邦政府提交的主题为"教育与创新经济的发展：2009—2012年推广现代教育模式"的教育发展方案和《2020年前的俄罗

---

① 《俄罗斯走上新的征程》，http：//news.xinhuanet.com/world/2008-05/07/content_8121299.htm。

斯教育——服务于知识经济的教育模式》的中长期教育发展纲要。这份文件将加速俄罗斯教育现代化和教育创新的国家教育发展主旋律进一步明确，强调必须以教育创新保证国家走创新发展之路，以培养创新型人才提升俄罗斯在世界舞台上国家整体竞争力。这也使得由此迅速升温的提升俄罗斯高等教育国际竞争力改革专项不断得以细化、深化、普及化。

2012 年普京再度入主克里姆林宫，开启总统新任期的三进宫阶段。抛开期间因复杂多变的世界政治局势、因 2014 年克里米亚问题导致各种国际制裁带来的国际国内政治、外交、经济等方面的变化，单就国民教育领域的现代化发展，既是危机与机遇并存，也是成效与问题并存，并且在围绕教育现代化创新发展主旋律的推进上、在国家既定教育政策的执行与落实上，普京总统的首个六年制任期还是有明显起色的。

2018 年对于已经有三任总统资历的普京来说，既是他进入自己总统4.0 时代的开始，更是其将俄罗斯 21 世纪第一时刻开启的普京时代继续延伸、光大的新起点。在推进国家教育现代化的总目标下，各级各类的重要教育改革仍将继续深入，比如国家统一考试制度的改革一直没有停止过调整、细化、与国际接轨各种补充和完善；高中阶段的侧重性教学改革也在教育内容、教学方式、师资培养、数字化建设等方面不停顿地展开探索；学前教育、师范教育、职业教育、补充教育等领域的现代化改革举措亦会不断多元化、具体化、深入化。

二、思考与展望

在持续推进新世纪开启的各项重要教育改革的同时，这里有必要特别强调普京政府 4.0 时代将持续并重点关注的三个主题。

首先，提升国家认同感与凝聚力，加强公民爱国主义教育。

苏联解体后叶利钦主导的去意识形态化和全面否定思想道德教育，使俄罗斯社会思想涣散，先前所形成的民族自豪感和原有意识形态的鲜明定位被淡化、搅乱乃至否定，公民的国家认同感严重缺失。进入 21 世纪，普京上台伊始便打出明确的爱国主义旗帜，提出了由爱国主义、强国意识、国家作用、社会团结几部分组成的"俄罗斯思想"概念体系，大力推行公民爱国主义教育，强调必须以爱国主义作为整个体系的基础重塑国家价值，并以此恢复俄罗斯的优秀传统，重塑民族精神，重振俄罗斯。在普京看来，"爱国主义是一种为自己国家的历史感到自豪的情感，寄托着让国家变得更美好、更富足、更强大的心愿，丧失爱国主义精神，就丧失了民族自豪感和尊严，丧失了再创民族伟大成就的能力"。[①] 因此，爱国主义绝不仅仅是一种简单的价值选择，它是俄罗斯公民自我意识的重要组成部分，更是俄罗斯宝贵的民族遗产。

自 2001 年开始，俄联邦每五年出台一部爱国主义教育纲要，由总统签署后颁行实施，分步骤、分阶段依法推进爱国主义教育。2001 年第一份《俄罗斯联邦公民爱国主义教育 2001—2005》规划颁布，联邦政府同时还制定了《爱国主义教育构想》，以国家政策形式推进爱国主义教育，并使俄罗斯政权机构、新闻媒体、教育体系全部参与到爱国主义教育过程中。在这些政策的不断落实中，爱国主义教育有效地将社会多元化的思想不断融合，逐渐扭转了意识形态混乱的局面。在这第一个公民爱国主义教育五年规划实施完成后，爱国主义教育已重返俄罗斯学校，中小学校不仅重新开设了爱国主义教育课程，而且普遍恢复或重建了爱国主义教育博物馆，培养爱国主义意识的教育内容和任务也进入了俄罗斯普通中等教育国家标准之中。[②]

随着《俄罗斯联邦公民爱国主义教育 2006—2010》《俄罗斯联邦公民爱国主义教育 2011—2015》和《俄罗斯联邦公民爱国主义教育 2016—2020》规划的连续颁布与实施，俄罗斯公民爱国主义教育的意义和作用不断得以强化，其在普京治国理念中的地位也不断提升。2012 年重掌帅印的普京强调："我们必须为未来奠定坚实基础，而这个基础就是爱国主

---

① *Патриотизм на службе России*，2018 年 1 月 8 日，见 https://refdb.ru/look/1623756-pall.html.

② 姜晓燕：《俄罗斯教育 20 年：变革与得失》，《比较教育研究》2010 年第 10 期。

义。"① 他提出，只有爱国主义才能包容社会中各种不同的价值观和政治立场，"在宪法中也没有确保任何政治势力独大的条款。但我们需要找到某个能团结整个多民族的俄罗斯因素。我认为，除了爱国主义之外，没有任何东西能够做到。"②2016 年，在俄罗斯政府颁布的第四份《俄罗斯联邦公民爱国主义教育 2016—2020》五年规划中，公民爱国主义教育被上升为重要的国家战略。纲要要求，"到 2020 年，要使俄罗斯联邦层面、地区层面和市级层面的爱国主义教育体系产生质的变化。"③ 此间普京也直接将爱国主义称为国家思想，他指出："我们想不出其他理念，也不必绞尽脑汁。除了爱国主义之外，我们没有、也不能有任何其他的统一思想。……这便是国家思想，它并未被意识形态化，也与任何党派的具体活动无关，它事关整体凝聚力。倘若我们希望生活过得更好，便要提升国家对所有公民的吸引力。"④ 根据普京的解读，爱国主义乃至爱国主义教育的地位、意义在不断提升中，与国家使命、国家形象乃至国家存亡和国际地位完全可以直接而紧密地连接起来。

　　《俄罗斯联邦公民爱国主义教育 2016—2020》五年规划将爱国主义教育视为持续一生的教育过程，在遵循教育和认知规律的基础上，将爱国主义的知识、情感、信念和行动由浅入深、循序渐进地贯穿于公民的各个人生阶段。同时，力图将爱国主义教育融入各类领域，以广泛的教育资源为爱国主义教育注入活力。在此基础上调动各年龄段、各社会阶层的民众参与爱国主义教育活动，营造热爱祖国、团结统一的社会氛围。⑤

---

① *Встреча с представителями общественности по вопросам патриотического воспитания молодёжи*, 2018 年 1 月 9 日，见 http://www.kremlin.ru/events/president/news/16470.2018-01-09.

② *Путин: У нас нет и не может быть никакой другой объединяющей идеи, кроме патриотизма*, 2018 年 1 月 11 日，见 https://www.kommersant.ru/doc/2907316.

③ *Патриотическое воспитание граждан Российской Федерации на 2016-2020 годы.*, 2016 年 5 月 8 日，见 http://government.ru/docs/21341/.

④ *Путин: национальная идея в России-это патриотизм*, 2018 年 1 月 10 日，见 https://ria.ru/society/20160203/136 9184806.html.

⑤ 徐娜、肖甦：《21 世纪俄罗斯推进公民爱国主义教育发展特点研究》，《比较教育研究》2019 年第 3 期。

　　与国家至上、国家观念密不可分的是对国家的热爱。从 2001 年到 2020 年，四个连续的联邦级公民爱国主义教育的"五年规划"横跨 20 年，在国家制度层面已然搭建起新世纪俄罗斯公民爱国主义教育体系，保障了爱国主义教育政策的连贯性和针对性。

　　不难发现，热爱祖国、培养对国家的情感是俄罗斯始终都无比重视的教育内容，也是新世纪普京谙熟本民族历史文化传统特性、兴国治国的重要路径。这些相关文件不仅仅阐述了爱国主义教育的理论基础，如爱国主义的概念、内涵和表现形式、教育的目标、任务和原则，还分层次、分阶段地明确了各相关机构在爱国教育中的地位、职责与功用。这些连续的爱国主义教育政策是俄罗斯在爱国主义教育实施过程中，联合各相关教育主体的力量、统一教育主导思想、协调和引导其有目的地开展工作的重要依据和基础，有助于国家意识教育适应不同阶段教育需求，贴合不同时期青年特点，从而确保教育既富有鲜明的时代性，又具有很好的实效性。

　　其次，培养创新人才、建设创新国家，从注重培养天才儿童和少年开始。

　　天才青少年被视为社会发展最重要的因素和资源，对国家和地区发展起到额外的推动作用。苏联时期的教育强调公平和集体，力求整齐划一地培养人，因而忽视儿童的个性潜能和个体差异性。1992 年俄罗斯《联邦教育法》则首次明确规定了教育管理机关有权创办天才儿童、少年和青年的英才教育机构。俄罗斯实施天才教育的合法性由此开始得到保障。随着经济全球化、信息化的发展，在科技突飞猛进之中人才的重要性越发凸显。俄罗斯新时期转变教育思想，更加注重人才战略和学生的个性发展，对创新人才的培养从重要性上上升到了国家战略层面，从操作起点上延长到了天才儿童的发现与教育支持的环节。

　　1997 年，俄联邦以政府令的形式颁布《1998—2000 年天才青少年教育总纲要》，它是首个全面保障和规范天才儿童教育工作的政策法规。1998 年至 2007 年俄联邦相继出台了《1998—2003 年"俄罗斯儿童"专项纲要》《2003—2006 年"俄罗斯儿童"专项纲要》《2007—2010 年"俄罗斯儿童"专项纲要》，其中均包含有《"天才儿童"子纲要》，主要为建立发现、培养及支持天才儿童国家统一体系提供有力保障条件，包括加大对农村地区天才儿童发展的支持。

自 2006 年起，注重寻找并支持天才儿童和青年成为俄罗斯落实创新教育政策的重要内容，国家每年在全国各地甄选的天才青年在 5350 名左右。2010 年至 2012 年，政府又出台多个天才儿童教育相关的法令和工作方案，先后明确要求将发展天才青少年支持体系作为近期俄罗斯普通教育发展的六个主要方向之一；要把构建寻找和支持天才青少年体系作为战略目标，在教育系统中建构一套明确的制度保障体系；主要通过建立健全政策法规、加大青少年天才儿童的发现与认定力度、探索有效教学方法、重视专门教师的培训、完善天才青少年的竞赛机制、加强天才青少年教育基础设施建设等多个方面完成这项教育工作。

2015 年 3 月、5 月、8 月联邦政府、教育科学部先后制定和颁布了"授予考入高校的天才儿童俄联邦总统奖学金"的总统令（草案）、关于"向以天才儿童身份考入全日制教学形式高校的大学生授予和支付总统奖学金条例"的联邦政府令（草案）和关于"天才儿童发现、支持和监督"的政府令（草案）以及关于"科技、人文、发明天赋倾向儿童的判定方法和标准以及对其支持和长远发展监督办法"的政府令。[①] 进一步细化天才儿童和青年天才的鉴别标准和方法、就其发展进行跟踪支持和监督、采取激励措施并给予天才工作充分的资金保障，进一步完善了天才儿童的挖掘和培养机制。

近年来，无论是普京还是梅德韦杰夫，都多次在总统或总理的位置上提及重视天才儿童的选拔和培养问题。2012 年 10 月时任联邦总统梅德韦杰夫表示国家将拨专款支持在全国范围内寻找天才青少年的工作，其相关资金预算超过 600 亿卢布。在 2018 年、2019 年度的国情咨文报告中，

---

① Федеральный портал проектов нормативных правовых актов，2018 年 10 月 18 日，见 http：//regulation.gov.ru/projects（2018-10-18）.

普京连续两年提出要重视发挥补充教育体系在天才儿童的发现与培养教育方面的功能，阐明"俄罗斯将继续加强一切旨在支持和发展儿童的创新能力和天赋的统一体系的发展。这种体系应覆盖俄罗斯所有地区，能够整合俄罗斯各个地区的天狼星活动中心、儿童技术公园、补充教育和儿童天赋发展中心等平台的资源"①。未来三年内扩大儿童科技园、量子馆、数字和自然人文科学发展中心的数量，使所有儿童均有机会享受补充教育，以此培养儿童对于创造性活动的兴趣和热情。比如位于索契的"天狼星"教育中心，预计到 2024 年基于此模式的天才儿童教育中心将出现在俄罗斯的各个地区。②

俄罗斯天才教育工作的重点主要放在天才儿童和青年的发现、培养和支持上。从联邦政府到地方主体都设有专门负责统筹和协调天才青少年发现与培养工作的天才支持委员会。俄罗斯联邦在各大地区都建立了天才青少年工作中心，用以保证不同教育机构在促进知识、文化及运动领域天才青少年全面发展方面的合作，促进普通中等教育机构和高等教育机构在实施培养天才青少年大纲方面的联系和合作。许多高校附设天才儿童发展中心，例如佩尔姆国家研究型综合大学继续教育学院的天才青少年发展中心，佩尔姆大学附属中学天才青少年资源中心等。

俄罗斯鉴别英才的主要手段是以中小学生各学科奥林匹克竞赛为代表的完善的竞赛体系。通过形式多样的竞赛、比赛发现青少年儿童在各方面的突出才能，促进学生对智力活动和创造性活动的兴趣，刺激学生获得更多、更高端知识的欲望。全俄中学生奥林匹克竞赛是最具代表性的竞赛之一，通过地市级初赛、州区级复赛及联邦总决赛层层过关选拔出各学科领域最优秀人才。近年来俄罗斯促进奥赛成为中小学、高校科研机构

---

① Президент России：*О положении в стране и основных направлениях внутренней и внешней политики государства*，2018 年 3 月 1 日，见 http：//www.kremlin.ru/acts/bank/42902.

② Президент России：*Послание Президента Федеральному Собранию*，2019年2月20日，见 http：//www.kremlin.ru/events/president/news/59863（2019-02020）（2020-10-10）.

一体化的发展模型；不断扩大竞赛选题范围、学生参与度并完善获奖激励办法；完善竞赛监督机制，通过专门机构管理和拨款方面的措施，提高竞赛有效性。除中小学奥林匹克学科竞赛之外，全俄社会活动部"天才儿童——俄罗斯的未来"项目之"莫斯科天才儿童国际论坛"也是英才选拔的一种手段。

全俄青少年社会活动系统中的补充教育是天才儿童识别和培养的重要工具。根据青少年补充教育机构类型新条例规定，补充教育机构的主要任务之一就是发掘和发展天才青少年的创造性潜能。此外，天才青少年另一重要的教育组织形式是在普通学校通过侧重式教学或者专门班级实现，或在专门的天才青少年教育机构中进行学习。建立天才儿童和有才干的青年在课外时间进行科研工作的组织体系（主要指假期在地方及以上科学和创造性夏令营、学校的活动），到 2012 年 14—25 岁参加科学创新夏令营和学校的学生比例达到学生总数的 15%。①

普通教育、补充教育、高等教育一体化对于天才青少年的培养具有重要作用。利用重点学校和科研机构的力量（联邦大学、国家研究型大学）推广远程教育、面授—函授和天才儿童与天才青年辅导体系，如在联邦大学中建立天才儿童和天才青年实习和跟踪中心，教学机构、科研和其他社会机构的联合体也能发挥特别作用，效果明显。

只有天才的教师才能教育天才的青少年，因此，天才青少年培养的重中之重是提高教师的职业素养。天才儿童教育的师资保障机制主要是对从事天才青少年教育的工作者进行培训和激励。主要做法有：1. 组织职业培训提高专门从事天才青少年教育工作的教师和专家技能水平，在高校的研究生院对天才青少年教育专门学校和班级的教师进行培训，在地方进修学院培训识别学龄天才儿童的现代技术和方法。2. 开展天才青少年教育的教师职业技能大赛，对取得成果的教师进行物质激励和表

---

① 肖甦、王义高编译：《俄罗斯转型时期重要教育法规文献汇编》，人民教育出版社 2009 年版，第 776 页。

彰。3. 在师范类高校和综合性大学的教育学和心理学学科中增加"天才儿童"的分支，以提高未来从事天才儿童教育工作的教师的教育学和心理学素质，组织编写和出版关于发现和支持天才儿童发展的方法类教师指导用书。

在资金保障方面，联邦和地区预算中均划拨有天才儿童创新活动的竞赛专项拨款，为天才儿童青少年未来的侧重式教学提供资金支持，对取得杰出成果的天才儿童青少年进行奖励。直属于联邦政府的发现与支持天才委员会下设专门基金会，全权负责资金管理与分配，将联邦、地方和私人资源整合以用于寻找和支持天才青少年教育。在信息服务方面，俄罗斯建立了学生成果的统计与测量体系以及天才青少年数据库，一方面跟进追踪天才青少年发展轨迹，为其在人生各阶段发挥最大发展可能性提供保障；另一方面形成统一的信息环境以保障对于天才青少年发现和培养体系的信息化技术化支持和管理。

国家的竞争是综合实力的竞争，综合实力竞争中人才的竞争最为关键。培养创新人才，建设创新国家、实现创新发展，是俄罗斯实现教育现代化、国家现代化的主题词。俄罗斯日益重视天才儿童教育、培养精英人才从娃娃抓起，在提高整体水平的前提下，有意识侧重天才儿童的发现与培养工作，国家给予立法、机构、资金、师资、教育科学和社会信息资源的全方位保障，为天才儿童的个性化发展和潜能发挥创造了必要的条件和空间。这既可以表明俄罗斯这一国家战略是在做长线的精英人才培养教育，又能够使人相信，在如此政策重视和措施扶持的发展环境下，必将成长起一批批的支撑国家未来创新发展的中坚智慧力量。

第三，提升高等教育国际竞争力，争创世界一流大学。

当今世界，各国政府都普遍认识到世界一流大学在促进经济增长、提高国际竞争力方面所发挥的重要作用。苏联的高等教育传统虽然为俄罗斯留下了丰富而独到的财富，但在全球化和国际化背景下这种具有时代及社会制度特色的丰富性与独特性却制约了新国家与世界的接轨，导致新世纪俄罗斯高等教育的国际竞争力严重不足。因此，改革高等教育、提升一流大学的国际竞争力，成为俄罗斯 21 世纪以来尤其是 21 世纪第二个 10 年以来实现创新发展、教育兴国的重要路径，而逐渐认同世界大学排行榜定位各国高等学校影响力的意义，也使得俄罗斯开始重视并追求本国高校在世界大学排行榜的名次提升。

俄罗斯高校在世界大学排名中很不乐观，即便是苏联时期在国际上享有盛誉的莫斯科大学也未能进入前百，这对俄罗斯政界和教育界的触动很大。对本国高等教育的质疑和对优质大学的广泛热议，客观上推动了俄罗斯建设世界一流大学的行动。在普遍依据量化评价体系评价大学水平的当下，秉承苏联传统、之前不屑参与和认可世界大学排名的俄罗斯，已经无法面对俄罗斯高等院校在一系列世界排名中所处的尴尬地位。为了改变局面，重振俄罗斯高等教育的威望，俄罗斯联邦政府一直主导高等教育领域进行提升国际竞争力创建世界一流大学的持续性改革。

进入 21 世纪第二个 10 年，争创世界一流已经明确成为俄罗斯大学发展与改革的重要任务。2010 年 5 月俄联邦政府第 354 号决议阐明，以高科技为引领的俄罗斯经济发展需要创建世界一流大学，它们同时肩负为国家高科技领域培养人才、为现代化科技发展、推动科技创新等多项任务。2011 年梅德韦杰夫总统就曾表明："世界高校排名已成为衡量俄罗斯高等教育水平的依据。世界一流大学是国家的财产，优质的高等教育水平能够保持国家长期竞争优势。无论是发达国家还是发展中国家都有排进世界前 200 位的一流大学，俄罗斯的高校也应该到国际水平，并加强其地位。"[①]2012 年 5 月，普京总统签署俄罗斯政府第 599 号令，即《关于国家政策在教育和科学领域中的落实措施》，首次提出 2020 年前俄罗斯应有不少于 5 所大学进入世界权威大学排行榜前 100 名的目标。[②] 这一目标明确、具体地阐释了政府提升俄罗斯高校在世界大学排行榜地位的任务。2013

---

①　*O Высшем образовании и поддержке студенчества*，2009 年 2 月 2 日，见 http://blog. da-medvedev.ru/post/6.

②　*O мерах по реализации государственной политики в области образования и науки*，2013 年 6 月 1 日，见 http://www.5top100.ru/library/671/.

年 3 月，联邦政府颁布第 211 号令《关于国家扶持提升俄罗斯院一流高校在世界教育科学中心中的竞争力的措施》。在这份政策文件中，"5—100 计划"的内容被扩充为"提升俄罗斯一流高校在世界知名科学教育中心的国际竞争力计划。"① 也就是说，"5—100 计划"旨在最大限度提升俄罗斯高校在全球教育市场的竞争力，该计划预期的初步成果是在 2020 年俄罗斯能够拥有一批具备良好国际学术声誉，符合世界教育发展趋势并能灵活应对全球变化的现代化一流大学。显然，"5—100 计划"也几乎等同于俄罗斯创世界一流大学的代名词。

"5—100 计划"的实施是通过高校竞争参与、专设国际专家委员会投票表决、获得专项经费、实现高水平发展、冲击世界一流大学的路径完成。有意愿的高校须提交书面申请和本校创新发展方案，经公开陈述，由国际专家委员会根据选拔标准进行评分和全体投票决定入选与否。专设的国际专家委员会是处理俄罗斯高等院校国际化问题的常设咨询机构，负责研究大学选拔标准和提升大学国际竞争力的项目设置。这个国际委员会有 12 名委员组成，国际化程度很高，包括美国著名比较高等教育学家菲利普 G. 阿特巴赫（Philip G. Altbach），英国国家卫生局的主席、加拿大约克大学名誉校长马尔科姆 J. 格兰特（Malcolm J.Grant），比利时荷语天主教鲁汶大学运营总管配备德贝克勒（Koenraad Debackere），中国教育发展战略学会执行会长闵维方等各国著名专家学者。通过参与完整的竞标机制，胜出的优质大学得以进入"5—100 计划"支持成员。但名单内的所有成员仍然需要通过末位淘汰竞争机制调整，一旦有高校复检不合格，随即取消其成员资格和专项经费支持。

联邦财政拨款是保障实施"5—100"计划的主要资金来源，而且财政支持的力度非常强劲，政府经费投入逐年追加。2013 年 10 月梅德韦杰夫总理签署总金额为 90 亿卢布的专项财政预算，用以支持入选"5—100

---

① *О мерах по реализации государственной политики в области образования и науки*, 2013 年 6 月 1 日，见 http://www.5top100.ru/library/671/.

计划"的 15 所高校，2014 年划拨 100.5 亿卢布，2015 年划拨 120 亿卢布支持21所入选高校，[①] 随后直到2020年，政府每年投入都超过100亿卢布，占国家在高等教育领域资金总投入的 1.8%。[②] 可以毫不夸张地说，"5—100"计划已经是俄罗斯在教育领域最昂贵的项目。[③]

应该说，经过多年的努力，俄罗斯创建一流大学提高国际竞争力的各种举措都有一定的成效，至少从国内各项指标的历时变化来看都在进步攀升，俄罗斯各类高等学校无论是整体水平、还是独立个体状态，都在不同方面有所发展。2016 年 4 月 19 日，俄罗斯总理梅德韦杰夫在国家杜马会议上发言指出，"5—100 计划"寄托着俄罗斯的高等教育强国之梦，得益于"5—100 计划"的实施，参与该计划的俄罗斯高等院校在国际大学排行榜的地位有了较大幅度提升，这一计划将继续执行下去。[④]

但是，今年已经是5—100计划收官之年，按照联邦政府的政策愿景，俄罗斯高校远没有完成计划目标。进入世界三大高校排行榜前 100 的俄罗斯高校只有莫斯科大学一所。作为俄罗斯地位最高的老牌综合性大学，莫斯科大学在世界排名中进步明显。其在 QS 榜单中，从 2018—2021 连续四年入围前 100，由 2015 年的 114 名上升到 2021 年的 74 名，在 ARWU 榜单中连续五年位列世界前 100 强，尽管在 THE 榜单中成绩较平，均位于 190 名左右，但这已经是俄罗斯高校在 THE 榜单中的最好成绩。2019 年、2020 年和 2021 年，俄罗斯高校进入 QS 榜前 300 的分别是 0 所、4 所和 6 所。而与 QS 榜相比，俄罗斯高校在 THE 和 ARWU 世界大学排行榜中的成绩更不尽如人意。 2020 年进入 THE 榜单前 500 的只有 5 所；进

---

① 2013 年、2014 年、2015 年，俄罗斯政府关于教育财政拨款的命令。"5—100计划"官方网站 http：//5top100.ru/news/662/? sphrase_id=3619.

② Боровская Н.В.，Гохберг Л.М. & Кузнецова О.К.，*Образование в цифрах*：*2019*：*краткий статистический сборник*，М.：НИУ ВШЭ，2019：27.

③ *Проект «5-100»：победит ли здравый смысл?* 2017 年 10 月 6 日，见 http：//ruskline. ru/opp/2017/oktyabr/6/proekt_5100_pobedit_li_zdravyj_smys/.

④ *О мерах по реализации государственной политики в области образования и науки*，2013 年 6 月 1 日，见 http：//www.5top100.ru/library/671/.

入 ARWU 榜单前 500 的仅 3 所。[①]

俄罗斯加大力度争创世界一流大学的行动不仅仅与推进高教国际化相关，更是国家提升国际竞争力、实现创新发展、力争重回大国地位的国家发展战略使然。但是这一高教发展战略计划从十多年前就已启动，对"5—100 计划"国家政策支持也已经近 8 年，而且国家财政的经费投入力度也逐年加强，甚至成为近期俄罗斯教育领域"最贵的项目"，为什么俄罗斯大学的国际排名仍不见大起色？这里还有必要做几点简短分析。

首先，由于社会政治与经济动荡因素的影响，整个高等教育体系自 20 世纪 90 年代以来受巨大冲击，市场经济中的巨大落差、教育财政的捉襟见肘使高等教育威信下滑，高校物质基础无力巩固，教学科研工作严重受阻、师资队伍流失尤其严重，高等教育质量下滑不言而喻。虽然进入 21 世纪初已经开始秩序恢复和制度重建，但冰冻三尺非一日之寒，俄罗斯高校的硬件尤其是软件的建设需要时间，强势回归需要时日。

其次，俄罗斯着力建构金字塔形的大学发展模式虽然明确了不同层级高校的发展定位，但合并重组现有大学和择优建设现有大学的模式，是一种在原制度文化基础上实现完善的一流大学发展模式，而原制度文化与新内涵要求的众多冲突不是靠经费投入可以解决的，它不仅会消解一部分努力，还会影响发展的速度和成效。何况多数俄罗斯高校在世界大学的排行榜上的名次还十分靠后。

第三，尽管俄罗斯高教体系的改革一直向国际化水准看齐，但运行 70 余年所形成的苏联模式不可能短时间完全改变，所以俄罗斯高校对源自欧美高等教育体系的国际大学排行榜在评分标准上存在多方不适。例如，由于历史传统和语言本身的限制，俄罗斯高校英文发表研究论文很少

---

① QS 世界大学排名官网，2020 年 6 月 15 日，见 https：//www.qschina.cn/university-rankings/world-university-rankings/2021；THE 世界大学排名官网，2020 年 6 月 15 日， 见 https：//www.timeshighereducation.com/world-university-rankings/2020/world-ranking#！/page/0/length/25/sort_by/rank/sort_order/asc/cols/stats；ARWU 世界大学学术排行榜官网，2020 年 6 月 15 日，见 http：//www.shanghairanking.com/ARWU2019.html.

的事实，在相当程度上拖了名次的后腿。好在近年来"5—100计划"参与学校已经制定了对教师国际发表的激励机制，在可观的物质奖励下，高校学术成果的英文发表数量有望提高。

最后，俄罗斯发展高水平大学的举措不仅仅与推进高教国际化相关，更是国家提升国际竞争力、实现创新发展、力争重回大国地位的国家发展战略使然。无论是全球化背景下国家创新的宏观发展，还是国际化进程中创建世界一流大学的具体实践，都离不开稳定的社会秩序、合理的制度设计、雄厚的物质基础以及持续跟进的科学思维。当下的俄罗斯仍然处于社会转型时期，政治危机、经济危机的威胁仍此消彼长，在国民经济已经持续负增长的情况下，创建世界一流大学提高国际竞争力的目标还能坚持多久？而且，世界各国都在争创世界一流大学的国际背景下发展进步，俄罗斯欲在国际竞争中胜出还有很长的路要走。但毫无疑问，在现阶段以及日后的一段时期内，俄罗斯仍会将创建世界一流大学作为国家发展的重要战略目标，而真正达到这一理想，还需要全方位、多路径、有侧重地深入下去，可谓任重道远。或许，俄罗斯教育科学部长Д.В里瓦诺夫的观点更为现实："进入世界权威大学排行榜不是目的本身，真正重要的，是俄罗斯大学建立起能够担当的、新的科研与教学质量。"①

上述三个方面，既是俄罗斯新时期已经实施的教育现代化改革的重要组成部分，也会是普京政府在新任期继续全面推进教育现代化进程中注定持续深入的内容。

无论是转型时期的俄罗斯，还是非常时局下的俄罗斯，能够聚拢民心、提振士气，增强民族凝聚力、维护社会稳定的最有效手段就是弘扬爱国主义精神、实施全民爱国主义教育。普京政府始终期望通过重扬爱国主义精神提振士气，增强民众克服危机的信心，维护社会稳定。显然，颁行面向全民的爱国主义教育纲要已经成为新世纪俄罗斯国家层面固定的政策

① *Российское образование мирового класса*，2016年3月4日，见http://5top100.ru/about/more-about/.

规划行为。一方面，制定和实施"五年规划"是俄罗斯公民爱国主义教育的常态形式；另一方面，也是普京政府传播、巩固其"俄罗斯思想"，不断为爱国主义赋予时代内容的、凝聚民心民意的极为重要、有效的治国策略和途径。这一点值得我们很好地研究和借鉴。

当下，新世纪即将进入第三个 10 年。就国家而言，对于全球信息化和我国产业升级的重要时期，人才科技的力量已成为国家发展的决定性因素，如何提高效率储备更多高精尖人才事关重大；就教育而言，倡导以人为本，学生中心，师生合作探究和全民教育体现出的"教育民主新概念"也为学生个性化优势潜能发展提供了空间和可能。就个人而言，人尽其能，及时尽早挖掘个人的智力潜能，全面充分调动个人的个性优势，也就是在助力每个人找到属于个体本身的幸福，使每个个体养成和练就自主获得幸福的能力。因此，在让所有公民平等享受高质量的基础教育的基础上，应该充分考虑各类青少年学习需求的差异性，及时发现，提早确定，特别培养，因材施教，以利于为创新人才的高校、高质量培养提早输送更多的生力军。我国在创新人才培养上同样存在应该将年龄尽可能提早地进行辨别和区别化教育。虽然"不能让孩子输在起跑线上"的命题有悖于教育规律，但是天才儿童的早发现、精英人才及创新人才培养的年龄段迁移到儿童阶段是一个合乎逻辑的真命题。无论从及时把握特殊儿童关键发展时期关键节点的角度，还是为创新人才培养输送尽可能多的青少年才俊需要出发，俄罗斯注重天才儿童教育的政策导向与具体措施，都有助于我们进一步完善相应的教育任务。最重要的一点，是应该达成一种共识：天才儿童教育的切实发展既离不开国家的倡导、重视和宏观调控，也离不开地方的贯彻以及社会的认同与支持。

俄罗斯高等教育国际竞争力不足，不仅是沿袭苏联高教传统模式与国际不接轨有关，更重要的是伴随着大国失势、国力下降、经济衰败而来的教育投入后劲不足导致的。21 世纪以来，随着国家经济的好转，对高等教育的投入也相应地加大，国家有能力的问题。然而，可以说社会各个方面都需要投入振兴，对高等教育实行大规模全方位的投入不现实，因此，在创建一流大学提升国际竞争力方面采取的是成本相对较低的择优建设现有大学和合并重组现有大学的模式。这种在原制度文化基础上改善的一流大学发展模式，必将面临原制度文化与新内涵要求的冲突，会消解一部分努力，影响到发展成效。在当今的世界经济体系中，俄罗斯仍只以能源、原料开采和技术方面占据主导地位，尚未建立起以高新技术为基础的、具有竞争实力的知识经济。显然，若试图从能源出口型经济向创新型经济成功过渡，俄罗斯就必须保持并强化其在科学、教育的相对优势，而这其中，教育所肩负的使命巨大：只有在保持教育优良传统的同时，实现教育的现代化和教育创新，才能使国家现代化和国家创新发展进入更高层次，教育对国家竞争力的形成与提升才能真正发挥不可替代的作用。因此，尽管 2014 年末以来俄罗斯面临着政治与经济危机等诸多不利因素，关注高等教育的质量，创建一流大学，提升国际竞争力将会是俄罗斯高等教育现代化的持续性发展重点。新中国高等教育体系的建设与发展受苏联模式影响巨大。其实，当下俄罗斯建设世界一流大学过程中出现的这些问题，对于我国目前争世界一流的高教改革同样具有十分现实的借鉴意义。

总之，梳理俄罗斯进入社会转型以来的 30 年进程，其国民教育是在利弊得失之中缓慢而顽强地前行着。从普京时代开始，通过实质性强化教育现代化进程、统一教育空间、加强公民爱国主义教育、为创新发展多元化培养人才、不断提升高等学校的国际竞争力等举措，不但为提高教育质量，改善社会风尚、保证国家竞争力创造了条件，也为俄罗斯教育真正与国际接轨、进而蓄积勃发参与国际竞争打开了通道。尤为重要的是，尽管转型时期的俄罗斯教育受到重创，但国民教育在国家中的优势地位，俄罗斯教育在国际上的良好声誉不断恢复，俄罗斯政府倾力所做的振奋民族精神、凝聚爱国情怀、重塑国家价值等意识形态层面的努力卓有成就，这从另一个侧面再度印证了教育对国家发展的重要作用，而这，对于俄罗斯摆脱困境、再振雄风、重归世界强国阵营至关重要。

参 考 文 献

中文文献：

1. ［英］埃德蒙·金：《别国的学校和我们的学校——今日比较教育》，人民教育出版社 2001 年版。

2. 北京师范大学国际与比较教育研究院：《国际教育政策与发展趋势年度报告 2013》，北京师范大学出版社 2015 年版。

3. 北京师范大学国际与比较教育研究院：《国际教育政策与发展趋势年度报告 2016》，北京师范大学出版社 2018 年版。

4. 陈永明：《国际师范教育改革比较研究》，人民教育出版社 1999 年版。

5. 杜岩岩：《教师教育国家标准的制定与实施》，《大学·研究与评价》2007 年第 2 期。

6. 俄罗斯新闻网：《俄罗斯将拨款 2 亿卢布奖励最优秀教师》，《世界教育信息》2011 年第 2 期。

7. 付娟明：《比较高等教育》，北京师范大学出版社 1987 年版。

8. 冯相如：《俄教师每五年进行一次资质考核》，《基础教育参考》2011 年第 2 期。

9. 顾明远：《战后苏联教育研究》，江西教育出版社 1991 年版。

10. 顾明远、梁忠义：《世界教育大系·苏俄教育》，吉林教育出版社 2000 年年版。

11. 高凤兰、曲志坚：《俄罗斯高等院校师资状况分析》，《外国教育研究》

2004 年第 11 期。

　　12. 顾宁：《冷战年代中苏教育交流的启示》，《世界历史》2004 年第 4 期。

　　13. 郭强、赵风波：《"一带一路"战略下的中俄跨境高等教育》，《中国高教研究》2017 年第 7 期。

　　14. 金挥：《东欧中亚列国志》，当代世界出版社 1994 年版。

　　15. 姜晓燕：《俄罗斯教育 20 年：变革与得失》，《比较教育研究》2010 年第 10 期。

　　16. 姜晓燕：《中俄教育合作现状与愿景》，《光明日报》2019 年 6 月 13 日。

　　17. 陆南泉等：《苏东剧变之后：对 119 个问题的思考》，新华出版社 2012 年版。

　　18. 陆南泉：《普京执政的前四年与后四年》，《上海财经大学学报》2006 年第 1 期。

　　19. 梁忠义、罗正华：《教师教育》，吉林教育出版社 2000 年版。

　　20. 李滔主编：《中华留学教育史录（1949 年以后）》，高等教育出版社 2000 年版。

　　21. 李雅君：《俄罗斯基础教育信息化最新进展述评》，《中国电化教育》2006 年第 12 期。

　　22. 李国轩：《中俄教育合作问题研究》，硕士学位论文，黑龙江大学俄语学院，2017 年。

　　23. 时月芹：《俄罗斯教育行政管理体制的变革》，《大学研究与评价》2008 年第 9 期。

　　24. 吴式颖：《外国现代教育史》，人民教育出版社 2005 年版。

　　25. 王加兴：《新世纪以来的中俄教育合作与交流：现状与前景》，《中国俄语教学》2020 年第 1 期。

　　26. 肖甦、王义高编译：《俄罗斯转型时期重要教育法规文献汇编》，人民教育出版社 2009 年版。

　　27. 肖甦、王义高：《俄罗斯教育变革探讨》，广东教育出版社 2008 年版。

　　28. 肖甦：《世纪之交的俄罗斯师范教育改革——打造连续师范教育的完整体

系》,《比较教育研究》2003 年第 4 期。

29. 肖甦:《比较教师教育》,高等教育出版社 2008 年版。

30. 肖甦、王义高:《俄罗斯教育 10 年变迁》,北京师范大学出版社 2003 年版。

31. 肖甦、姜晓燕:《俄罗斯农村学校结构改革评述》,《比较教育研究》2003 年第 12 期。

32. 肖甦:《评俄罗斯三位总统的教育政策与改革特征》,《比较教育研究》2011 年第 10 期。

33. 肖甦:《新世纪俄罗斯普通高中的教育改革:政策、措施与特点》,《比较教育研究》2010 年第 7 期。

34. 肖甦、刘楠:《俄罗斯中小学教师新工资制度改革:原因、内容及实施保障》,《比较教育研究》2012 年第 8 期。

35. 新华社国际时评:《中俄关系新定位新在哪》,新华网 2019 年 6 月 5 日。

36. 徐娜、肖甦:《21 世纪俄罗斯推进公民爱国主义教育发展特点研究》,《比较教育研究》2019 年第 3 期。

37. 杨宏:《中俄教师教育专业课程设置比较探究》,《黑龙江高教研究》2012 年第 2 期。

38. 于海波:《俄罗斯农村教育现代化及其启示》,《外国教育研究》2007 年第 12 期。

39. [苏] 亚德什科 В.И.、Ф. 索 А. 欣:《学前教育学》,人民教育出版社 1981 年版。

40. 朱小蔓、[俄] Н.Е. 鲍列夫斯卡娅、[俄] В.П. 鲍利辛柯夫:《20—21 世纪之交中俄教育改革比较》,教育科学出版社 2006 年版。

41. 赵伟:《我们的新学校——俄罗斯国家教育倡议解析》,《外国中小学教育》2011 年第 4 期。

42.《中俄总理第二十四次定期会晤联合公报》(全文),2019 年 9 月 18 日,见 http://www.xinhuanet.com/2019-09/18/c_1125007195.htm.

43.《中华人民共和国教育部和俄罗斯联邦教育科学部教育合作协议》,2006 年 11 月 9 日,见 http://old.moe.gov.cn/publicfiles/business/htmlfiles/moe/moe_858/

201005/87635.html.

44.《中俄总理第二十三次定期会晤联合公报》，2018 年 11 月 7 日，见 http：//
www.gov.cn/guowuyuan/2018-11/07/content_5338172.htm.

俄文文献：

1. Арефьев А.Л.，"Тенденции экспорта Российского образования в 2005-2015
гг"，*Вестник Российской Академии Наук*，2016.

2. Абанкина И.，"Новая система оплаты труда первые результаты в
регионах"，*народное образование*，2008.

3. Боровская Н.В.，Гохберг Л.М. & Кузнецова О.К.，*Образование в цифрах*：
2019：*краткий статистический сборник*，М.：НИУ ВШЭ，2019.

4. *Вариативная система ооп педагогического профиля*，2020 年 7 月 21
日，见 https：//myslide.ru/presentation/5-letniy-bakalavriat-kak-celevaya-modely-
podgotovki-uchitelya-v-strukture-urovnevogo-obrazovaniya.

5. В Минобрнауки России обсудили перспективы развития педагогического
образования，2017 年 6 月 2 日，见 https：//news.myseldon.com/ru/news/index/
170929876.

6. В Госдуме обсудят проект нового закона об образовании，见 http：// school.
edu.ru/news.asp？ ob_no=89810.

7. Встреча с представителями общественности по вопросам патриотического
воспитания молодёжи，2018 年 1 月 9 日，见 http：//www.kremlin.ru/events/
president/news/16470.2018-01-09.

8. Гребнев Л.С.，"Болонский процесс и четвертое поколение образовательных
стандартов"，*Высшее образование в России*，2011.

9. Доклад Правительства Российской Федерации：*Федеральному Собранию
Российской Федерации о реализации государственной политики в сфере
образования* ［M］．Москва，2019.

10. *Доклад правительства Российской Федерации Федеральному Собранию*

Российской Федерации о реализации государственной политики в сфере образования 2018，2019 年 12 月 13 日，见 http：//government.ru/news/32737.

11. *Единая система оценки качества школьного образования в России*，2019 年 5 月 3 日，见 http：//www.obrnadzor.gov.ru/common/upload/news/infomaterial/ESOCO_rus_Print.pdf.

12. *Единая тарифная сетка*，2010 年 11 月 7 日，见 http：//ru.wikipedia.org/wiki/.

13. *Законодательный процесс*，2011 年 9 月 8 日，见 https：//www.grandars.ru/college/pravovedenie/zakonodatelnyy-process.html.

14. *Закон о дательная власть*，2011 年 9 月 8 日，见 http：//be5.biz/pravo/k001/15.htm.

15. *Закупка автобусов для общеобразовательных учреждений, расположенных в сельской местности*，2010 年 5 月 22 日，见 http：//mon.gov.ru/pro/pnpo/avt/.

16. Игорь Поздняков，*Эпидемия не остановила российско-китайское сотрудничество в сфере образования*，2020 年 7 月 20 日，见 http：//www.russia.org.cn/ru/news/epidemiya-ne-ostanovila-rossijsko-kitajskoe-sotrudnichestvo-v-sfere-obrazovaniya/.

17. *Интервью представителя министерства науки и высшего образования России*，2020 年 6 月 23 日，见 https：//beijing.mid.ru/ru/news/intervyu_predstavitelya_ministerstva_nauki_i_vysshego_obrazovaniya_rossii/.

18. *Индикаторы образования：2017*，2018 年 1 月 1 日，见 https：//www.hse.ru/primarydata/io2017.

19. Кузьминов Я. И.，Фрумин И. Д.，*Российской образование：достижение, вызовы, перспективы*，М.，Национальный Исследовательский Университет «Высшая Школа Экономики»，2018.

20. Леднев В.С.，Никандров Н.Д. & Лазутова М.Н.：*Учебные стандарты школ России*. Москва：Прометей，1998.

21. Минобразования：*Программа развития воспитания в системе образования России на 1999-2001 годы*，1999 年 10 月 18 日，见 http：//ipk2.zabedu.ru/dfiles/85 50aa8d91c9fe5fead3cf55c351691d.doc.

22. Министерство Образования и науки Российской Федерации，Московский государстаенный универсиет приборостроения иинформатики，Главный информационный центр：*Образование в россии 2013*，Москва，2013.

23. *Официальный сайт Федерального казначейства России*，2018 年 1 月 15 日，见 https：//roskazna.gov.ru.

24. *Окончившим школу до 2009 года могут разрешить поступать в вузы без ЕГЭ*，2019 年 3 月 14 日，见 https：//na.ria.ru/20190314/1551787775.html.

25. *Обсуждение результатов анкетирования и семинара «Профильное обучение：современное состояние，проблемы，перспективы»*，2007 年 4 月 20 日，见 http：//profil.3dn.ru/forum/12-20-1.

26. *О мерах по реализации государственной политики в области образования и науки*，2013 年 6 月 1 日，见 http：//www.5top100.ru/library/671/.

27. *Полномочия Президента Российской Федерации*，2009 年 5 月 6 日，见 http：//state.rin.ru/cgi-bin/main.pl？id=283&r=224.

28. Президент России：*Федеральный закон от 29.12.2012 г. № 273-ФЗ "Об образовании в Российской Федерации"*，2013 年 5 月 7 日，见 http：//www.kremlin.ru/acts/bank/36698.

29. Правительство Российской Федерации：*Государственная программа Российской Федерации "Развитие образования" на 2013-2020 годы*，2014 年 4 月 15 日，见 http：//static.government.ru/media/files/0kPx2UXxuWQ.pdf.

30. Правительство Российской Федерации：*О Федеральной целевой программе развития образования на 2016-2020 годы*，2014 年 12 月 29 日，见 http：//static.government.ru/media/files/mlorxfXbbCk.pdf.

31. Правительство Российской Федерации：*О государственной программе Патриотическое воспитание граждан Российской Федерации на 2016-2020 год*，

2015 年 12 月 30 日，见 https：//minobrnauki.gov.ru/common/upload/library/2019/09/
GP_Patrioticheskoe_vospitanie_grazhdan_RF_na_2016-2020_gody_ot_30.12.2015_....
pdf.

32. *Перемены в школах：одиннадцатилетка снова обязательна и бесплатна*，
2007 年 5 月 3 日，见 http：//2007.novayagazeta.ru/nomer/2007/02n/n02n-s30.shtml.

33. *Российский статистический ежегодник*，2010 年 3 月 7 日，见 http：//
www.gks.ru/bgd/regl/ b10_13d2/ 07- 01.htm/ 2011/ 03/07.

34. *Российское образование мирового класса*，2016 年 3 月 4 日，见
http：//5top100.ru/about/more-about/.

35. Сумнительный К.，"Профиль спасения"，*Народное образование*，2006.

36. Федеральная служба государственной статистики：*Индикаторы
образования 2020*，2020 年 1 月 13 日，见 https：//www.hse.ru/primarydata/io2020.

37. *ФГОС НОО*，2020 年 4 月 3 日，见 https：//fgos.su/noo/.

38. *ФГОС СОО*，2012 年 5 月 17 日，见 https：//nsportal.ru/sites/default/
files/2019/01/15/fgos_srednego_obshchego_obrazovaniya.pdf.

39. Минобрнауки：*О мерах по реализации государственной политики в
области образования и науки*，2012 年 5 月 7 日，见 http：//government.ru/orders/
selection/406/27533/.

40. Минобрнауки：Об утверждении плана мероприятий по развитию ведущих
университетов，предусматривающих повышение их конкурентоспособности
среди ведущих мировых научно-образовательных центров，2012 年 10 月 29 日，
见 https：//www.5top100.ru/documents/regulations/672/.

41. *ФГОС ВО* (3＋＋)，2018年12月1日，见 http：//fgosvo.ru/fgosvo/152/150/
25.

42. Федеральная целевая программа "Научные и научно-педагогические
кадры инновационной России" на 2009-2013 годы，2013 年 3 月 19 日，见 http：//
docs.cntd.ru/document/902112471/.

43. Правительство России：*Опубликован паспорт национального проекта*

《Образование》，2019 年 2 月 11 日，http：//government.ru/info/35566/.

44. Правительство России：*Ежегодный доклад Правительства о реализации государственной политики в сфере образования в 2018 году*，2019 年 6 月 6 日，见 http：//government.ru/news/36939/.

45. Путин В.В.，"Россия на рубеже тысячелетий"，Независимая газета1999 年 12 月 30 日.

46. Путин：У нас нет и не может быть никакой другой объединяющей идеи，кроме патриотизма，2018 年 1 月 11 日，见 https：//www.kommersant.ru/doc/2907316.

47. Патриотическое воспитание граждан Российской Федерации на 2016-2020 годы.，2016 年 5 月 8 日，见 http：//government.ru/docs/21341/.

48. *Путин*：*национальная идея в России-это патриотизм*，2018年1月10日，见 https：//ria.ru/society/20160203/136 9184806.html.

49. Президент России：*О положении в стране и основных направлениях внутренней и внешней политики государства*，2018 年 3 月 1 日，见 http：//www.kremlin.ru/acts/bank/42902.

50. Президент России：*Послание Президента Федеральному Собранию*，2019 年 2 月 20 日，见 http：//www.kremlin.ru/events/president/news/59863（2019-02020）（2020-10-10）.

51. *Патриотизм на службе России*，2018 年 1 月 8 日，见 https：//refdb.ru/look/1623756-pall.html.

52. Минобразования：Об утверждении формы свидетельства результата единого государственного экамена，2003 年 3 月 31 日，见 https：//normativ.kontur.ru/document? moduleId=1&documentId=61552.

53. Минобрнауки：*Об итогах деятельности Министерства образования и науки РФ за 2010 г. и задачах на 2011 г.*，2011 年 3 月 19 日，见 http：//www.almavest.ru/ru/russia/2011/05/11/207/.

54. *О поддержке научных исследований и инновационной инфраструктуры*

вузов，2011 年 7 月 25 日，见 http：//www.almavest.ru/ru/russia/2011/07/25/231/.

55. *Образование в Российской Федерации：2010*，М.：НИУ ВШЭ，2010.

56. Общероссийский классификатор специаальностей по образованию，2004
年 10 月 26 日，见 http：//www.ed.gov.ru/prof-edu/sred/rub/okso.doc.

57. Педсовет：*Начальное профессиональное образование в России*，2008 年
5 月 24 日， 见 http：//pedsovet.org/component/option，com_mtree/task，viewlink/
link_id，5425/Itemid，118/.

58. Правительство российской федерации：*постановление от 14 Октября
1992 г. N 785*，1992 年 10 月 14 日，见 http：//www.mnogozakonov.ru/catalog/date/
1992/10/14/923/.

59. Сенашенко В.，Ткач Г.，"о структуре современного высшего образования"，
высшее образование в России，2004.

60. Структура дополнительного образования，2020 年 7 月 16 日，见 https：//
madk.mskobr.ru/info_add/additional/.

61. статистическое наблюдение ФСН No 1-ДОП，2019 年 7 月 18 日， 见
https：//blanker.ru/doc/forma-1-dop-0609500.

62. Фурсенко：закон об образовании должен быть принят весной，2011 年 12
月 27 日，见 http：// www.kommersant.ru/news/1847213/rubric/7.

责任编辑:宫　共
封面设计:源　源

图书在版编目(CIP)数据

俄罗斯教育制度与政策研究/肖甦,朋腾 著. —北京:人民出版社,2020.12
("一带一路"不同类型国家教育制度与政策研究/顾明远主编)
ISBN 978-7-01-022703-0

Ⅰ.①俄… Ⅱ.①肖… ②朋… Ⅲ.①教育制度–研究–俄罗斯②教育
政策–研究–俄罗斯 Ⅳ.①G551.2

中国版本图书馆 CIP 数据核字(2020)第 235159 号

俄罗斯教育制度与政策研究

ELUOSI JIAOYU ZHIDU YU ZHENGCE YANJIU

肖　甦　朋　腾　著

人民出版社 出版发行
(100706　北京市东城区隆福寺街 99 号)

北京佳未印刷科技有限公司印刷　新华书店经销

2020 年 12 月第 1 版　2020 年 12 月北京第 1 次印刷
开本:710 毫米×1000 毫米 1/16　印张:17.75　字数:262 千字

ISBN 978-7-01-022703-0　定价:53.00 元

邮购地址 100706　北京市东城区隆福寺街 99 号
人民东方图书销售中心　电话 (010)65250042　65289539